ASTAIRE

W0183662

Collection "Cinéma"
dirigée par Claude Gauteur

Du même auteur:
Woody Allen, Editions Henri Veyrier, 1981.

©1981, Henri Veyrier, Paris.
Tous droits réservés pour tous pays.
ISBN 2.85199.244.9
Mise en pages de Max Weber
Photogravure et composition par le Studio Evel
Imprimé en France par Firmin-Didot S.A.

Gilles Cèbe

Fred

ASTAIRE

Henri Veyrier

Je remercie pour l'aide qu'ils m'ont apportée dans la réalisation de ce livre
le British Film Institute de Londres,
ainsi que Jean-Pierre Busca, Roger Dagieu, Olivier Eyquem,
Marie-Christine Fontaine de la Warner Bros à Paris, Gilles Gressard,
Dominique Maillet, Jean-Claude Missiaen, Henry Moret,
Dominique Rabourdin, Jean-Charles Sabria,
et enfin ma femme Lucile pour sa collaboration attentive et constante.
Que tous et toutes trouvent ici l'expression de ma reconnaissance ;
sans eux, ce livre n'existerait pas.

Gilles Cèbe

ERRATUM

Tout au long de ce livre, on voudra bien lire :
Eleanor (et non Eleonor) Powell.

A mon fils Nicolas

Astaire !

Fred Astaire en 1933

Lorsque Fred Astaire débarque à Hollywood le 15 juillet 1933, arrivant par avion de la côte Est, ce n'est pas à proprement parler un nouveau venu dans l'industrie du spectacle. Né en 1899, il démarre dès l'âge de six ans une carrière qui le mènera avec sa sœur Adele, d'abord dans de multiples tournées de *vaudeville*[1], puis à Broadway, seul enfin à Hollywood. Carrière tout entière placée sous le signe de la musique et de la danse tant à la scène qu'à l'écran.

L'arrivée de Fred à Hollywood, pour un rôle secondaire dans un film lui-même secondaire *(Dancing Lady),* ne coïncide pas avec la naissance du *musical* cinématographique, tant s'en faut. C'est l'époque où Busby Berkeley triomphe à la Warner, et l'on sait qu'une vague importante de films musicaux précèda l'arrivée de Berkeley lui-même à Hollywood[2].

Présenté un soir d'octobre 1927, *The Jazz Singer (Le Chanteur de Jazz)* provoqua une véritable révolution lorsque Al Jolson prononça quelques mots avant de chanter « Mammy » ou « Toot-Toot-Tootsie ». Révolution technique plutôt qu'artistique. Certes le cinéma chantait, et pour la première fois, mais sans qu'un nouveau genre s'annonçât pour autant. Il faudra attendre 1929 pour qu'apparaissent enfin les premiers vrais *musicals* cinématographiques.

C'est le film *Broadway Melody* qui, le premier, fut présenté par la publicité, en une phrase demeurée célèbre, comme *100 % parlant, chantant et dansant.* Production MGM réalisée par Harry Beaumont avec Anita Page et Bessie Love en vedettes qui s'inscrit dans le cadre d'un spectacle présenté sur scène. On n'échappe pas là aux limites étroites des revues de Broadway, pas plus que dans la longue série de films sans scénario où apparaissent les vedettes de toutes les grandes compagnies : *Paramount on Parade, The Show of Shows* (pour Warner), *Fox Movietone Follies, Hollywood Revue* (pour MGM).

Quelques films brisent cependant déjà le carcan des conventions du spectacle. Ainsi Mamoulian trouve-t-il avec *Applause* l'équilibre parfait du mélodrame flamboyant — moitié musique, moitié drame —, plus de vingt ans avant le Cukor de *A Star is Born (Une Etoile est née).* Même phénomène avec *The Dance of Life* (de John Cromwell et Edward Sutherland), dont Michel Pérez nous souffle le titre. C'est là encore un mélodrame dont *les numéros de music-hall et les chansons ne (sont) pas utilisés en vertu de leur seul pouvoir d'attraction sur les foules*[3] mais qui se répartissent avec bonheur entre numéros intimistes et revues à grand spectacle.

C'est cependant *Whoopee* (de Thornton Freeland) qui, célébrant en quelque sorte l'arrivée de Busby Berkeley à Hollywood, va véritablement révolutionner l'art du *musical* en *délaissant l'optique théâtrale pour (lui) donner ses véritables dimensions. Le chant et la danse ne s'exercent plus sur les planches traditionnelles, mais ils nous sont donnés comme les manifestations naturelles, quotidiennes d'un monde de fantaisie qui ne connaît pas les limites étroites et contraignantes des salles de spectacle*[4]. Berkeley en profita pour se modeler un style riche en gros plans et en plongées verticales dominant des figures chorégraphiques à la symétrie parfaite. Style qu'il peaufinera dans *The Kid from Spain* (de Leo McCarey) avant de passer à la Warner où il participera coup sur coup à *42nd Street (42e Rue,* de Lloyd Bacon), *Gold Diggers of 1933 (Les Chercheuses d'Or,* de Mervyn LeRoy) et *Footlight Parade (Prologues,* de Lloyd Bacon à nouveau), le tout pendant la seule année 1933[5].

Ainsi donc, lorsque Fred pose le pied sur l'aéroport de Burbank, ce 15 juillet 1933, Busby Berkeley apparaît-il comme le grand homme de la comédie musicale, celui qui a donné au genre son autonomie et une forme originale jusqu'ici inégalée. Ce n'est donc pas sans raison que *Dancing Lady* demeure fidèle aux conventions du *backstage musical* tandis que *Flying Down to Rio* (premier film de Fred à la RKO, mis en scène par Thornton Freeland, réalisateur de *Whoopee*) évoque directement le style chorégraphique à la fois délirant et parfaitement géométrique de Berkeley.

Technique brillante, personnelle et totalement maîtrisée, mais dont un Minnelli a bien cerné les limites. *Je n'étais pas très enthousiaste pour les numéros spectaculaires réglés par Busby Berkeley pour la Warner (...). Les trouvailles de Busby Berkeley étaient, certes, très ingénieuses mais avaient à mon sens peu de rapports avec le reste du film. Comme la majorité des comédies musicales des années 30, les films de Busby Berkeley se passaient toujours dans les coulisses d'un théâtre, et les numéros musicaux n'étaient pas vraiment intégrés à l'intrigue. En effet, ils commençaient toujours sur scène mais se prolongeaient de manière peu réaliste — c'était tout à coup cinquante girls sur les ailes d'un avion, avec le ciel pour seule limite !*[6]

Astaire, et c'est d'abord en cela que son arrivée à Hollywood est historique, imaginera dès son troisième film, *The Gay Divorcee (La Gaie Divorcée),* une nouvelle façon d'aborder la comédie musicale. La chorégraphie néo-berkeleyenne de *Rio* ne lui permettant pas de donner toute la mesure de son talent, on le sent là singulièrement bridé, voire mal à l'aise, et toute son énergie, tous ses efforts tendront d'abord à rendre ses numéros dansés plus intimes, à en réduire progressivement la figuration. Alors que Berkeley s'attache d'abord à l'expression d'un groupe, ce qui l'amène parfois à témoigner de préoccupations sociales (avec les chômeurs de *Chercheuses d'Or* par exemple), Astaire privilégie au contraire l'individu pris le plus souvent dans une relation sentimentale et détaché de tout contexte et de toute préoccupation sociale.

Il est clair qu'à partir de *La Gaie Divorcée* les numéros musicaux, non plus épiphénomènes aux seules vertus spectaculaires, tendent à s'inscrire dans l'intrigue elle-même. Un duo dansé par Astaire et Rogers ne peut plus être isolé de son contexte anecdotique ; il appartient à l'action, il en est l'un des éléments moteurs. Tout dans leurs gestes et leurs pas, dans leurs délicats glissandos aussi bien que dans leurs claquettes frénétiques, devient l'expression de leur personnalité et de leurs sentiments, participant activement à l'intrigue amoureuse qu'ils nouent ou dénouent de scène en scène, de numéro en numéro. Même les *finales* comme la "Continentale" dans *La Gaie Divorcée* ou le "Piccolino" dans *Top Hat* participent de cette alchimie amoureuse, marquant dans un grand orgasme chorégraphique l'accomplissement d'un amour longtemps menacé.

La révolution opérée par Astaire en arrivant à la RKO influencera durablement l'art de la comédie musicale, et cela d'autant plus que Fred en affirmera la pérennité tout au long de sa carrière. Une carrière qui, précisément, se confond avec l'histoire du *musical,* en épouse les détours et les méandres, s'égare parfois sur les eaux dormantes d'un bras mort mais sait toujours retrouver le sens du courant.

En marge de "Papa longues jambes"

"En suivant la flotte"

"Swing Time"

En marge de "Top Hat"

Lorsqu'il tourne *Dancing Lady* pour la MGM, Fred a trente-quatre ans, une belle carrière scénique derrière lui et, après le succès de *Flying Down to Rio,* un solide contrat de sept ans à la RKO. La carrière qui s'ouvre alors devant lui, aujourd'hui d'une durée de presqu'un demi-siècle, comportera quatre grandes périodes distinctes, correspondant d'ailleurs aux quatre grandes périodes de fluctuations historiques du *musical.*

La première période (1933-1939), entièrement contrôlée par la RKO, lui permet non seulement de rencontrer Ginger Rogers mais aussi d'affirmer un style de comédie musicale intimiste où l'individu triomphe sur le groupe dans un contexte intemporel de comédie pure, de vaudeville, voire de *slapstick,* le tout annonçant la *screwball comedy* avec notamment *Carefree (Amanda).* La gifle et le coup de poing volent bas ; les portes s'ouvrent, se referment, claquent volontiers ; le romantisme n'apparaît guère que dans les numéros musicaux. C'est là le résultat du travail d'une équipe menée de main de maître par un jeune (il n'a pas trente ans) producteur plein d'idées et d'allant, Pandro S. Berman. *Pan est un type direct, sans arrière-pensée. Il n'a aucune prétention d'artiste, aucune prétention intellectuelle. Il se présente lui-même comme un "homme d'affaires", dont le tempérament violent explose souvent au détriment des acteurs, pour les caprices et les états d'âme desquels il n'a nulle patience*[7]. Berman rassembla autour de Fred et Ginger une équipe parfaitement rodée que l'on retrouvera presqu'inchangée de film en film. Mise en scène assurée par Sandrich pour cinq films, avec le renfort de George Stevens (deux films), William A. Seiter et H.C. Potter (un film chacun). Fidélité d'Allan Scott pour le scénario (six films, dont les trois meilleurs : *Top Hat, Swing Time* et *Shall We Dance),* fidélité aussi de Dwight Taylor (trois films, dont le sujet original de *Gay Divorcee* et deux collaborations avec Scott pour *Top Hat* et *Follow the Fleet)* et d'Ernest Pagano (trois films). Permanence de David Abel à la photographie (cinq films) dont les contrastes renforcent encore le noir et blanc des décors en folie imaginés par Carroll Clark et surtout Van Nest Polglase pour tous les films de la série. Continuité toujours dans le choix des musiciens où l'on retrouve les noms d'Irving Berlin (trois films), de Jerome Kern (deux films) et de George Gershwin (deux films également). Même constance dans la distribution des rôles secondaires : cinq films avec Eric Blore, le plus souvent en majordome stylé et susceptible, trois avec Edward Everett Horton, grand spécialiste du *double take,* deux enfin avec Erik Rhodes, jouant les amants matamores à accent italien. Tout cela sans parler de l'irremplaçable Hermes Pan, chorégraphe, assistant, conseiller et ami qui suivra Astaire tout au long de sa carrière.

Tâtonnements et doutes président à la seconde période (1940-1944) qui correspond à un net reflux du genre. C'est l'époque où Hollywood participe à l'effort de guerre, et quelques-uns des *musicals* les plus célèbres de ces années-là (de *For Me and My Gal* à *Yankee Doodle Dandy/La Glorieuse Parade,* de *This Is the Army* à *Star Spangled Rythm/Au Pays du rythme)* exaltent les vertus de la démocratie américaine et de ses forces militaires. Ainsi Fred, qui tournera six films de 1940 à 1944, revêt-il par deux fois l'uniforme, conscrit dans *You'll Never Get Rich (L'Amour vient en dansant)* puis aviateur confirmé dans *The Sky's the Limit (L'Aventure inoubliable),* tandis qu'*Holiday Inn (L'Amour chante et danse)* — écrit par Irving Berlin, l'auteur du très patriotique *This Is the Army* — commémore les grandes fêtes nationales américaines tout en évoquant au passage le combat pour la liberté que mènent alors les Etats-Unis. Période de transition à tous égards, où Fred passe de studio en studio (MGM, Paramount, Columbia, RKO) sans parvenir à se fixer. Il lui manque incontestablement une structure de production et une partenaire. Le style de ses films souffre ainsi d'une totale absence d'unité, allant du bon *(Broadway Melody)* au médiocre *(Second Chorus* et *The Sky's the Limit)* en passant par le moyen *(You'll Never Get Rich, Holiday Inn* et *You Were Never Lovelier)* ; encore tous ces films valent-ils surtout par leurs numéros musicaux, Fred y sauvant plus d'une fois des situations douloureusement compromises. Quant aux partenaires, ni Eleonor Powell trop professionnelle, ni Virginia Dale, Marjorie Reynolds ou Joan Leslie trop empruntées, ne parviennent à inspirer Fred, non plus que Rita Hayworth, certes remarquable le temps de deux films, mais dont l'insouciance lui paraît incompatible avec un travail sérieux.

Les deux dernières années de la guerre annoncent cependant une évolution capitale du genre avec l'apparition des premiers grands *musicals* Metro, prémices d'un Age d'Or qui durera à peine plus d'une dizaine d'années. *Meet Me in St. Louis (Le Chant du Missouri)* en 1944, et surtout *Anchors Aweigh (Escale à Hollywood)* l'année suivante marquent la renaissance du genre, permettant ainsi à Fred d'aborder la troisième partie de sa carrière (1945-1957) avec *Ziegfeld Follies* et *Yolanda and the Thief.* La Metro, alors au zénith de sa production, ne pouvait certes pas laisser le *grand* Astaire lui échapper, et c'est ainsi sous le double parrainage du lion Leo et du producteur Arthur Freed que Fred tourne une longue série d'impressionnantes réussites, fruits d'un travail d'équipe très élaboré où tout, mise en scène, scénario, images, décors et costumes, musique, chansons et danses, participe de l'art du divertissement le plus accompli. Plus encore que Berman à la RKO, Freed a littéralement galvanisé autour de lui un véritable *gang* artistique dont les noms, et celui d'Astaire le tout premier, se retrouvent d'une production à une autre. Ainsi relève-t-on rien que dans la galaxie astairienne les noms des metteurs en scène Vincente Minnelli *(Ziegfeld Follies, Yolanda* et *The Band Wagon),* Charles Walters *(Easter Parade, The Barkleys of Broadway* et *The Belle of New York)* et Stanley Donen *(Royal Wedding* et *Funny Face,* ce dernier film pour le compte de la Paramount), des chorégraphes Michael Kidd *(The Band Wagon),* Nick Castle *(Royal Wedding)* et surtout Robert Alton (quatre films : *Ziegfeld Follies, Easter Parade, The Barkleys of Broadway* et *The Belle of New York),* enfin des opérateurs Charles Rosher *(Ziegfeld Follies, Yolanda),* Harry Stradling *(Easter Parade, The Barkleys of Broadway),* Harry Jackson *(Three Little Words, The Band Wagon)* et Robert Planck *(Royal Wedding, The Belle of New York).* Le tout placé sous la vigilante direction artistique du célèbre Cedric Gibbons. Astaire trouve là l'occasion d'un second souffle d'une rare qualité, à l'image du Tony Hunter de *The Band Wagon (Tous en scène),* danseur vieillissant et oublié, réussissant un *come back* difficile. Des difficultés, Fred en rencontra d'ailleurs quelques-unes avec *Yolanda,* dont l'échec et le peu de confiance qu'il mettait dans le projet de *La Belle de New York*[8] l'incitèrent à une fugue à la Paramount pour *Blue Skies (La mélodie du Bonheur).* Toute la période MGM est ainsi coupée d'incidentes extérieures *(Blue Skies, Let's Dance* et *Funny Face* à la Paramount, *Daddy Long Legs* à la Fox) dont aucune n'apparaîtra comme déterminante dans sa carrière. Il

"L'inquiétante dame en noir"

Ci-dessus et ci-contre, sur le plateau de "Parade de printemps"

y eut aussi, après le tournage de *Blue Skies*, un projet de retraite auquel Fred renonça pour remplacer Gene Kelly sur le tournage d'*Easter Parade (Parade de Printemps)*. Les années Metro de Fred Astaire suivent le mouvement général du *musical* dont le déclin s'annonce autour du milieu des années 50. Un dernier soubresaut en 1957 avec *Funny Face (Drôle de Frimousse)* et surtout *Silk Stockings (La Belle de Moscou)*, véritable chant du cygne d'un genre, d'un danseur et d'un metteur en scène — Rouben Mamoulian, dont ce sera le dernier film —, puis plus rien ou presque, des comédies de moins en moins musicales, des budgets de plus en plus réduits, des danseurs désemparés à la recherche d'une hypothétique reconversion.

C'est précisément cette reconversion qui occupera pour l'essentiel la dernière partie de la carrière d'Astaire (1957-1981), de plus en plus orientée vers la télévision. A cinquante-huit ans, Fred n'apparaît nullement comme un *has been*, bien au contraire. La disparition du *musical*, loin de le décourager, l'incite à se tourner vers des films non-musicaux, qu'il s'agisse de drames *(On the Beach, The Tower Inferno)* ou de comédies *(The Pleasure of His Company, The Notorious Landlady)*. La télévision lui offre en revanche l'occasion d'esquisser quelques pas de danse dans des *shows* qu'il conçoit et qui lui valent un nombre respectable de récompenses ; au contraire, le cinéma musical *(Finian's Rainbow)* lui permet tout au plus d'hasarder trois petits pas discrets noyés dans un océan d'insupportable prétention. Restent évidemment les deux parties de *That's Entertainment*, hommage de la Metro à ses propres splendeurs défuntes. Fred y témoigne de sa bonne santé, de son humour intact et de sa verdeur renouvelée en vrai papa-gâteau d'un cinéma devenu pour lui un agréable passe-temps de semi-retraité, et rien de plus.

Avec lui, nous assistons à la survivance de quelque chose de rare, de précieux, d'une classe de danseurs sans autre exemple[9]. C'est l'évidence même : aujourd'hui encore, Fred demeure unique, inégalable et insurpassable. Il n'est d'aucune époque ni d'aucun lieu et sa personnalité, son jeu, son style de danse et ses danses elles-mêmes, tout cela lui appartient en propre. Minnelli parle à son propos[10] d'un style intériorisé, retenu et délicat, aristocratique pour tout dire, à l'opposé de celui de Kelly — que Kelly lui-même[11] juge plus plébéïen, plus haut en couleur peut-être aussi. C'est d'ailleurs cette distinction naturelle qui permet ici et là à Fred de transcender la vulgarité (toute relative d'ailleurs) de numéros comiques au bord du scabreux ("A Couple of Swells" dans *Easter Parade*, "How Could You Believe Me..." dans *Royal Wedding* ou "Triplets" dans *The Band Wagon)*.

Le secret de son art tient avant tout à son travail, à son exigence, à sa ténacité et à son perfectionnisme. Ce qui explique sans doute qu'il ait été parfois jugé *difficile*. Le témoignage du chorégraphe Eugene Loring, qui refusa de collaborer avec lui sur *Silk Stockings* après une expérience malheureuse sur *Funny Face*[12], suffirait à illustrer le perfectionnisme intransigeant d'Astaire si le problème ne dépassait pas, et de loin, les étroites limites d'un caractère peut-être ombrageux. C'est que Fred ne saurait être ramené à son seul talent de danseur, aussi brillant soit-il ; il appartient de plein droit à la grande famille de ces créateurs de formes qui tâtonnent en solitaires sans tolérer le moindre partage. *Quand je travaille à ma propre chorégraphie, je ne suis pas toujours ouvert aux suggestions ou aux opinions extérieures. Je crois que lorsque l'on a en tête quelque chose se rapportant à une création telle qu'une nouvelle danse, une séquence ou un effet particulier, si l'on sollicite des conseils tout autour de soi, on court le risque de se faire critiquer mal à propos, et avec des résultats qui pourront être dommageables. C'est la chose la plus facile du monde que de se laisser décourager par un conseil bien intentionné qui peut vous écarter de votre pensée initiale. Votre idée peut être déformée au point de ne jamais retrouver sa qualité de départ.* Ce n'est donc pas pour rien que Astaire exigea très tôt, dès *The Gay Divorcee,* une liberté chorégraphique totale qu'il sut préserver contre vents et marées tout au long de sa carrière.

Il fallait souvent à Fred des mois entiers pour mettre au point un numéro dont l'idée lui était venue le plus souvent à l'aube, vers quatre heures du matin. C'était ensuite les longues et minutieuses répétitions, les incessantes reprises de pas, de voltes ou de glissandos, travail de fourmi sans lequel il n'est pas de création possible. *La seule façon que je connaisse pour obtenir un bon spectacle, c'est de s'entraîner, de répéter et de se faire du souci.* On comprend mieux dès lors que Astaire se soit forgé une solide réputation de tyran professionnel. Lorsque Adele se retira, en 1932, on murmura que c'était à la suite des exigences démesurées de son frère. Bien qu'il démente cette version des faits dans son autobiographie, "Steps in Time"*, Fred reconnaît volontiers avoir *mauvais caractère, (être) impatient, difficile à contenter, prompt à critiquer,* toutes choses qui transparaissent à l'écran où on le voit souvent exiger beaucoup de ses partenaires féminines — ainsi dans *Royal Wedding,* où il répète sans désemparer ("Sunday Jumps") tandis que Jane Powell marivaude sur le pont du bateau, ou au début de *The Barkleys of Broadway,* quand il reproche à Ginger Rogers de n'avoir pas été tout à fait assez bonne.

Tyrannique dans le travail, créateur véritable ; rien d'étonnant donc à ce que ses partenaires et ses metteurs en scène reconnaissent sa pugnacité et son efficacité professionnelles, son sens de l'espace et du cadrage. *C'est le danseur qui sait où il faut mettre la caméra, qui sait d'où le numéro se voit le mieux,* remarque Leslie Caron à son propos[13], et Stanley Donen d'ajouter : *Bien qu'il ne sache littéralement pas ce qu'est une caméra, il connaît la différence entre un film et un numéro sur scène*[14]. Donen souligne d'ailleurs particulièrement l'importance d'Astaire tant en qualité de *créateur* que de danseur : *Assez curieusement, Astaire manifestait beaucoup d'idées pour ses numéros bien qu'il ignorât tout du cinéma. C'est lui qui mit au point le numéro avec tous ces miroirs, dans le Palais du Rire*[15]*, et aussi celui sous la pluie,* "Isn't This a Lovely Day"[16] ; *c'est lui aussi qui mit au point la danse du golf*[17] *; c'est lui encore qui imagina un numéro avec des silhouettes en ombres chinoises*[18] *— bien avant que Kelly ou moi-même n'arrivions. Tout cela, c'était des inventions cinématographiques que l'on devait à Fred Astaire. Tout le monde minimise les extraordinaires idées cinématographiques qu'il eut dans ses films. On a tendance à croire qu'il était un danseur et rien d'autre*[19].

Un tel souci de perfectionnisme ne va pas sans une inquiétude de tous les instants. Sous le masque souriant du danseur qui semble défier l'espace sans effort se cache la crainte de ne pas avoir atteint la perfection tant recherchée et de découvrir aux *rushes* d'irrémédiables imperfections. Donen : *Il ne venait jamais voir les "rushes" par exemple. Il me disait toujours : "Ça ne sert à rien que je vienne, c'est trop tard maintenant". Il ne venait pas parce que ça l'affligeait ; ça ne lui faisait pas plaisir, et il en souffrait beaucoup. Il était trop tard*

**Tous les propos de Fred Astaire cités dans ce livre sont extraits de son autobiographie,* "Steps in Time", *toujours inédité en français.*

pour être déçu[20]. Minnelli : *Il ne venait même pas voir les "rushes". Il attendait dans le couloir, marchant de long en large en se faisant du mauvais sang, attrapant par le col ceux qui sortaient, demandant : "Comment était ceci, et cela ?", et restant là à discuter pendant trois quarts d'heure. Tout aurait été plus simple s'il était entré pour se rendre compte par lui-même. Mais il pensait toujours qu'il n'avait pas été bon, alors qu'il était fantastique. C'est le plus merveilleux artiste qui soit, mais il manque de confiance en lui-même et il a besoin d'être beaucoup rassuré*[21].

Le style c'est l'homme, dit-on parfois, et l'on ne saurait mieux définir l'art de Fred Astaire. La désinvolture et la facilité (fausses l'une et l'autre, nous l'avons vu) avec lesquelles il paraît danser illustrent la coloration aristocratique d'un style à la fois racé et détaché où Fred s'affirme comme le premier et seul *dandy de l'a-pesanteur*[22]. Il est bien le premier à avoir préféré la grâce d'un solo ou d'un duo aux fastes des revues à importante figuration, et le seul à avoir transformé ce goût peu répandu pour l'intimité en une griffe personnelle. Ainsi Fred évolue-t-il dans un petit univers rigoureusement clos, quelquefois discrètement limité par les exigences du *show business* (il tient souvent dans ses films, noblesse oblige, le rôle d'un danseur), d'où toute difficulté paraît être bannie. Ce n'est pas tant là (pour la série RKO) la société de l'après-Dépression qu'un monde de fantaisie où l'on discute plus volontiers des mérites respectifs du nœud carré et du nœud papillon *(Top Hat)* plutôt que des problèmes du temps, superbement ignorés. Les quelques allusions à la crise que l'on peut déceler dans *Swing Time* disparaissent rapidement derrière les préoccupations vestimentaires de personnages discutant à l'infini sur le degré d'élégance des revers de pantalons.

L'élégance vestimentaire tient ainsi une place de premier choix dans la mythologie astairienne — et sans que l'intéressé l'ait forcément voulu. *Au risque de décevoir, je dois dire que je n'aime ni les hauts-de-forme, ni les cravates blanches, ni les habits à queue,* ces "top hat, white tie and tails" qu'une chanson d'Irving Berlin fixera à jamais dans l'imagination des foules. Astaire aime à répéter dans ses mémoires qu'il n'est ni très drôle ni très élégant, à l'inverse donc de ses personnages. Toujours est-il qu'il n'a pas son pareil pour placer une réplique humoristique, que jamais ses partenaires les plus facétieux (Horton, Blore ou Benchley) ne l'ont éclipsé et qu'enfin l'élégance de sa mise demeure légendaire, avec ou sans *top hat, white tie and tails. Astaire, depuis les jours heureux de Flo Ziegfeld, a donné à la danse une coupe londonienne mais désinvolte : tweeds étroits, jerseys flous, complets de toile blanche et chemises de couleur, œillets complices, foulards de cachemire, cravate portée en guise de ceinture*[23]. Sans doute est-ce sa distinction naturelle et indiscutable qui lui permet de revêtir n'importe quelle défroque sans perdre un pouce de son élégance. Il doit à un très subtil mélange de désinvolture distinguée et de frivolité ironique d'être à l'aise en tous lieux et en toutes occasions, de hanter avec aisance l'univers de la haute couture *(Roberta* et *Funny Face)* ou de courir la demi-mondaine sans déchoir un seul instant *(The Belle of New York).* Ce travailleur impénitent ne travaille jamais dans ses films, et même lorsqu'il exerce une profession disons *accaparante* (photographe dans *Funny Face* ou producteur dans *Silk Stockings),* c'est toujours à la lisière de la frivolité. Même psychanalyste *(Carefree)* ou *businessman (Daddy Long Legs),* il préfère la musique et la danse aux thérapies de choc et aux conseils d'administration. Aussi, comme pour affirmer davantage encore sa

Fred Astaire en 1933

Publicité pour "Top Hat"

frivolité, voyagera-t-il beaucoup, non sans une prédilection pour Paris, capitale de la bonne vie et de l'insouciance, c'est bien connu, où l'on boit du champagne en logeant au Ritz *(Funny Face* et *Silk Stockings).* Il n'aura garde d'oublier ses clubs de golf, pratiquant aussi bien à l'écran *(Carefree, The Barkleys of Broadway, Daddy Long Legs)* que dans la vie. Joueur, il l'est d'ailleurs plus que tout autre *(Swing Time, You Were Never Lovelier),* non sans donner à l'occasion une coloration pathétique aux désillusions d'un flambeur (le numéro "Let's Face the Music and Dance" dans *Follow the Fleet).*

C'est donc tout naturellement que Astaire préférera toujours les plaisirs sans cesse renouvelés des rythmes américains à la raideur un peu figée du classicisme. Classicisme de la chorégraphie de Cyd Charisse au début de *The Band Wagon;* noblesse guindée de la tragédie dans *The Barkleys of Broadway;* raideur de l'intellectuelle Audrey Hepburn dans *Funny Face* et de la communiste Cyd Charisse dans *Silk Stockings.* Astaire lui-même n'échappe pas au classicisme dans *Shall We Dance,* mais c'est pour mieux allier la technique du ballet au rythme du *tap dance.* Ainsi, face au sérieux des pisse-vinaigre, Astaire impose-t-il l'insouciance d'un style chorégraphique qui n'exclut nullement le travail, nous l'avons vu. Cyd, Ginger et Audrey suivront donc bien vite l'exemple d'Astaire-Petrov en se (re-)convertissant à leur tour aux vertus des nouveaux rythmes.

Il est temps de souligner ici l'importance de Fred Astaire en tant que partenaire, son aura et son magnétisme. Ne parlons pas seulement du tandem qu'il forma avec Ginger Rogers — tandem immortel malgré tout, et pas seulement par le nombre de rencontres ; tandem dont Katharine Hepburn a défini toute la richesse dans une formule lapidaire : *He gives her class and she gives him sex —,* mais aussi de ses rencontres plus fugitives avec Eleonor Powell, Rita Hayworth, Lucille Bremer, Judy Garland, Vera-Ellen, Cyd Charisse, Audrey Hepburn ou Leslie Caron. Quelle que soit l'aisance de sa partenaire, il s'établit toujours entre eux une relation à la fois prosaïque et magique reposant d'abord sur la rivalité et l'affrontement, débouchant toujours sur l'entente, aboutissant parfois pour Fred à l'affirmation d'une volonté démiurgique où il impose, là plus qu'ailleurs, son goût pour le travail et la perfection. Il est alors *autoritaire, rudoyeur, maniaque, et cependant sentimental*[24].

La rivalité que Fred nourrit envers sa partenaire, Charles Walters l'a bien souligné, tient à la fois à un *mécanisme de défense,* à l'obsession irrationnelle d'être comparativement *moins bon,* et, en même temps, à son perfectionnisme extrême, à la crainte de ne pas parvenir à son habituel niveau de perfection. Fred et Ginger *s'entendent bien quoique Fred rouspétât sans cesse à son sujet, comme une vraie chipie. Il disait par exemple qu'il ne pouvait pas supporter une femme plus grande que lui. Non, ce n'est pas qu'elle prenait son travail moins au sérieux que lui, s'il est vrai qu'elle se préoccupait plus après une prise de ce dont elle avait l'air que de comment elle avait dansé. (...) Il faut dire que Fred n'aime jamais ses partenaires. Elles sont toujours soit trop grosses, soit trop lourdes, soit trop grandes. C'est une sorte de mécanisme de défense chez lui. Et puis c'est un tel perfectionniste qu'il se plaint de presque n'importe quoi. On répétera une scène et il essaiera de faire quelque chose et si ça ne marche pas il s'énervera et ira cogner dans un meuble*[25].

Aussi Fred aime-t-il à défier sans cesse ses partenaires, Ginger Rogers surtout, les sous-estimant d'entrée de jeu. Le *Tu n'arriveras pas à me suivre* que lance Fred à Ginger au début du numéro "Let Yourself Go" *(Follow the Fleet)* résume bien la situation. Il y avait surtout dans le couple Astaire-Rogers, une complicité avant terme qui donnait au *public le goût des passes d'armes préliminaires : le rituel de la rencontre y sanctionnait l'assurance d'une toute proche perfection*[26]. La danse illustre la concomitance professionnelle du couple tout en jouant le rôle de révélateur des sentiments amoureux. Et c'est par la danse que Fred combat victorieusement les réticences de sa partenaire. Guy et Mimi ("Night and Day" dans *The Gay Divorcee),* Jerry et Dale ("Isn't This a Lovely Day" dans *Top Hat),* Petrov et Linda ("They All Laughed" dans *Shall We Dance),* Tony et Gabrielle ("Dancing in the Dark" dans *The Band Wagon)* ou Steve et Ninotchka ("All of You" dans *Silk Stockings),* autant de couples qui trouvent dans la danse un accord quasiment magique. Ils glissent lentement de la marche à la danse, atteignant à une véritable dimension orgasmique annoncée par les paroles de la chanson "Cheek to Cheek" *(Heaven, I'm in*

Ci-dessous et pages suivantes : "La Belle de Moscou"

"La Belle de Moscou"

Heaven...) et qu'illustrera avec un rare bonheur l'inattendu exercice de lévitation de *The Belle of New York.* On entre dès lors de plain-pied dans l'irrationnel et le magique où l'on utilise l'hypnose freudienne à des fins sentimentales plutôt que thérapeutiques ("Change Partners" dans *Carefree).* Les véritables passes magnétiques mimées par Fred dans "Night and Day" *(The Gay Divorcee),* "Smoke Gets in Your Eyes" *(Roberta)* et surtout "Let's Face the Music and Dance" *(Follow the Fleet)* témoignent d'une volonté démiurgique qui prolonge sa tyrannie professionnelle. On l'imagine volontiers en Pygmalion amoureux de la Galatée qu'il a façonnée ; Josh Barkley (dans *The Barkleys of Broadway)* ne dit-il pas à propos de sa femme Dinah : *Je l'ai créée comme Svengali créa Trilby ?* Il y a ainsi en lui du *deus ex machina* lorsqu'il conseille anonymement Dinah tout au long des répétitions de "Young Sarah", et plus encore dans *Yolanda* et *Daddy Long Legs* où il prend l'apparence d'un ange gardien. Même s'il y est berné (dans *Yolanda* surtout), il ne perd jamais pour autant ce pouvoir de fascination qui emporte sa partenaire au septième ciel de la chorégraphie.

C'est bien de cette magie que participe Fred Astaire tout entier. On l'imagine toujours jeune et ingambe lançant sous l'œil imperturbable d'une cavalière interchangeable d'éternels défis à l'espace. Saura-t-on jamais quelle fut sa meilleure performance, son marathon de claquettes le plus essoufflant, son pas de deux le plus élégant, son solo le plus éblouissant ? Saura-t-on jamais choisir entre la distinction de "Night and Day", "Cheek to Cheek", "Never Gonna Dance", "Dancing in the Dark" ou "All of You", et le dynamisme de "I'll Be Hard to Handle", "Begin the Beguine", "A-Stairable Rag", "Shorty George" ou "Drum Crazy" ; entre l'invention de "Slap that Bass", "Bojangles of Harlem", "Puttin' on the Ritz", "Shoes with Wings On", "Sunday Jumps" ou du "Girl Hunt Ballet", et l'ironie de "The Babbitt and the Bromide", "A Couple of Swells", "How Could You Believe Me" ou du "Ritz Roll and Rock" ? On pourrait multiplier les titres des danses et des chansons à la façon d'un jeu de miroirs qui renverrait l'image unique et cependant changeante d'un danseur au talent sans pareil. Jeu de miroirs dont les pages qui suivent voudraient être le modeste reflet.

Hiver 80 - Eté 81.

"La Belle de New York"

(1) Le terme de *vaudeville* désignait aux Etats-Unis, à la fin du XIXe siècle et au début du XXe, une suite de numéros proches de notre music-hall. C'est ce terme (et celui de *vaudevillians* pour les artistes qui participaient à ces spectacles) que nous utiliserons tout au long du livre.
(2) Voir à cet égard le passionnant et très informé article de Michel Pérez, "Le *musical* avant Busby Berkeley", in *Positif,* nº 144-145, novembre-décembre 1972.
(3) Pérez, loc. cit.
(4) Pérez, loc. cit.
(5) Année faste s'il en fut, Berkeley réalisant, toujours pour le compte de la Warner, le non-musical *She Had to Say Yes* et dirigeant la chorégraphie du délirant *Roman Scandals.*
(6) Vincente Minnelli, "Tous en scène", Jean-Claude Lattès, Paris, 1981.
(7) Minnelli, ibid.
(8) Projet de 1946 qui ne vit le jour qu'en 1952, et sans le moindre succès commercial — ce qui n'ôte d'ailleurs strictement rien aux multiples qualités du film.
(9) Robert Benayoun, "Freddy Old Boy", *Positif,* nº 115, avril 1970.
(10) Minnelli, op. cit.
(11) Gene Kelly, *American Film,* février 1979, Vol. IV, nº 4.
(12) Voir le témoignage d'Eugene Loring recueilli par Jean-Claude Missiaen, in "Cyd Charisse", Henri Veyrier, Paris, 1979.
(13) Propos de Leslie Caron recueillis par Dominique Rabourdin, in *Positif,* nº 180, avril 1976.
(14) *Movie,* nº 24, Printemps 1977.
(15) "Stiff Upper Lip " dans *A Damsel in Distress.*
(16) Dans *Top Hat.*
(17) "Since They Turned Loch Lomond into Swing" dans *Carefree.*
(18) "Bojangles of Harlem" dans *Swing Time.*
(19) *Movie,* loc. cit.
(20) *Movie,* loc. cit.
(21) Richard Schickel, "The Men who Made the Movies", Hamisch Hamilton, Londres, 1977.
(22) Benayoun, *Positif,* loc. cit.
(23) Robert Benayoun, *Cinéma* 59, nº 39.
(24) Benayoun, *Cinéma,* loc. cit.
(25) Propos de Charles Walters recueillis par Pierre Sauvage, in *Positif,* nº 144-145, novembre-décembre 1972.
(26) Benayoun, *Cinéma,* loc. cit.

"La Belle de New York"

"Midas Run"

Pas à pas

Adele et Fred en 1909

1899

Naissance le 10 mai de Frederick Austerlitz à Omaha, Nebraska. Viennois d'origine, son père, lui aussi prénommé Frederic (mais sans *k* final), quitte l'Autriche pour les Etats-Unis et s'établit à Omaha, Nebraska. Il travaille d'abord dans le cuir, puis est engagé dans une brasserie, la Storz Brewing Company. *"C'était un homme enjoué, qui avait le sens de l'humour et parlait avec un accent autrichien. Une de ses plaisanteries favorites était : "Il y a deux sortes d'Autrichiens, les musiciens et les gredins — et moi, bien sûr, je suis un musicien".* Il épouse en 1896 une jeune institutrice de dix ans sa cadette, Ann Geilus. Le couple a un premier enfant en 1897, une fille baptisée Adele, puis un second en 1899, Frederick.

Frederick, que la famille nomme plus familièrement Fred, ou Freddie, passe toute sa petite enfance à Omaha, une ville d'un peu plus de cent mille habitants qui *"avait la saveur, le sens du voisinage et l'atmosphère des petites villes sans en être vraiment une".*

Les Austerlitz habitent une maison de bois non loin du quartier des affaires ; très tôt, Adele suit des cours de danse, manifestant un talent précoce. Accompagnant sa sœur, Fred assiste en spectateur à quelques cours qui ne l'émeuvent guère.

"Je voyais là des petites filles qui sautillaient, qui tournoyaient, apprenant ainsi à danser. Peut-être aurais-je dû être inspiré par ce spectacle, mais à vrai dire je ne me souviens pas d'avoir eu alors la moindre réaction. Danser, c'était simplement quelque chose que ma sœur faisait comme toutes les autres petites filles."

Très douée, Adele participe à des récitals de l'école qui lui valent une solide réputation de prodige local.

1904

Devant les succès que remporte Adele lors de ces petites représentations locales, ses parents songent pour elle à une carrière de danseuse. Aussi décident-ils de tenter l'aventure new-yorkaise.

"Comme je l'appris des années plus tard, ce voyage fut vraiment un saut dans l'inconnu. Nous allions à New York sans même une lettre d'introduction pour la tante ou le cousin de qui que ce soit. Ma mère n'était jamais allée là-bas ; elle n'y connaissait personne, que ce soit dans le monde du théâtre ou ailleurs. Elle n'avait même pas écrit à l'avance pour nous inscrire dans une école de danse. Aussi aucun des Astaire ne pouvait savoir ce qui l'attendait."

Le père demeure à Omaha pour subvenir aux besoins de la famille. A New York, Mme Austerlitz inscrit ses deux enfants aux cours de danse de Claude Alvienne, une école dont les parents avaient vu une publicité dans un journal corporatif auquel M. Austerlitz, déjà très intéressé par l'industrie du *show business,* alors naissante, était abonné. C'est là que Fred esquisse ses premiers pas de danse, expérience dont il ne garde pas un souvenir très précis.

"Ce dont je me souviens très bien, c'est de M. Alvienne battant la mesure en frappant une badine sur le dossier d'une chaise en bois. D'un côté de la salle de danse, il y avait une dame qui jouait du piano. M. Alvienne se tenait en face de nous, le pied droit sur un barreau de la chaise, la badine dans la main droite, battant la mesure. Cela m'exaspérait."

Mme Austerlitz dispense à ses deux enfants l'enseignement général nécessaire et les emmène souvent au théâtre où ils peuvent observer tout à loisir le style et la technique des danseurs de l'époque. Ils participent de temps à autre à des représentations de l'école. Claude Alvienne met au point pour eux un petit numéro de *vaudeville* avec deux accessoires en forme de gâteaux de mariage équipés d'ampoules électriques clignotantes et de clochettes musicales que Fred et Adele actionnaient avec les pieds et les mains. Fred portait pour la première fois de sa carrière un habit de soirée — culotte de satin noir,

Vers 1907

cravate blanche, habit à queue et haut de forme. *"Ce fut la première apparition du haut de forme dans ma vie. Des années durant, j'ai tenté de chasser l'idée que j'en étais né coiffé, mais il me semble bien que ce fut presque le cas."*

D'une durée de douze minutes, le numéro les voyait danser sur les gâteaux et sur les escaliers musicaux qui y menaient, Fred un moment déguisé en écrevisse (sic) et Adele en coupe à champagne (re-sic), le tout se terminant par un duo excentrique.

C'est avec ce numéro que Fred et Adele font leurs débuts professionnels en 1905 à Keyport avec un engagement de quelques jours qui leur rapporte 50 dollars. Mme Austerlitz les baptise alors Fred et Adèle *Astaire,* du nom de jeune fille de leur grand-mère paternelle ; elle-même adoptera ce nouveau patronyme quelques mois plus tard. Les Astaire présentent avec succès leur numéro dans plusieurs villes des environs de New York. Un des reponsables du Circuit Orpheum les remarque et les engage pour une tournée de vingt semaines à travers les Etats-Unis payée 150 dollars par semaine. Ainsi passent-ils de Pittsburg à Detroit, de Sioux City à Des Moines, avec des haltes à Denver, Seattle, Oakland, San Francisco, Los Angeles, Salt Lake City et d'autres grandes villes, dont Omaha, remportant partout un très vif succès.

1908

En grandissant, Fred et Adele perdent une grande partie de leur succès et ne trouvent plus d'engagements. La famille s'installe à Highwood Park, un quartier résidentiel de Weehawken, New Jersey.

"Il fut question de rentrer à Omaha, mais Adele et moi convainquîmes nos parents de demeurer non loin de New York. Nous voulions poursuivre notre carrière lorsque la conjoncture nous serait plus favorable."

1910-1915

Fred et Adele entrent à l'école de danse de Ned Wayburn où ils restent six mois. Célèbre pour avoir participé à des spectacles de Ziegfeld et des Shubert, Wayburn leur écrit moyennant 1 000 dollars (payés par Mme Astaire en plusieurs mensualités) un numéro intitulé "A Rainy Saturday" où, comme l'indique le titre, le mauvais temps oblige un Fred fièrement sportif, vêtu d'une tenue de base-ball, à rester à la maison tandis qu'Adele, très petite fille sage (robe d'été et cheveux tressés), travaille une leçon de musique. Les deux enfants jouent finalement au papa et à la maman, imaginant notamment une petite scène où le "père", un peu ivre, rentre de son club. Wayburn précisait alors, quant au costume de Fred : *"Pour cette scène, il faut que Freddie porte un chapeau haut de forme suffisamment grand pour qu'il lui tombe sur les oreilles, et un vieux frac de théâtre."*

Fred et Adele présentent leur numéro à l'occasion d'un gala de charité organisé par Ned Wayburn au Broadway Theatre de New York où ils remportent un honnête succès. Ils sont immédiatement engagés au Proctor's, un important music-hall de Broadway où Douglas Fairbanks passe en vedette. Mais leur numéro, qui ouvre le spectacle, est un échec retentissant et ils sont aussitôt renvoyés.

Suit une période d'incertitude où ils présentent leur numéro dans des théâtres de seconde zone, sans grand succès jusqu'à ce qu'un agent new-yorkais que leur travail intéresse, Lew Golder, les prenne en charge et les envoie en tournée à travers les Etats-Unis. Ils gagnent rapidement 150 dollars par semaine et surtout rencontrent Aurelia Coccia, un artiste de *vaudeville* assez connu, qui leur conseille de repartir à zéro, de s'entraîner et de travailler dur, acceptant même de les prendre avec lui, leur apprenant de nouvelles danses, de nouveaux mouvements, les incitant sans cesse à perfectionner leur travail ; dans la foulée, il transforme avantageusement le numéro imaginé par Ned Wayburn.

Nouvelles tournées à succès aux Etats-Unis et au Canada. Ils sont alors engagés dans le circuit Interstate pour une série de représentations à travers le Texas. C'est au cours de cette tournée qu'il rencontre Eduardo Cansino qui, avec sa sœur Elisa, présente en vedette un numéro de danses espagnoles.

"Nous avons travaillé avec les Cansino pendant de nombreuses semaines. Eduardo parlait de notre numéro avec enthousiasme, ce qui nous flattait et nous encourageait. Nous devînmes de bons amis. Quelque trente ans plus tard, j'ai fait plusieurs films avec la fille d'Eduardo, la jeune et belle Rita Hayworth.".

Retour au circuit Orpheum avec cette fois un salaire de 350 dollars par semaine, puis contrat avec le Palace de Chicago où leur numéro "Love Made Me a Wonderful Detective", qui annonce curieusement le "Girl Hunt Ballet" de *The Band Wagon* (1953), obtient un triomphe.

On lançait les premières lignes de la chanson depuis les coulisses. *"Arrêtez ! Arrêtez ! Ne bougez plus ! Vous êtes en état d'arrestation ! — Adele demandait en chantant : "Qu'est-ce je vous ai fait ?", puis je continuais : "Arrêtez ! Arrêtez ! Je vous tiens en joue ! Regardez cet insigne sur ma poitrine." J'entraînais alors Adele sur scène tandis qu'un projecteur nous baignait d'une lumière jaune..."*

Leur carrière démarre vraiment. Fred et Adele rencontrent tous les grands noms du *vaudeville,* Diamond et Brennan, Nat Wills, Rock et Fulton, Bayonne Whipple et Walter Huston, J.C. Nugent et la Gus Edwards Song Revue, troupe dont fait partie le tout jeune Arthur Freed, et surtout George Gershwin, alors pianiste pour l'éditeur de musique Jerome H. Remick.

"Je dis à George combien ma sœur et moi souhaitions faire de la comédie musicale. De son côté, il désirait en composer une. Il me dit : "Est-ce que ça ne serait pas formidable si je pouvais écrire un spectacle musical que vous joueriez tous les deux ?" Ce souhait se réalisé quelques années plus tard quand Adele et moi jouâmes dans "Lady, Be Good !" *au Liberty Theatre de New York."*

En 1909 toujours

Adele et Fred vers 1922

1915-1916

Les Astaire démarrent une nouvelle tournée de *vaudeville* à travers les Etats-Unis (Pittsburgh, Detroit, Buffalo, Toronto, etc., avec retour à Chicago) où ils reprennent des succès de Jerome Kern et Cole Porter. Un échotier note alors : "*Voilà l'un des meilleurs numéros interprétés par un frère et une sœur que l'on ait vu ici depuis longtemps (...). La fille est meilleure que le garçon.*" Ce sera leur dernière tournée de *vaudeville* puisqu'au printemps 1916 ils débutent à Broadway dans "Over the Top", pour le compte des frères Lee et Jake Shubert. Le spectacle ne remporte qu'un médiocre succès mais, alors qu'ils le présentent au Garrick Theatre de Washington, le producteur Charles Dillingham les remarque et les engage.

1918-1920

Ils participent, toujours pour 350 dollars par semaine, à un dernier spectacle Shubert, "The Passing Show of 1918", présenté à New York et en tournée, puis enchaînent en octobre 1919 sur "Apple Blossoms", une production Dillingham où leur cachet passe à 550 dollars hebdomadaires. Le spectacle remporte un vif succès (256 représentations), mais les Astaire n'y ont que deux numéros dansés ("On the Banks of the Bronx" et "A Girl, a Man, a Night, a Dance").

1921-1922

Une nouvelle production Dillingham, "The Love Letter", où Fred et Adele retrouvent la même équipe que pour "Apple Blossoms" (William LeBaron pour le sujet et les lyrics, Victor Jacobi pour la musique, Edward Royce pour la mise en scène et la chorégraphie, et John Charles Thomas en vedette). Le spectacle quitte cette fois l'affiche après 31 représentations, les Astaire retenant cependant l'attention de la critique. C'est alors que Fred rencontre par hasard (en allant acheter des cravates !) Alex A. Aarons, fils d'Alfred E. Aarons, un des principaux directeurs de la compagnie Klaw et Erlanger, importants producteurs et propriétaires de théâtres. Aarons lui conseille d'apparaître dans des comédies musicales intimes plutôt que dans de grandes revues à importante figuration ; il lui confie également son intention de monter un spectacle écrit par les frères Gershwin.

Lorsqu'après l'échec de "The Love Letter", et avec l'accord de Dillingham, les Astaire signent avec Aarons pour "For Goodness Sake", George Gershwin vient d'être engagé par George White pour ses "Scandals" ; aussi le spectacle ne compte-t-il que trois de ses chansons ("All to Myself", "Someone" et "Tra-La-La"), le reste de la partition étant assuré par Arthur Jackson pour les lyrics, William Daly et Paul Lannin pour la musique. Bien accueilli par la presse et le public, le spectacle, dont la première a lieu le 20 février 1922 au Lyric Theatre, vaut à Fred et Adele un important succès personnel. *"Les deux Astaire sont les atouts principaux de "For Goodness Sake",* note le *Morning American. Ils savent a peu près dire leur texte, à peu près jouer la comédie et très bien danser. C'est le duo le plus plaisant que l'on puisse souhaiter applaudir. Ils parcourent en pirouettant le labyrinthe de cette comédie musicale, y apportant énergie et cependant retenue. Les danses qu'ils présentent sont toujours pleines d'esprit et d'un grand sens artistique. Mlle Astaire est une agréable petite personne, non dénuée d'humour, et quant à M. Astaire, il a la souplesse svelte qu'exige son style de travail."* Et Robert Benchley, humoriste bien connu et futur partenaire de Fred dans *Dancing Lady, You'll Never Get Rich* et *The Sky's the Limit,* de surenchérir dans *Life : "Quand ils dansent tout semble avoir plus d'éclat et leur seul talent comique suffirait à assurer leur succès si (ce qu'à Dieu ne plaise !) ils décidaient d'abandonner la danse".* C'est aussi l'époque où Fred commence à imaginer et chorégraphier ses numéros dansés.

"The Band Wagon", 1931

"The Band Wagon", 1931

Vers 1923

Le succès de "For Goodness Sake" propulse les Astaire au rang de vedettes, et, c'est autour d'eux que Charles Dillingham monte "The Bunch and Judy" à l'automne 1922. Leur cachet est passé à 1 000 dollars, mais le spectacle ne dépasse pas 65 représentations. Suite à cet échec retentissant, Dillingham ne renouvelle pas leur contrat.

1923-1924

Libres de nouveau, les Astaire acceptent de présenter à Londres "For Goodness Sake" sous le titre de "Stop Flirting", qui leur vaut un triomphe sans précédent (418 représentations). Le spectacle, légèrement aménagé (la chanson "Tra-La-La" est ainsi remplacée par une autre composition de Gershwin, "Stairway to Paradise"), est d'abord rodé à Liverpool, Glasgow et Edinburgh, avant d'être acclamé le 30 mai au Shaftesbury Theatre de Londres. Cette même année 1923, Fred met au point deux numéros musicaux interprétés par Noel Coward, avec lequel il s'est lié d'amitié, et Gertrude Laurence dans le spectacle "London Calling !" au Duke of York Theatre. Une relâche de trois semaines, en janvier 1924, leur permet de visiter Paris où ils découvrent notamment Maurice Chevalier, Mistinguett et les Dolly Sisters. Retour à Londres en février, où le succès de "Stop Flirting" se confirme. Un câble leur apprend la mort de leur père dont l'état de santé s'était sensiblement altéré quelques mois auparavant.

"Lady Be Good", 1926

"Funny Face", 1927

1924-1925

Au mois d'août, retour de Fred et Adele aux Etats-Unis, définitivement sacrés vedettes. Ils interprètent enfin une comédie musicale de George Gershwin, "Lady, Be Good !", qui remporte un triomphe à Broadway (330 représentations) et en tournée. Leur salaire hebdomadaire est alors de 1 750 dollars à New York et de 2 000 en tournée. Contrat-record de six semaines avec les propriétaires d'un cabaret alors très en vue, le Trocadero, les quatre premières semaines payées 5 000 dollars hebdomadaires, les deux dernières 3 000. Fred, seul, met en scène un numéro musical pour le spectacle de Marilyn Miller, "Sunny", au New Amsterdam Theatre.

1926

Le 16 janvier, les Astaire embarquent pour l'Europe. Nouveau séjour à Paris, puis au début des représentations de "Lady, Be Good !", d'abord à Liverpool pour une durée de deux semaines, puis, à partir du 14 avril, à l'Empire Theatre de Londres.

Fred commence à s'intéresser de près aux chevaux, fréquentant jockeys et entraîneurs. Il prend même des parts dans l'achat d'un cheval, Dolomite, qu'il revend très vite.

1927-1928

"Funny Face", initialement intitulé "Smarty", comédie musicale écrite par les frères Gershwin. C'est un nouveau triomphe pour Fred et Adele en dépit d'un démarrage difficile à Philadelphie.

Au mois de juillet, lors d'un week-end, Adele est blessée dans l'explosion d'un hors-bord. Elle est brûlée au visage, aux épaules et à une main, et le bruit court qu'elle ne pourra plus travailler — rumeur démentie par Adele elle-même, très vite remise sur pieds. Walter Wanger, producteur à la Paramount, envisage d'adapter le spectacle au cinéma. L'affaire tourne court tandis que les Astaire traversent une nouvelle fois l'Atlantique pour présenter à Londres, en novembre 1928, le spectacle qui reçoit un très chaleureux accueil.

Rencontre d'Adele et de Lord Cavendish.

1930

A la demande d'Alex Aarons, Fred chorégraphie un numéro dansé par Ginger Rogers et Allen Kearns dans "Girl Crazy" monté à l'Alvin Theatre.

"Je me rendis à l'Alvin le jour suivant et rencontrai Ginger pour la première fois. Nous travaillâmes le numéro dans le foyer du théâtre car tous les autres endroits étaient occupés. (...) Je pris plaisir à travailler avec cette très jolie et très talentueuse petite Texane fraîchement débarquée de Kansas City. On ne parla plus que d'elle quand elle débuta dans "Girl Crazy". Il nous arrivait de temps en temps de sortir ensemble après le spectacle ; nous allions au cinéma ou dans un night-club. Celui que nous préférions, c'était le Casino situé à Central Park et qui avait été aménagé en un club au luxe tapageur où passait Eddie Duchin et son orchestre. Il nous arrivait de danser, pour le plaisir, sans que nous ayons le moindre projet de travail en commun."

Irving Berlin, Fred Astaire et Ginger Rogers : tournage de "Top Hat"

Adele et Fred Astaire, Tilly Losch, Frank Morgan et Helen Broderick dans "The Band Wagon"

Mi-novembre, les Astaire participent à un spectacle Ziegfeld, "Smiles", aux côtés de Marilyn Miller. C'est un désastre tant public que critique, "Smiles" ne dépassant pas la soixante-troisième représentation. Fred y met au point un numéro intitulé "Manhattan", qui connaîtra plus tard une fortune certaine, mis en musique par Irving Berlin sous le titre de "Top Hat, White Tie and Tails".

"J'imaginais une longue file de danseurs en chapeaux hauts de forme et moi, me servant d'une canne comme d'un fusil, les abattant un par un au rythme de mes claquettes jusqu'à ce qu'il n'en reste plus que quelques-uns ici et là, semblables aux dernières dents d'un peigne, que je faucherais enfin comme avec une mitraillette."

1931

Voyage en Europe (Londres et Paris), puis, dès leur retour, début des répétitions d'un spectacle produit par Max Gordon, "The Band Wagon", qui obtient un grand succès. Fred y a notamment une danse avec Tilly Losch, "The Beggar Waltz", qui n'est pas sans annoncer "Limehouse Blues" (*Ziegfeld Follies,* 1946).

"J'étais le mendiant, assis sur les marches de l'Opéra de Vienne. Tandis que la danseuse étoile arrive devant l'entrée des artistes, elle laisse tomber quelques pièces dans ma main tendue. Le mendiant s'endort et la scène tourne sur elle-même pour faire découvrir le décor du rêve. Il est maintenant sur la scène du bel opéra où il partage la vedette avec la danseuse étoile et le corps de ballet tout entier. Mon costume, un mélange de haillons et de vêtements somptueux, était de style impressionniste. (...) A la fin du numéro, les lumières baissent tandis que la scène tourne à nouveau pour revenir au premier décor, et je m'éveille alors de mon rêve tandis que la ballerine quitte le théâtre. Je lève les yeux vers elle. Elle me remarque à nouveau et me lance sa petite bourse. Alors le mendiant se pelotonne tristement sur lui-même tandis que le rideau tombe."

Fiançailles d'Adele et de Lord Cavendish, dont le mariage est prévu pour l'été 1932. Adele envisage alors de se retirer après "The Band Wagon".

1932

Adele quitte "The Band Wagon" le 5 mars, aussitôt remplacée par Vera Marsh. C'est à peu près à la même époque que Fred rencontre Phyllis Potter, récemment divorcée d'avec un agent de change new-yorkais.

"J'étais fasciné par Phyllis. Sa beauté exceptionnelle et fragile ainsi que son charme plein de gentillesse m'envoûtaient. (...) J'étais convaincu qu'elle était la jeune femme la plus charmante du monde ; elle avait vingt-trois ans et mesurait à peu près un mètre soixante; elle était à la fois élégante et totalement naturelle."

Il rend visite à sa sœur à Lismore Castle, en Irlande, puis retrouve Phyllis à Londres avant de rentrer aux Etats-Unis pour préparer un nouveau spectacle, "The Gay Divorce", lyrics et musique de Cole Porter d'après un sujet de Dwight Taylor. Fred commence à répéter en septembre avec Claire Luce pour partenaire. La critique ne ménage ni le spectacle, ni Fred, estimant entre autre que *deux Astaire valent mieux qu'un.* Le public, en revanche, accueille favorablement "The Gay Divorce", transformant en succès la chanson "Night and Day".

1933

Tenté par le cinéma, Fred prend contact avec Hollywood où David O. Selznick, alors responsable de la production à la RKO, lui propose une comédie musicale intitulée *Flying Down to Rio.* Il épouse Phyllis le 12 juillet et le couple s'envole pour la Californie le 14.

"Prêté" à la Metro par la RKO, Fred fait une courte apparition dans "*Dancing Lady*" où il joue son propre rôle.

"Quand je me suis vu pour la première fois à l'écran, dans ce film (j'entrais par le côté, cadré sous un angle inhabituel), cela me donna un choc. Je dis à Phyllis: "Mon Dieu, j'ai l'air d'un couteau." (...) "

Prise contact avec le cinéma qui lui permet d'acquérir une certaine expérience avant d'aborder son premier film à la RKO, *Flying Down to Rio,* où Fred n'apparaît pas encore en vedette mais retrouve avec plaisir une Ginger Rogers parfaitement rodée aux méthodes hollywoodiennes. C'est là aussi qu'il rencontre pour la première fois le chorégraphe Hermes Pan avec lequel il travaillera tout au long de sa carrière. Pan : *"Astaire répétait un numéro et le chorégraphe me dit d'aller lui demander s'il avait besoin d'aide. Connaissant sa valeur, j'avais un trac fou. Lui, avait une réputation mondiale alors que je n'étais qu'un débutant. Aussi étais-je terrifié à l'idée d'aller demander au grand Astaire s'il avait besoin d'aide."*

Dancing Lady et *Flying Down to Rio* sortent en décembre alors que Fred joue "The Gay Divorce" à Londres depuis quelques semaines. C'est avec sympathie que la presse salue ses débuts cinématographiques : *...dans les danses, le partenaire de la vedette féminine est l'agile Fred Astaire qui, bien qu'on ne lui ait guère donné à faire, s'acquitte avec élégance de ses scènes." Rio* remportant un certain succès commercial, Pandro S. Berman, producteur à la RKO, propose à Fred un contrat de sept ans. Berman : *"A cette époque-là, je n'avais pas un poste de haute responsabilité. Je produisais mes propres films et ignorais tout de* Flying Down to Rio *jusqu'à ce qu'il soit fini. Je ne pense pas qu'il ait "cassé la baraque", encore qu'il fit une excellente carrière commerciale. C'était un film dingue et fait n'importe comment. On avait du mal à croire à toutes ces folies, ces danses sur les ailes des avions et au-dessus de l'océan. Mais il y avait Fred et Ginger et ils donnaient du style au film."*

Avec Phyllis

En marge de “La Carioca”, avec Dolorès Del Rio

"L'Aventure inoubliable", avec Joan Leslie.

Avec Ginger Rogers, en marge de "La Carioca"

1934

Ayant vu "The Gay Divorce" à Londres, Berman décide de l'adapter à l'écran avec Fred Astaire et Ginger Rogers en vedettes à part entière, Mark Sandrich assurant la mise en scène. Succès public et critique immédiat, la RKO réalisant du même coup qu'elle tient avec Fred et Ginger une équipe gagnante. Le film suivant, *Roberta,* confirme le succès de *The Gay Divorcee,* encore que, Irene Dunne et Randolph Scott partageant la vedette, des critiques regrettent le recul, en nombre sinon en qualité, des numéros musicaux attribués à Fred et Ginger.

1935

Nouveau succès avec *Top Hat,* où Fred retrouve Mark Sandrich comme metteur en scène après l'interim de William Seiter pour *Roberta.* Accueil critique enthousiaste ; triomphe public.

Débuts à la radio en août avec une série d'émissions musicales intitulées "Your Hit Parade".

Follow the Fleet, également mis en scène par Mark Sandrich, confirme le succès du couple.

"Follow the Fleet *s'annonçait comme devant être un bon film. Ginger et moi étions enthousiastes mais nous nous demandions par ailleurs combien de temps encore il serait sage de travailler ensemble. Nous ne voulions pas épuiser le filon ; aussi discutions-nous fréquemment du problème."*

Le tandem Astaire-Rogers apparaît cependant en quatrième position dans la liste des acteurs les plus populaires de 1935 publiée par le *Motion Picture Herald,* juste après Will Rogers, Shirley Temple et Clark Gable.

1936-1937

Naissance le 21 janvier de Fred Jr. au Good Samaritan Hospital de Los Angeles.

Swing Time puis *Shall We Dance,* en dépit de leur succès témoignent d'une certaine lassitude du public.

"Bien que Swing Time *ait remporté un très grand succès lors des premières représentations, il y eut au fil des semaines une baisse sensible du nombre des spectateurs. C'était là le signe que le filon tirait à sa fin. (...)* Shall We Dance *sortit à New York et reçut tout d'abord le succès réservé aux films de la série, mais les résultats faiblirent un peu plus vite qu'à l'ordinaire, indiquant par là que le courant changeait vraiment. Les critiques étaient élogieuses mais nombre d'entre elles à travers le pays sous-entendaient un jugement du style : "Et voilà, c'est reparti pour un tour."*

Ginger et Fred décident de se séparer momentanément et celui-ci tourne alors *A damsel in Distress* avec Joan Fontaine, Gracie Allen et George Burns. Le film, après un bon départ, ne remporte qu'un succès très moyen.

"Pour moi, ce ne fut pas une surprise ; Damsel *ne m'avait jamais paru être un film très solide et je savais que sans Ginger on ne pouvait plus compter sur nos admirateurs habituels. Je compris qu'une fois encore sans partenaire je souffrais de "solitude professionnelle" et qu'il n'y avait rien à faire pour le moment."*

1938-1939

Fred et Ginger à nouveau réunis pour *Carefree* et *The Story of Vernon and Irene Castle,* mais leur séparation devient imminente, nécessaire, pour tout dire inévitable.

"Ginger souhaitait se consacrer à des films non-musicaux. Elle avait l'intention tout à fait louable de cultiver ses qualités de comédienne à part entière. Quant à moi, j'aspirais à finir d'honorer mon contrat à la RKO. Il me semblait alors judicieux d'opérer un changement et j'entamai par conséquent des discussions avec plusieurs studios en vue d'un engagement de deux ans."

"En suivant la flotte", avec Ginger Rogers

Fred demeure cependant l'un des acteurs américains les mieux payés, après Mae West, Bing Crosby, Charlie Chaplin et Will Rogers. Contrat à la Metro pour deux films, dont une biographie romancée de Nijinsky. Projet qui ne verra pas le jour, Fred ne tournant pour la Metro que *Broadway Melody of 1940,* avec Eleonor Powell et George Murphy. Voyage en Europe (Irlande, Angleterre, France) en mai 1939, avant le tournage de *Broadway Melody* qui, présenté en février 1940, remporte un succès moyen.

1940-1943

Tournage et sortie de *Second Chorus* (1940) à la Paramount, avec Paulette Goddard, Artie Shaw et son orchestre. C'est le début d'une période d'incertitude où Fred tâtonne à la recherche d'un style de production et d'une partenaire à sa hauteur. Il semble avoir trouvé celle-ci avec Rita Hayworth, fille de son ami du *vaudeville* Eduardo Cansino, le temps de deux films produits par la Columbia, *You"ll Never Get Rich* (1941) et *You Were Never Lovelier* (1942).

Holiday Inn (1942), où Fred est à nouveau dirigé par Mark Sandrich, vaut à Bing Crosby l'un de ses plus grands succès, la chanson "White Christmas" écrite par Irving Berlin.

La famille Astaire s'agrandit en mars 1942 avec la naissance d'une fille prénommée Ava, puis Fred participe en septembre à une tournée organisée par le Hollywood Victory Committee pour l'emprunt de guerre.

L'année suivante, *The Sky's the Limit,* où il a Joan Leslie pour partenaire, est un échec critique et commercial.

Robert Montgomery, Fred Astaire et Sidney Landfield sur le plateau de "L'Amour vient en dansant"

En marge de "L'Amour vient en dansant" avec Rita Hayworth

Devant les troupes américaines au Château de Versailles en 1944

1944

Pour soutenir le moral des troupes ou vendre des Bons de la Défense, Fred participe à des tournées de propagande, dont la célèbre "Hollywood Bond Cavalcade" avec James Cagney, Lucille Ball, Greer Garson, Judy Garland, Kathryn Grayson, Paul Henreid, Harpo Marx, Mickey Rooney et d'autres.

Achète un cheval de course, Triplicate.

Contrat à la Metro où Arthur Freed produit *Ziegfeld Follies.* C'est le premier film en couleurs de Fred et le début d'une période riche en réussites flamboyantes.

La mort du mari d'Adele, en mars, puis la fin du tournage de *Ziegfeld Follies* incitent Fred à se rendre en Europe où il participe à une tournée militaire avec notamment, à Paris, une représentation à l'Olympia devant 2000 soldats américains.

1945-1946

Retour de Fred aux Etats-Unis pour le tournage de *Yolanda and the Thief,* sous la direction de Vincente Minnelli. Echec critique et commercial.

Le film prévu ensuite, *The Belle of New York,* n'intéresse guère Fred, qui subodore un nouvel échec. La Paramount le tire alors d'embarras en lui demandant de participer à *Blues Skies,* mis en scène par Stuart Heisler et interprété par Bing Crosby sur une partition d'Irving Berlin.

C'est pendant le tournage de ce film, qui promet d'être un succès, que Astaire décide de prendre sa retraite. *"C'était là la meilleure façon de terminer ma carrière cinématographique. J'avais débuté avec Joan Crawford et Clark Gable — maintenant venait le temps des adieux avec Bing Crosby."*

"Broadway Melody of 1940", avec Eleonor Powell

Page suivante:
"Yolanda et le voleur",
avec Lucille Bremer

1947-1948

Participe en avril à une pièce radiophonique non-musicale, "The Animal Kingdom". Monte parallèlement un circuit d'écoles de danse, les "Fred Astaire Dance Studios". Contacté par la Metro début 1948 pour tourner dans *Easter Parade,* de Charles Walters, en remplacement de Gene Kelly, blessé. Il a pour la première et la dernière fois Judy Garland pour partenaire. C'est le retour en beauté d'une *star* presque quinquagénaire bénéficiant d'une presse enthousiaste et d'un chaleureux accueil public.

1949

Le succès d'*Easter Parade* incite les responsables de la Metro à distribuer Fred et Judy dans un nouveau film, toujours dirigé par Charles Walters, *The Barkleys of Broadway.*

"Quand arriva le début du tournage, je fus déçu d'apprendre que Judy Garland, malade, allait devoir déclarer forfait. Bien que nous ayons décidé d'attendre aussi longtemps que possible dans l'espoir d'une hypothétique guérison, nous fûmes vraiment désolés quand elle demanda au studio de la remplacer et de commencer le tournage sans plus attendre."

Sur le plateau de "Parade de printemps", avec Judy Garland

Ci-dessus à gauche :
Jane Powell, Stanley Donen, Fred Astaire :
tournage de "Mariage Royal"
Ci-dessus :
Avec Stanley Donen

"Entrons dans la danse", avec Ginger Rogers

C'est finalement Ginger Rogers qui remplace Judy (grand moment de comique involontaire quand elle récite "La Marseillaise" *en français*), le couple mythique des années RKO étant réuni pour un ultime tour de piste.

Signe un contrat avec la Paramount pour un film où il aura Betty Hutton pour partenaire. Le scénario n'étant pas au point, le tournage en est repoussé.

Reçoit un Oscar spécial pour l'ensemble de sa carrière et son apport à l'art de la comédie musicale.

1950

Tourne *Three Little Words* pour la MGM, biographie romancée de Bert Kalmar et Harry Ruby, deux *vaudevillians* que Fred avait connu au tout début de sa carrière scénique, puis *Let's Dance* pour Paramount (un impressionnant ratage), avant d'enchaîner sur *Royal Wedding* quelques semaines plus tard.

Maître de cérémonie à la remise des Oscars.

1951

Tourne *The Belle of New York,* projet ancien de la Metro, où il retrouve Vera-Ellen et Charles Walters. C'est un échec.

"Moins on en parlera et mieux cela vaudra, je pense, car ce ne fut pas une réussite en dépit de l'argent et des efforts qu'il coûta."

1952-1953

Préparation puis tournage de *The Band Wagon* où Fred interprète le rôle délicat d'un danseur vieillissant tentant un *come back* difficile. Minnelli : "*...à partir du moment où l'on fait un film sur un grand danseur fantaisiste, le personnage fait immédiatement penser à Astaire. C'était un bon rôle pour lui ; il est épatant, parce qu'il n'avait pas peur que l'on fasse sans arrêt des plaisanteries sur son compte.*" Il a pour partenaire Cyd Charisse, qu'il avait croisé en 1944 au début de *Ziegfeld Follies.* Cyd Charisse : *"Il se révéla le plus modeste et le plus délicieux des hommes, un batteur de jazz hors pair. Sa coordination dépasse les rêves les plus fertiles et il manie canne, chapeau, baguette de tambour ou tout accessoire avec une dextérité de prestidigitateur.* Astaire : *"La classe et la compétence de Cyd Charisse annihilent les exposés les plus savants et elle sait ce que je pense de sa prestation dans* "The Girl Hunt Ballet", *peut-être mon numéro favori. Lorsqu'on l'a tenue dans ses bras, on reste, à tout jamais, enlacé à elle !"*

Les Astaire en famille : Fred, Ava, Fred Jr. et Phyllis

1954

Signe un contrat avec la Fox pour un film dont le tournage est prévu pour septembre. La santé de Phyllis s'est vivement altérée depuis l'été précédent, avec de nombreux malaises et migraines. Atteinte d'une tumeur au cerveau, elle subit une double intervention chirurgicale peu avant Pâques, puis une troisième en juillet.

"Elle demeura dans le coma plusieurs semaines durant. J'étais persuadé qu'elle en sortirait brusquement. Il n'en fut rien. Elle avait l'air d'une belle enfant ; son visage ne perdit jamais sa douce expression. Phyllis nous quitta le 13 septembre 1954 à 10 heures du matin."

Ses proches poussent Fred à jouer dans *Daddy Long Legs* dont le tournage commence en octobre.

Page de gauche, en haut : Charles Walters, Fred Astaire et Arthur Freed : tournage de "La Belle de New York".

Page de gauche en bas : Avec Louis B. Mayer en 1951

1955

Première apparition de Fred à la télévision qui sera suivie de beaucoup d'autres, émissions de variétés ou dramatiques. Il est l'invité de Ed Sullivan pour "The Toast of the Town".

Voyage en Irlande pendant l'été en compagnie d'Ava et de sa mère pour rendre visite à Adele.

Fred Astaire avec sa mère

"La Belle de New York", avec Vera-Ellen

“Tous en scène”, avec Cyd Charisse

1956

Projets sans suite à la Paramount, puis tournage de *Funny Face,* reprise très aménagée du spectacle de 1927, dont l'essentiel de l'intrigue prend Paris pour décor.

Voyage en Europe pendant l'été avec Ava (Angleterre et France), puis début des répétitions de *Silk Stockings* de Rouben Mamoulian en septembre. C'est le retour de Fred à la Metro, pour un seul film mais avec Cyd Charisse pour partenaire. Mamoulian: *"Astaire est un homme de la Renaissance; il travaille plus dur qu'aucune personne avec qui j'aie jamais travaillé."*

1957-1958

Première dramatique télévisée, *Imp on a Cobweb Leash,* présentée en décembre 1957. De plus en plus intéressé par la télévision, Fred fonde une maison de production, Ava Productions, pour son *show* du 17 octobre 1958, *An Evening with Fred Astaire,* où il a Barrie Chase comme nouvelle partenaire et qui remporte neuf Emmy Awards (les Oscars T.V.).

"L'accueil que reçut le show me stupéfia. Tout au plus avais-je espéré, voire escompté, un succès; mais jamais je n'aurais pu prévoir les récompenses et les prix qui nous furent décernés. Dans toute ma carrière théâtrale, jamais je n'avais fait l'objet d'une telle unanimité du public et de la presse."

Avec Audrey Hepburn, sur le plateau de "Drôle de frimousse"

Avec Ava Gardner, sur le plateau du "Dernier rivage"

1959

Impressionné par le succès de *Imp on a Cobweb Leash* et les qualités purement *dramatiques* du jeu d'Astaire, Stanley Kramer lui propose l'un des rôles principaux de *On the Beach*. Le tournage commence fin janvier en Australie. Fred écrit ses mémoires sous le titre (que lui souffle Noël Coward) de "Steps in Time" et présente le 4 novembre un nouveau *show* à la télévision, *Another Evening with Fred Astaire,* toujours avec Barrie Chase et qui remporte cette fois le T.V. Guide Award.

1960-1967

Reçoit en 1960 des mains de sa sœur Adele l'un des trois prix annuels du magazine *Dance*. Décide par ailleurs de ralentir son activité cinématographique (deux comédies en sept ans : *The Pleasure of His Company* [1961] et *The Notorious Landlady* [1962] pour se consacrer davantage à la télévision où il participe aussi bien à des programmes de variétés (avec notamment un *Astaire Time* qui lui vaut en 1960 deux nouveaux Emmy Awards) qu'à des dramatiques (la série *Fred Astaire's Premiere Theatre,* de 1961 à 1963) et des feuilletons (*Dr Kildare,* aux côtés de Richard Chamberlain).

1968-1969

Nouveau *show* télévisé, le 7 février 1968, avec *The Fred Astaire Show* où il retrouve Barrie Chase. Retour au grand écran pour un dernier *musical* qui déçoit, *Finian's Rainbow,* et une fantaisie policière de peu d'intérêt, *Midas Run*. Il apparaît aux côtés de Robert Wagner dans quatre épisodes du feuilleton *It Takes a Thief*.

Page de droite :
Avec Barrie Chase,
à la TV de la NBC

1970-1973

Invité-vedette du *Dick Cavett Show* en 1970 et 1971, Fred participe à différentes émissions de télévision, dont un hommage à George Gershwin en 1972, *'S Wonderful, 'S Marvellous, 'S Gershwin.*

Hommage de la Film Society of Lincoln Center de New York en 1973 où il retrouve quelques-unes de ses anciennes partenaires (Cyd Charisse, Joan Fontaine et bien sûr Ginger Rogers).

1974-1977

Nette reprise de ses activités cinématographiques avec les deux parties de *That's Entertainment* (1974 et 1976), *The Towering Inferno,* superproduction *all stars* qui lui vaut une nomination aux Oscars (meilleur rôle secondaire), *The Amazing Doberman* et *Un Taxi Mauve,* tourné en Irlande. C'est à Londres, où il s'est rendu pour la première de *That's Entertainment 2* que Fred apprend la mort de sa mère, âgée de 97 ans, qui vivait avec lui depuis de nombreuses années. Ironie du sort : c'est dans les mêmes conditions et dans la même ville qu'il avait appris en 1924 le décès de son père.

1980-1981

Mariage le 27 juin avec Robyn Smith, jockey professionnelle de 46 ans sa cadette.

Mort en janvier 1981 d'Adele Astaire.

Le 10 avril, Fred reçoit à Hollywood le Life Achievement Award de l'American Film Institute pour l'année 1981 ; la cérémonie est retransmise en différé le samedi 18 avril par la chaîne de télévision CBS.

Courant 1981, il tourne un nouveau film intitulé *Ghosts Story,* dont la sortie aux Etats-Unis est prévue pour décembre ; sous la direction de John Irvin, il y retrouve Douglas Fairbanks Jr., John Houseman et, pour sa dernière apparition à l'écran, Melvyn Douglas.

Tournage de "Finian's Rainbow"
A gauche, Francis Ford Coppola

Les films
de Fred Astaire

“Dancing Lady”

Le tourbillon de la danse

Production :
David O. Selznick
pour Metro Goldwyn Mayer
Réalisation :
Robert Z. Leonard
Scénario :
Allen Rivkin et P.J. Wolfson,
d'après un livre
de James Warner Bellah
Images :
Oliver T. Marsh
Montage :
Margaret Booth.
Direction artistique :
Merrill Pye.
Costumes :
Adrian
Lyrics :
Harold Adamson, Dorothy Fields,
Lorenz Hart et Arthur Freed
Musique :
Burton Lane, Jimmy McHugh,
Richard Rodgers et Nacio Herb Brown
Chorégraphie :
Sammy Lee et Eddie Prinz
Direction musicale :
Louis Silvers
Orchestration :
Maurice DePackh

Interprétation :
Joan Crawford
Janie Barlow
Clark Gable
Patch Gallagher
Franchot Tone
Todd Newton
May Robson
Grand-mère Newton
Winnie Lightner
Rosette LaRue
Fred Astaire
lui-même
Robert Benchley
Ward King
Ted Healy
Steve
Moe Howard, Jerry Howard
et Larry Fine
les trois Stooges
Art Jarrett
1er chanteur
Gloria Foy
Vivian Warner
Grant Mitchell
Jasper Bradley
Maynard Holmes
Junior Bradley
Nelson Eddy
2e chanteur
Sterling Holloway
Pinky, le 1er librettiste
Harry Hayden
2e librettiste
Francis Pierlot
le juge
Eunice Quedens (Eve Arden)
l'actrice à l'accent sudiste
Matt McHugh
l'impresario de l'actrice
Cecil Cunningham
Miss Allen, la secrétaire
Lynn Bari
une danseuse

Numéros musicaux :
“Hey, Young Fella”
(Fields-McHugh), chœurs.
“Hold Your Man”
(Freed-Brown), Lightner.
“Everything I Have is Yours”
(Adamson-Lane), Jarrett.
“My Dancing Lady”
(Fields-McHugh), Jarrett,
dansé par Crawford.
“Heigh-Ho, the Gang's All Here”,
(Adamson-Lane),
Astaire, Crawford et chœurs,
dansé par Astaire et Crawford.
“Let's Go Bavarian”
(Adamson-Lane),
Astaire, Crawford et chœurs.
“That's the Rythm of the Day”
(Hart-Rodgers), Eddy,
dansé par Crawford.

Sortie :
2 décembre 1933.
Durée :
90 minutes.

"Heigh-Ho, the Gang's All Here" avec Joan Crawford

New York, 1933. Le richissime financier Todd Newton, venu s'encanailler avec quelques amis dans un music-hall de seconde zone, remarque une jeune danseuse suggestivement dévêtue, Janie Barlow. Le spectacle ("Hey, Young Fella" puis "Hold Your Man") est rapidement interrompu par l'arrivée de la police qui arrête toute la troupe. Janie est condamnée pour "tenue indécente en public" à une amende de 50 dollars que Todd paie aussitôt. Les deux jeunes gens font alors connaissance, Janie confiant à Todd son désir de réussir à Broadway.

Le lendemain, elle auditionne sans succès pour le célèbre Patch Gallagher. Todd, qui commandite le spectacle en secret, joue de son influence pour l'aider, mais c'est finalement son seul talent qui lui vaut d'être engagée comme chorus girl. *Tandis que les répétitions commencent, Todd invite toute la troupe à fêter l'événement ("Everything I Have Is Yours"). Il tente en vain de séduire Janie qui lui promet cependant de l'épouser au cas où le spectacle tournerait court. Les répétitions se poursuivent ("My Dancing Lady"), non sans incidents parfois. Ainsi Patch a-t-il une violente dispute avec sa vedette féminine au point de la remplacer par Janie qui commence aussitôt à répéter avec son partenaire, le célèbre Fred Astaire.*

Todd ne tarde pas à couper les vivres au spectacle. Les répétitions cessant, il emmène Janie en croisière à Cuba. Patch ne renonce pas pour autant et décide de financer lui-même la revue en hypothéquant ses biens. Un ami journaliste lui révèle alors le rôle tenu par Todd dans toute l'affaire. La veille de la première, Patch, redoutant un désastre, s'enivre dans une boîte de nuit. Il y rencontre Todd et Janie, de retour de Cuba, et raconte toute l'histoire à la jeune femme qui décide de reprendre sa place dans la troupe. La première du spectacle, où elle retrouve Fred Astaire ("Heigh-Ho, the Gang's All Here" puis "Let's Go Bavarian"), s'achève en apothéose ("That's the Rhythm of the Day"). De retour dans sa loge, Janie congédie définitivement Todd, puis tombe dans les bras de Patch.

"Let's Go Bavarian" avec Joan Crawford

Les débuts de Fred Astaire à l'écran, et quels débuts ! Peut-on en effet rêver plus belle entrée en scène ? Clark Gable, dans un rôle de metteur en scène-chorégraphe, appelle la vedette masculine de son *show* demeurée hors-champs : *— Freddy ! — Oui, Patch. — Veux-tu montrer à Miss Barlow le numéro d'ouverture ? — Avec plaisir.* Et Fred Astaire, vedette de Broadway mais débutant à Hollywood, salue Joan Crawford, timide *chorus girl* et cependant *super-star* tournant son trente-huitième film. La répétition du numéro "Heigh-Ho, the Gang's All Here" est rapidement interrompue, Janie s'étant foulée une cheville. *Exit* Fred Astaire qui ne réapparaîtra qu'à la toute fin du film pour deux longs numéros musicaux ("Heigh-Ho, the Gang's All Here" et "Let's Go Bavarian"). Débuts éclairs, où Fred confirme son immense talent de danseur sans intervenir directement dans l'histoire. C'est pour lui une sorte de galop d'essai, un premier contact avec les caméras et les *sunlights.*

"Avoir Clark Gable m'appelant par mon propre nom et jouer une scène avec lui et Joan Crawford, c'était, pensais-je, une formidable façon d'être présenté aux très nombreux habitués des salles obscures — dont beaucoup ne m'avaient jamais vu et n'avaient même jamais entendu parler de moi en dépit de toutes mes années passées sur scène".

On ne peut guère parler ici de *brillants débuts,* au sens où l'on parlera plus tard de ses brillantes prestations à la fois enlevées et inventives, les deux numéros où Fred apparaît témoignant d'une assez grande banalité. Le premier ("Heigh-Ho, the Gang's All Here") commence dans un bar circulaire extrêmement sophistiqué où une troupe de *chorus girls and boys* trinque à la bière ; emportés par un tapis volant, Fred et Joan Crawford enchaînent sur le numéro "Let's Go Bavarian" où, là encore, tout le monde, vêtu d'habits bavarois, brandit à l'envi des chopes de bière. Sans doute faut-il voir là le reflet d'une époque où, la prohibition n'ayant pas encore été abolie (elle le sera le 5 décembre 1933, exactement trois jours après la sortie du film), Hollywood donnait une dernière fois à rêver aux spectateurs condamnés au régime sec.

Le film tient du *backstage musical* à arrière-plan social illustré par la Warner avec *Gold Diggers of 1933 (Les Chercheuses d'Or), Footlight Parade (Prologues) et 42nd Street (42e Rue),* qui décrit l'irrésistible ascension d'une petite *chorus girl* partie de rien. On retrouve là les difficultés du temps (1929 est encore tout proche), largement tempérées par le mythe de la *success story* hollywoodienne et l'espoir mis dans les temps nouveaux. Ainsi Patch se dispute-t-il avec les auteurs de la revue, qu'il juge démodée, lui qui veut mettre sur scène *la vie, le bruit, le rythme des usines. Jamais la Warner ne ferait ça,* lui rétorque l'un des auteurs, et l'ironie de la réplique annonce le numéro final, "That's the Rythm of the Day", où Nelson Eddy chante la frénésie de la grande ville. Comment ne pas songer alors aux gratte-ciel de Busby Berkeley se mouvant au rythme de la musique de *42e Rue ?* Aussi, bien qu'étiqueté directeur d'actrice à l'instar d'un Cukor, Robert Z. Leonard exalte-t-il ici

Clark Gable et Joan Crawford

l'énergie de ces personnages exemplaires qui triomphent de tous les obstacles par leur courage, leur ténacité, leur professionnalisme, sans se laisser corrompre pour autant (voir le personnage de Franchot Tone, financier finalement antipathique et évacué sans phrase).

Clark Gable met ici en place ce qui deviendra par la suite une véritable mythologie. Dur, perfectionniste, tout entier consacré à son travail, il forme déjà avec Joan Crawford le couple qui, symboliquement, triomphera de la jungle dans *Strange Cargo (Le Cargo Maudit),* de Frank Borzage. Joan Crawford, désignée par Scott Fitzgerald comme la *flapper* des *late 20's,* souligne parallèlement l'évolution de sa carrière : de la *jazz baby* avide de charleston de *Our Dancing Daughters (Les Nouvelles Vierges,* Harry Beaumont, 1928), égarée par la crise dans des music-halls minables, Janie Barlow devient *leading lady* par sa compétence et son énergie. *Pour Joan Crawford, la réussite sociale équivaut à jouer le jeu d'une société masculine*[1] *;* ainsi Janie Barlow, ayant acquis son autonomie sociale, s'affirme-t-elle comme l'égale de Patch Gallagher, et l'on s'en étonnera d'autant moins que Gable et Crawford formeront l'un des plus célèbres couples des années 30. Quant à Fred Astaire, il préférera dès son second film, l'univers aseptisé de la RKO aux tentations faussement réalistes (et d'ailleurs rapidement circonvenues) de la Metro de 1933.

1. Christian Viviani, *1930-1939 J.-C. Superstar,* in "Positif", nº 215, février 1979.

"Flying Down to Rio"

La Carioca

Producteur exécutif:
Merian C. Cooper pour RKO Radio Picture
Producteur associé:
Louis Brock
Réalisation:
Thornton Freeland
Scénario:
Cyril Hume, H.W. Hanemann et Erwin Gelsey, d'après une pièce de Anne Caldwell et une histoire originale de Louis Brock
Images:
J. Roy Hunt
Montage:
Jack Kitchin
Direction artistique:
Van Nest Ploglase et Carroll Clark
Costumes:
Walter Plunkett
Effets photographiques:
Vernon Walker
Maquillage:
Mel Burns
Son:
P.J. Faulkner
Lyrics:
Edward Eliscu et Gus Kahn
Musique:
Vincent Youmans
Direction musicale:
Max Steiner
Chorégraphie:
Dave Gould
assisté de
Hermes Pan

Interprétation:
Dolores Del Rio
Belinha de Rezende
Gene Raymond
Roger Bond
Raul Roulien
Julio Ribeiro
Ginger Rogers
Honey Hale
Fred Astaire
Fred Ayres
Blanche Friderici
Dona Elena
Franklin Pangborn
M. Hammerstein
Eric Blore
adjoint du directeur de l'hôtel Hibiscus
Walter Walker
M. de Rezende
Etta Moten
chanteuse du Casino
Roy d'Arcy, Maurice Black et Armand Kaliz
les trois Grecs
Paul Porcasi
le maire de Rio
Luis Alberni
directeur du Casino
Clarence Muse
le caddy haïtien
Betty Furness et Movita Casteneda
clientes de l'hôtel
Mary Kornman
l'amie de Belinha
Reginald Barlow
Alfredo
Eddie Borden, Jack Rice et Ray Cooke
musiciens
Alice Gentle
une chanteuse
Wallace McDonald
un pilote
Gino Corrado
un messager
Martha La Venture
une danseuse
Sidney Bracey
Rodriguez, le chauffeur
Harry Bowen
mécanicien à l'aérodrome
Lucille Browne, Harrry Semels, Manuel Paris, Adrian Rosley, Howard Wilson, Margaret Mearing, Francisco Moran, Helen Collins, Carol Tevis, Eddie Tamblyn, Alice Ardell, Rafael Alvir, Barbara Sheldon, Douglas Williams, Alma Travers, Juan Duval, Eddie Boland, Julian Rivero, Pedro Regas

Numéros musicaux:
"Music Makes Me", Rogers.
"The Carioca", Moten, dansé par Astaire et Rogers.
"Orchids in the Moonlight", Roulien, dansé par Astaire et Del Rio.
"Flying Down to Rio", Astaire.

Sortie:
20 décembre 1933.
Durée:
89 minutes.

Avec Raoul Roulien, Blanche Friderici et Dolores Del Rio

Roger Bond a été engagé avec son orchestre, les Yankee Clippers, *pour jouer à l'Hôtel Hibiscus, un palace de Miami. Mais ses frasques sentimentales ne cessent de lui valoir des ennuis que lui reproche son ami Fred Ayres. Un soir, alors que sa chanteuse Honey Hale est sur scène ("Music Makes Me"), il remarque dans le public une jeune Brésilienne très belle, Belinha de Rezende. Il l'invite à danser, provoquant ainsi la fureur du directeur qui congédie l'orchestre.*

Peu après, Roger trouve un engagement à l'Hôtel Atlantico de Rio de Janeiro, dont le propriétaire est le père de Belinha. Toute la troupe s'envole pour Rio sauf Roger qui, possédant un petit avion, part de son côté. Un concours de circonstances lui permet de prendre Belinha à son bord. Quelques heures plus tard, un ennui mécanique l'oblige à attérrir sur la plage d'une île déserte. Roger, qui aggrave volontairement la panne, séduit Belinha. Le matin, celle-ci s'aperçoit qu'ils se trouvent en fait sur la plage d'Haïti, à quelques minutes seulement d'un aérodrome. Elle en profite pour fausser compagnie à Roger et prendre un avion à destination du Brésil.

A Rio, Roger raconte ses aventures sentimentales à son ami Julio Rubeiro. Celui-ci comprend que la jeune fille dont s'est épris Roger n'est autre que Belinha avec laquelle il est lui-même fiancé. Pendant ce temps, toute la troupe des Yankee Clippers *va écouter un groupe musical local, les* Turanas, *Fred et Honey profitant de l'occasion pour apprendre à danser la Carioca front contre front ("The Carioca").*

Le soir suivant, à l'Aviators Club où a lieu un dîner dansant, Julio retrouve Belinha et, à l'écart, lui chante une mélodie composée par Roger ("Orchids in the Moonlight", partie chantée). L'arrivée de celui-ci rompt leur tête à tête et le ton monte entre les deux hommes. L'apparition inattendue de Fred, entraînant Belinha dans un tango ("Orchids in the Moonlight", partie dansée), détend heureusement l'atmosphère.

A l'Hôtel Atlantico, cependant, les répétitions commencent, Fred dirigeant l'orchestre. Des policiers interviennent alors et annoncent que le show *ne pourra avoir lieu, l'hôtel n'ayant pas obtenu la licence pour le spectacle à la suite des manœuvres déloyales d'un concurrent peu scrupuleux. Aussi le jour de l'inauguration, est-ce à un* show *en plein ciel que les clients assistent, avec des* girls *enrubannées dansant sur les ailes des avions de l'Aviators Club tandis que les* Yankee Clippers *jouent dans les jardins de l'hôtel et que Fred chante "Flying Down to Rio".*

Roger profite du spectacle pour faire ses adieux à Belinha. Il part pour Buenos-Aires par le premier avion, cédant ainsi la place à Julio. Celui-ci, comprenant que la jeune fille aime son rival, les réunit dans l'avion où le commandant de bord les marie tandis que Julio saute en parachute pour rejoindre les Yankee Clippers *qui triomphent à l'Hôtel Atlantico.*

Un peu plus présent ici que dans *Dancing Lady,* Fred Astaire ne tient cependant qu'un rôle secondaire, tout comme Ginger Rogers, venue de la Warner (elle était l'une des *Chercheuses d'Or* de Berkeley) et depuis peu sous contrat à la RKO. C'est David O'Selznick qui imagina le premier un grand *musical* avec Fred Astaire en vedette pour répondre à la concurrence de la Warner, mais il quitta bientôt la RKO et Merian C. Cooper, co-auteur de *King-Kong,* lui succéda. Celui-ci n'entendait rien à la comédie musicale, dont il se souciait comme d'une guigne, et peu à peu le projet initial s'effilocha, Fred passant au second plan, Dolores Del Rio au premier. On joua du même coup la carte de l'exotisme en situant la plus grande partie de l'action à Rio. Devenu ainsi un *véhicule* pour Dolores Del Rio, le film reflète bien les incohérences de sa gestation. Là où l'on attendait une comédie musicale enlevée, il ne reste plus que quelques numéros isolés, noyés dans des fadaises exotico-sentimentales, le tout paraissant monté de bric et de broc avec un scénario grossièrement rabiboché au jour le jour et des numéros musicaux artificiellement plaqués. Fred lui-même, perfectionniste par nature, s'étonna de l'accueil triomphal que reçut le film, assez faible à ses yeux.

"Je fus de nouveau étonné que les réactions puissent être aussi favorables, car je savais n'avoir encore rien fait de bien extraordinaire à l'écran en matière de danse. Les numéros de Rio *avaient été mis au point de façon un peu trop précipitée, me semblait-il, et ce que j'y avais fait ne me satisfaisait pas du tout. Je trouvais que Ginger et moi allions certes bien ensemble, mais que nous ne faisions cependant rien qui sorte de l'ordinaire dans le numéro* "The Carioca".

Appréciation mitigée, dont on devine une juste sévérité entre les lignes. Relégués aux rayons des commodités musicales, lui baptisé Fred Ayres (notons au passage l'homophonie avec son propre nom), dans le rôle d'un musicien, elle dans celui d'une chanteuse, tous deux balayés par le souffle douceâtre d'une intrigue sentimentale dénuée de tout intérêt, Fred et Ginger jouent les faire-valoir comiques et n'ont qu'un seul numéro ensemble où ils dansent front contre front juchés sur sept pianos, pas moins. Cette "Carioca", avec ses couples de danseurs sud-américains rigoureusement symétriques, s'inspire ouvertement des grands numéros kaléïdoscopiques de Busby Berkeley, d'autant plus que le chorégraphe Dave Gould avait été son élève. (L'idée du numéro venait en fait d'un jeune homme engagé par Gould comme assistant, un certain Hermes Pan qui allait devenir le chorégraphe attitré d'Astaire.) Une folie parfaitement contrôlée imprègne enfin le numéro "Flying Down to Rio", lui donnant tout son prix. *Finale* qui trahit lui aussi l'influence de Berkeley, avec ses grappes de *girls* vêtues comme pour la parade, esquissant quelques timides pas de danse sur les ailes d'avions sensés voler à plusieurs centaines de mètres d'altitude.

"The Carioca" avec Ginger Rogers

"The Gay Divorcee"

La gaie divorcée

Production :
Pandro S. Berman pour la RKO Radio Pictures
Réalisation :
Mark Sandrich
Scénario :
George Marion Jr., Dorothy Yost et Edward Kaufman, d'après le musical "Gay Divorce", de Dwight Taylor et Cole Porter
Images :
David Abel
Montage :
William Hamilton
Direction artistique :
Van Nest Polglase et Carroll Clark
Costumes :
Walter Plunkett
Effets photographiques :
Vernon Walker
Maquillage :
Mel Burns
Son :
Hugh McDowell Jr.
Lyrics :
Cole Porter, Herb Magidson et Mack Gordon
Musique :
Cole Porter, Con Conrad et Harry Revel
Direction musicale :
Max Steiner
Chorégraphie :
Dave Gould
assisté de
Hermes Pan

Interprétation :
Fred Astaire
Guy Holden
Ginger Rogers
Mimi Glossop
Alice Brady
Hortense Ditherwell
Edward Everett Horton
Egbert Fitzgerald
Erik Rhodes
Tonetti
Eric Blore
le maître d'hôtel
William Austin
Cyril Glossop
Betty Grable
une cliente de l'hôtel
Charles Coleman
le valet de Guy
Lilian Miles
une chanteuse
Paul Porcasi
le maître d'hôtel français
E.E. Clive
l'inspecteur des douanes
George Davis et Alphonse Martel
les serveurs français
Charles Hall, Art Jarrett

Numéros musicaux :
"Don't Let It Bother You" (Gordon-Revel), dansé par Astaire.
"A Needle in a Haystack" (Magidson-Conrad), Astaire, dansé par Astaire.
"Let's K-nock K-nees" (Gordon-Revel), Grable et Horton, dansé par Grable et Horton.
"Night and Day" (Porter), Astaire, dansé par Astaire et Rogers.
"The Continental" (Magidson-Conrad), Rogers, Rhodes, Miles, dansé par Astaire et Rogers.

Sortie :
3 octobre 1934.
Durée :
107 minutes.

Le danseur Guy Holden, après quelques jours passés à Paris en compagnie de son ami l'avocat Egbert Fitzgerald ("Don't Let It Bother You"), rencontre à la douane de Southampton une ravissante jeune Américaine, Mimi Glossop, venue chercher là sa tante, Hortense Ditherwell. Il lui vient en aide alors que sa robe est accrochée à une malle, mais, déchirant le vêtement, il doit lui prêter son imperméable. Un peu plus tard, Guy confie à Egbert qu'il est tombé amoureux d'une jeune femme dont il ne connaît ni le nom ni l'adresse mais qu'il retrouvera malgré tout comme une aiguille dans une botte de foin ("A Needle in a Haystack").

Mimi, cependant, mariée à un géologue qui la délaisse, souhaite vivement divorcer et, sur les conseils d'Hortense, contacte Egbert qui lui propose de louer les services d'un homme de paille pour organiser un simulacre de flagrant délit d'adultère. Le tout devant se passer en dehors de Londres, il envoit Mimi et sa tante dans une station balnéaire, Brightbourne. Lui-même se rend à Brightbourne, accompagné par Guy, pour superviser toute l'affaire, profitant au passage des plaisirs de la plage et de baigneuses délurées et peu farouches ("Let's K-nock K-neez"). C'est là qu'un soir Guy retrouve Mimi qu'il séduit après avoir vaincu ses dernières résistances ("Night and Day").

Suite à un quiproquo, Mimi prend Guy pour l'homme de paille d'Egbert et lui donne rendez-vous pour le soir même dans sa chambre. Guy, ravi encore qu'un peu décontenancé par l'attitude de la jeune femme, la rejoint à l'heure dite. L'arrivée du véritable employé *d'Egbert, un dandy italien nommé Tonetti* (Votre femme ne craint rien avec Tonetti, il préfère les spaghetti), *interrompt leur tête à tête qui menaçait de tourner à l'aigre. Professionnel avant tout, Tonetti permet aux deux jeunes gens, réconciliés, de rester ensemble, à condition de ne pas quitter la chambre, lui-même les surveillant d'une pièce voisine. Un air de musique lointain, repris en chanson par Mimi ("The Continental", partie chantée), leur donne envie de rejoindre les danseurs sur la terrasse de l'hôtel. Une ruse (deux silhouettes de papier tournant au rythme d'un phonographe) les libère de la surveillance de Tonetti, leur permettant du même coup d'aller danser la Continental ("The Continental", partie dansée).*

Le lendemain matin, au petit déjeuner, tandis qu'Egbert découvre avec stupéfaction Mimi en compagnie de Guy et Tonetti, le mari arrive à son tour, amené par Hortense. L'affaire tourne rapidement à sa confusion lorsque le maître d'hôtel révèle qu'il mène une double vie sous un autre nom avec une autre épouse. Le divorce devient inévitable et, une fois seuls, Guy et Mimi dansent joyeusement à travers la suite et sur les meubles ("The Continental", reprise de la valse).

"The Continental" avec Ginger Rogers, page de droite

"The Continental"

Le premier film entièrement contrôlé par le producteur Pandro S. Berman, responsable de toute la série RKO à l'exception de *Rio,* qui réunit autour du couple une équipe gagnante. Mark Sandrich pour la mise en scène, David Abel pour la photographie, Van Nest Polglase assisté de Carroll Clark pour la direction artistique, des acteurs de second plan au style parfaitement rodé (Edward Everett Horton, Eric Blore, Erik Rhodes), le tout au service d'un spectacle qui avait fait ses preuves sur les scènes de Londres (108 représentations) et Broadway (248 représentations) réunies.

Point de départ du film donc, un *musical* de Cole Porter, "The Gay Divorce", monté fin 1932 à Broadway avec en vedette Fred Astaire et Claire Luce, Adele venant d'épouser Lord Charles Cavendish, et Eric Blore et Erik Rhodes dans des rôles secondaires. Le spectacle fut présenté à Londres fin 1933, peu après le tournage de *Flying Down to Rio* dont le succès incita la RKO à miser essentiellement sur Fred et Ginger propulsés au rang de vedettes. Aussi, dans la foulée des représentations théâtrales, Berman décida-t-il d'adapter le spectacle.

Sans toucher pour autant à une histoire originale très linéaire, il fut décidé de ne conserver de Cole Porter que le très célèbre "Night and Day", tout en confiant à deux équipes de paroliers et musiciens (Herb Magidson et Con Conrad d'une part, Mack Gordon et Harry Revel d'autre part) le soin de compléter la partition, l'ensemble ne pâtissant pas trop d'une telle disparité musicale. Ultime contretemps, le Hays Office obligea la RKO à changer le titre, un divorce n'étant par décence et définition jamais gai ! Aussi le film fut-il rebaptisé *The Gay Divorcee (La Gaie Divorcée),* peut-être pour rappeler *La Veuve Joyeuse,* tandis que le personnage incarné par Astaire devenait d'écrivain à la scène, danseur à l'écran — sans doute pour plus de crédibilité. *"Ce changement modifiait beaucoup l'histoire et améliorait indiscutablement le film. Les numéros musicaux intervenaient de façon plus naturelle et nous pensions tous alors pouvoir beaucoup mieux faire que pour* Flying Down to Rio."

Astaire, à vrai dire, ne souhaitait pas avoir Ginger pour partenaire, craignant d'en être en quelque sorte prisonnier, comme il avait pu l'être d'Adele. Mais, présentés par la publicité comme *le Roi et la Reine de la Carioca,* ils ne pouvaient déjà plus fonctionner commercialement l'un sans l'autre, le film mettant alors en place un univers tant décoratif que musical qui sera ensuite le leur jusqu'à *The Story of Vernon and Irene Castle (La Grande Farandole).* C'est ainsi que le décor parfaitement irréaliste de l'Hôtel Bella Vista annonce l'invraisemblable Venise de *Top Hat,* de même que quelques-uns des numéros les plus caractéristiques du couple trouvent ici leur origine. Dans "A Needle in a Haystack", passant insensiblement du dialogue à la chanson, Fred rode les variations subtiles et dynamiques de ses solos à venir avec une élégance naturelle jusque dans ses effets les moins attendus. Même phénomène au début de "Night and Day", où le dialogue *(Ne partez pas, j'ai tant de choses à vous dire)* enchaîne sur la chanson *(Like the beat beat beat of the tom-tom),* elle-même introduisant un pas de deux romantique mené par un Astaire exerçant une véritable fascination magique sur une Ginger littéralement enchantée. Pouvoir hypnotique si l'on veut, que l'on retrouvera tout au long de la carrière d'Astaire, jusqu'au numéro "All of You" de *Silk Stockings (La Belle de Moscou)* en 1957.

Le grand numéro final, "The Continental", d'une durée record de dix-sept minutes et demi, reprend la figuration et les compositions néo-berkeleyennes de la "Carioca" tout en annonçant le non moins célèbre "Piccolino" de *Top Hat* et, plus subtilement, le "Bojangle of Harlem" de *Swing Time,* avec une utilisation remarquable du noir et blanc, les couples de figurants apparaissant successivement vêtus de noir, puis de blanc, puis de noir et blanc.

Avec Edward Everett Horton

"Roberta"

Production :
Pandro S. Berman pour la RKO Radio Pictures
Réalisation :
William A. Seiter
Scénario :
Jane Murfin, Sam Mintz, et Allan Scott, d'après le *musical* "Roberta" de Jerome Kern et Otto Harbach, adapté du livre de Alice Duer Miller, "Gowns by Roberta"
Dialogue additionnel :
Glenn Tryon
Images :
Edward Cronjager
Montage :
William Hamilton
Direction artistique :
Van Nest Polglase, assisté de Carroll Clark
Décorateur de plateau :
Thomas K. Little
Costumes :
Bernard Newman
Maquillage :
Mel Burns
Lyrics :
Otto Harbach et Dorothy Fields
Musique :
Jerome Kern
Direction musicale :
Max Steiner
Son :
John Tribby
Chorégraphie :
Hermes Pan

Interprétation :
Irene Dunne
Stephanie
Fred Astaire
Huckleberry "Huck" Haines
Ginger Rogers
Comtesse Tanka Scharwenka, née Lizzie Gatz
Randolph Scott
John Kent
Helen Westley
Roberta
Victor Varconi
Ladislaw
Claire Dodd
Sophie Teale
Luis Alberni
Voyda
Ferdinand Munier
Lord Delves
Torben Meyer
Albert
Lucille Ball, Jane Hamilton, Margaret McChrystal, Kay Sutton, Maxine Jennings, Virginia Reid, Lorna Low, Lorraine De Sart, Wanda Perry, Diane Cook, Virginia Carroll, Betty Dumbries, Donna Roberts
les mannequins
Mike Telegen et Sam Savitsky
les cosaques du Café Russe
Candy Candido, Muzzy Marcellino, Gene Sheldon, Howard Lally, Hal Borne, Charles Sharpe, Ivan Dow, William Dunn, Phil Cuthbert, Delmon Davis
les Wabash Indianians
Adrian Rosley
le professeur de français
Grace Hayle
la journaliste
Rodil Rosing
Fernande
Zena Savine, Mary Forbes, William B. Davidson, Judith Vosselli, Rita Gould

Numéros musicaux :
"Indiana" (Ballard McDonald-James F. Hanley),
"Let's Begin" (Harbach-Kern), Astaire, Candido, dansé par Astaire, Candido et Sheldon.
"Russian Song", Dunne.
"I'll Be Hard to Handle" (Bernard Dougall-Kern), Rogers, dansé par Astaire et Rogers.
"Yesterdays" (Harbach-Kern), Dunne.
"I Won't Dance" (Fields, Oscar Hammerstein II-Kern), Astaire et Rogers, dansé par Astaire.
"Smoke Gets in Your Eyes" (Harbach-Kern), Dunne, reprise dansée par Astaire et Rogers.
"Fashion Show" (avec "Don't Ask Me Not to Sing" en fond sonore), Astaire.
"Lovely to Look At" (Fields-Kern), Dunne, reprise chantée et dansée par Astaire et Rogers.
Fond sonore :
"The Touch of Your Hand" et "You're Devastating".

Sortie :
12 février 1935.
Durée :
105 minutes.

Huck Haines débarque au Havre avec son orchestre, les Wabash Indianians, *et accompagné de son ami John Kent, un joueur de foot-ball, pour un engagement au Café Russe de Paris. S'attendant à découvrir de vrais Indiens emplumés (sic), Voyda, le directeur du Café Russe, refuse de les engager, les trouvant insuffisamment exotiques. Rien ne peut le faire revenir sur sa décision, pas même une étonnante démonstration musicale du groupe ("Indiana").*

La troupe se rend cependant à Paris où vit Minnie, la tante de John Kent, qui, sous le nom de Roberta, tient une maison de haute couture. John fait alors la connaissance de Stephanie, qui dirige l'établissement à la place de Roberta, âgée et malade. Il rencontre également une cliente irascible, la comtesse Scharwenka, qui chante dans un cabaret à la mode. John voit là l'occasion d'un contrat pour les Wabash Indianians *et ceux-ci, menés par Huck, se lancent dans un numéro devant la boutique de Roberta ("Let's Begin"). La comtesse, en qui Huck a reconnu Lizzie Gatz, une de ses anciennes connaissances, promet de les aider. Pendant ce temps, Roberta, qui doit se ménager, s'assoupit, bercée par une mélodie que lui chante Stephanie ("Russian Song"). Tenant sa promesse, Lizzie fait embaucher toute la troupe au... Café Russe où elle improvise avec Huck un numéro devant le public des serveurs et des femmes de ménage ("I'll Be Hard to Handle").*

Bientôt cependant, Roberta meurt après que Stephanie lui ait chanté une dernière mélodie ("Yesterday"). John hérite de la maison de couture et décide Stephanie à s'associer avec lui. Arrive la fiancée de John, Sophie Teale. Avec la complicité de Huck, Stephanie, à la fois déçue et irritée par les façons déplaisantes de la jeune femme, lui vend une robe que John avait précédemment éliminée, la trouvant vulgaire et de mauvais goût.

Le soir de l'ouverture du Café Russe, John, découvrant la robe de sa fiancée, se dispute avec elle et rompt. Tandis que commence le spectacle avec Lizzie et Huck ("I Won't Dance"), il se met à boire plus que de raison. Précédée d'une musique solennelle, Stephanie apparaît alors au bras de Ladislaw, le portier de la maison de couture. Tous deux appartiennent à la famille impériale russe en exil à Paris. A la demande de ses amis, Stephanie commence une chanson ("Smoke Gets in Your Eyes") qu'une intrusion de John, ivre interrompt. Les jeunes gens se querellent et, une fois John parti, Stephanie termine sa chanson avant d'éclater en sanglots. Aussi décide-t-elle de quitter la maison de couture. Devant l'insistance de Lizzie et Huck, Stephanie accepte de rester, organisant une présentation de mode en musique ("Lovely to Look At" puis reprise dansée de "Smoke Gets in Your Eyes"). Pendant que se termine triomphalement la présentation, John comprend qu'il aime Stephanie et la rejoint tandis que Lizzie accepte d'épouser Huck. Tous deux reprennent le numéro dansé "I Won't Dance".

Avec Irene Dunne et Ginger Rogers

"I'll Be Hard to Handle" avec Ginger Rogers

C'est en route pour Londres où il allait voir sur scène "The Gay Divorce", que Pandro S. Berman assista à une représentation de "Roberta" qui triomphait alors à Broadway. Il en acheta aussitôt les droits d'adaptation cinématographique, coiffant ainsi sur le poteau la Paramount et la MGM intéressées elles aussi. Jerome Kern, auteur de la musique, connut un meilleur sort que le Cole Porter de "The Gay Divorce", l'essentiel des chansons ayant été conservé à l'écran. Quant à celles que l'on décida d'ajouter ("I Won't Dance" et "Lovely to Look At"), elles lui furent personnellement commandées.

Roberta diffère sensiblement de *La Gaie Divorcée,* marquant même une regrettable rupture de ton. Le projet initial rejoint ainsi celui de *Flying Down to Rio,* le couple Astaire-Rogers n'y jouant que le rôle secondaire des amoureux comiques de l'opérette traditionnelle. (Rôle qu'ils reprendront d'ailleurs, et avec le même manque de réussite, dans *Follow the Fleet/En Suivant la Flotte).* Aussi Fred apparaît-il singulièrement sacrifié dans son rôle de musicien tout droit venu de *Rio,* encore qu'il soit bien le seul, avec Ginger en fausse princesse polonaise, à témoigner de quelque humour. Les habituels complices du couple n'étant pas au rendez-vous, on doit se rabattre en désespoir de cause sur les médiocres effets vocaux de Candy Candido. Notons qu'à l'origine la RKO cherchait à orienter Fred et Ginger vers des opérettes traditionnelles et très européanisées, proches de celles réalisée à la Metro par Lubitsch ou Mamoulian. Ce qui explique en partie que *Roberta* s'intéresse presqu'essentiellement aux démêlés amoureux de Randolph Scott et Irene Dunne, celle-ci ayant d'ailleurs bien du mal à venir à bout de son partenaire, gros épagneul affectueux mais aussi peu à l'aise ici qu'un éléphant dans un magasin de porcelaine. Non que Scott soit le moins du monde mal distribué (il est au contraire très plausible en joueur de foot-ball un peu lourdaud), mais il manque surtout un metteur en scène et, sans doute par indifférence, William A. Seiter (qui sera tout de même sensiblement mieux inspiré par *You Were Never Lovelier)* se révèle incapable d'utiliser la maladresse naturelle du personnage. On s'étonnera d'autant moins de l'indifférence paresseuse du cinéaste en découvrant l'aspect guindé et insipide d'un film où des princesses russes en exil dialoguent interminablement avec des grands-ducs devenus portiers. Ajoutons que Irene Dunne pousse la ritournelle d'une gentille voix de soprano, tandis que Fred et Ginger sauvent le film du naufrage en transformant ce qui n'aurait dû être qu'une fade opérette en une comédie musicale souvent languissante mais bien enlevée par moments.

"Let's Begin", numéro comique à trois (Fred Astaire, Candy Candido et Gene Sheldon), ouvre ainsi très convenablement le film et, plutôt que l'ennuyeuse présentation de mode qui le termine, permettant à Fred et Ginger d'enchaîner heureusement sur une élégante reprise dansée de "Smoke Gets in Your Eyes" sans balalaïkas et d'un raffinement alangui, on retiendra surtout le numéro "I'll Be Hard to Handle" qui paraît lever le voile sur le travail du couple en coulisse. Tandis que l'orchestre des *Wabash Indianians* répète au Café Russe, Fred et Ginger improvisent un numéro où s'affirme, plus encore que dans *La Gaie Divorcée,* la concomitance de leur jeu. "I'll Be Hard to Handle" c'est, à l'état d'ébauche, l'espace de quelques secondes et noyée dans un océan de fadaises, l'annonce de ce que sera la prestigieuse série RKO.

"Indiana"

"Top Hat"

Le danseur du dessus

Production :
Pandro S. Berman pour la RKO Radio Pictures
Réalisation :
Mark Sandrich
Scénario :
Dwight Taylor et Allan Scott, d'après une histoire de Dwight Taylor
Images :
David Abel
Montage :
William Hamilton
Direction artistique :
Van Nest Polglase et Carroll Clark
Décorateur de plateau :
Thomas K. Little
Costumes :
Bernard Newman
Effets photographiques :
Vernon L. Walker
Maquillage :
Mel Burns
Son :
Hugh McDowell Jr.
Lyrics et musique :
Irving Berlin
Direction musicale :
Max Steiner
Chorégraphie :
Hermes Pan

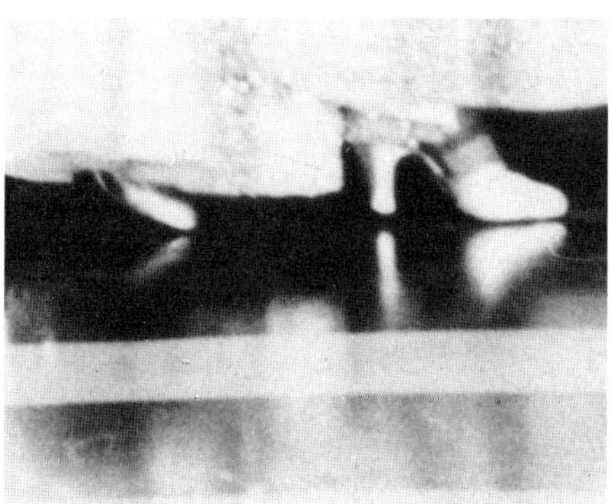

Interprétation :
Fred Astaire
Jerry Travers
Ginger Rogers
Dale Tremont
Edward Everett Horton
Horace Hardwick
Helen Broderick
Madge Hardwick
Erik Rhodes
Alberto Beddini
Eric Blore
Bates
Leonard Mudie
le directeur du magasin de fleurs
Lucille Ball
l'employée du magasin de fleurs
Edgar Norton
le directeur de l'hôtel à Londres
Gino Corrado
le directeur de l'hôtel à Venise
Peter Hobbes
le groom
Donald Meek, Florence Roberts, Frank Mills, Tom Ricketts, Dennis O'Keefe, Ben Holmes, Nick Thompson, Tom Costello, John Impolite, Genaro Spagnoli, Rita Rozelle, Phyllis Coghlan, Charles Hall.

Numéros musicaux :
"No Strings", Astaire dansé par Astaire.
"Isn't This a Lovely Day ?", Astaire, dansé par Astaire et Rogers.
"Top Hat, White Tie and Tails", Astaire, dansé par Astaire et Rogers.
"Cheek to Cheek", Astaire, dansé par Astaire et Rogers.
"The Piccolino", Rogers, dansé par Astaire et Rogers.

Sortie :
16 août 1935.
Durée :
101 minutes.

Horace Hardwick, producteur d'un spectacle musical sur le point de démarrer, rejoint au Thackeray Club de Londres le danseur américain Jerry Travers, vedette de sa revue. Un peu plus tard, à leur hôtel, Horace annonce à Jerry qu'ils se rendront à Venise le week-end suivant, sa femme Madge, en villégiature au Lido, désirant présenter à Jerry une jeune personne de sa connaissance. Jerry se récrie aussitôt, prétendant être davantage soucieux de sa liberté que des charmes d'une femme ("No Strings"). Emporté par l'élan d'un numéro de claquettes déchaîné, il réveille la locataire de l'étage inférieur, Dale Tremont, qui, montant se plaindre, le séduit immédiatement.

Le lendemain, pour se faire pardonner son tapage nocturne, Jerry noie Dale sous les fleurs puis, la croisant dans le hall de l'hôtel en habit d'équitation, lui propose en vain de l'accompagner au manège en cab ; *pour tourner son refus, il prend la place du cocher. Tandis que Dale monte, un orage éclate, l'obligeant à se réfugier sous un petit kiosque à musique. Jerry, toujours en cocher, l'y rejoint et esquisse quelques pas de danse, que la jeune femme reprend bientôt ("Isn't This a Lovely Day"). Ainsi tombe-t-elle amoureuse de Jerry qu'un quiproquo lui fait prendre pour Horace, le mari de son ami Madge. Elle décide aussitôt de le fuir et s'en va rejoindre Madge à Venise en compagnie de son ami le couturier Beddini.*

Le spectacle monté par Horace avec Jerry en vedette reçoit un accueil triomphal ("Top Hat, White Tie and Tails), et tous deux s'envolent à leur tour pour Venise où Jerry rejoint Madge et Dale pour dîner. Celle-ci, prenant toujours Jerry pour Horace, ne comprend pas pourquoi Madge, qui a la manie de vouloir faire des mariages, l'encourage à flirter avec lui. Tandis que le couple commence à danser, Jerry confie à Dale son bonheur ("Cheek to Cheek") et lui propose de l'épouser, ce qui provoque la fureur de la jeune femme qui le gifle et décide d'épouser... Beddini qui la poursuit de ses assiduités.

Comprenant le malentendu, Jerry explique tout à Madge et Horace, mais un coup de téléphone leur apprend que Dale vient tout juste d'épouser Beddini. Par ruse, Jerry parvient à tout expliquer à la jeune femme qui accepte de l'accompagner pour une promenade en gondole. Horace, Madge et Beddini partent à leur recherche en canot mais tombent en panne d'essence au beau milieu de la lagune alors que Dale et Jerry passent la soirée en tête à tête ("The Piccolino"). Tout le monde est bientôt réuni pour une grande scène d'explication, Bates, le fidèle valet que Horace avait charger de filer Dale, révélant alors que c'est lui, déguisé en clergyman, qui a "marié" Beddini et Dale ; et celle-ci tombe aussitôt dans les bras de Jerry.

A gauche et à droite :
"Top Hat, White Tie and Tails"

"Isn't This a Lovely Day?" avec Ginger Rogers

"Cheek to Cheek" avec Ginger Rogers

"Isn't This a Lovely Day ?"

Top Hat passe non seulement pour le meilleur film du couple Astaire-Rogers mais aussi pour la meilleure comédie musicale des années 30. Jugement peut-être excessif encore que relativement justifié, le film consacrant un certain nombre d'archétypes esthétiques et narratifs qui en font en quelque sorte le modèle du genre. On est là très loin de ces *Chercheuses d'or* où l'on chantait la détresse des chômeurs et des laissés pour compte, ou même, pour rester dans la galaxie astairienne, de *Dancing Lady.* La réalité n'a ici aucune prise sur des personnages désœuvrés pour la plupart ou paressant dans les charmes d'un *show business* de fantaisie et passant le temps d'un week-end d'un continent à un autre avec une facilité de multi-milliardaire. L'intrigue, qui tourne naïvement autour d'un mariage, sans sortir pour autant de ce milieu bon chic bon genre où l'on porte *top hat, white tie and tails* avec décontraction et sans ostentation, renvoie moins à la réalité des années 30 qu'à ces *roaring 20's* d'avant la crise hantées par des *dandies* évanescents ou de riches oisives en robe du soir.

Le scénario reprend de façon quasi systématique les différents épisodes de *La Gaie Divorcée* comme pour mieux montrer que l'on est là dans un monde immuable où rien ne changera jamais, et l'on s'étonnera d'autant moins de cette heureuse coïncidence sachant que Dwight Taylor, ici co-scénariste, était aussi l'auteur de la version scénique de *La Gaie Divorcée.* L'intrigue, linéaire et vaudevillesque, avec son quota de quiproquos et de *double takes* (dûs bien évidemment à l'ineffable Edward Everett Horton), compte en fait assez peu, l'essentiel demeurant les artifices musicaux et décoratifs qui l'entourent. Et là, *Top Hat,* bien que moins achevé que *Shall We Dance (L'Entreprenant M. Petrov)* par exemple, ne manque ni de richesse, ni d'invention. Ainsi retrouve-t-on ces décors stylisés à l'extrême, ces fastueuses suites aux murs tendus de satin blanc, cette alternance de noir et de blanc contrastés, brillants et élégants, dûs aux talents joints de Van Nest Polglase, Carroll Clark et David Abel, véritable feu d'artifice éclatant en bouquet pour célébrer une Venise onirique où évoluent des personnages de rêve bien éloignés de la réalité du temps.

Très à l'aise dans cet univers de convention, et d'autant plus qu'il peut y donner libre cours à son imagination chorégraphique (car cette fois, assisté de l'inestimable Hermes Pan, il est seul responsable de ses numéros), Astaire met au point son personnage de danseur aérien parvenu à l'extrême perfection de son art et dont nul obstacle ne peut freiner l'ardeur juvénile. Il n'y a pas pour lui de différence marquée entre la scène et la vie, et ceci explique ses passages incessants et insensibles de la réalité à la danse et aux chansons. L'une des qualités de *Top Hat,* parmi d'autres, aura été d'avoir parfaitement, et peut-être pour la première fois, su intégrer les numéros chantés et dansés à l'action sans qu'il y ait rupture, et cela d'autant mieux que le compositeur Irving Berlin travaillait parallèlement aux scénaristes, composant ses mélodies au rythme de l'histoire. Ainsi, avec son explosion de claquettes, "No Strings" permet d'entrée de jeu à Fred de rencontrer Ginger, de même que "Cheek to Cheek", pas de deux romantique à l'écart de la foule, a une fonction de révélateur des sentiments : *Elle m'aime,* constate Fred, ravi, après que Ginger l'ait giflé.

Non seulement les personnages se rencontrent grâce à la danse, mais elle les aide encore à se mieux comprendre et à parvenir à un accord. Surpris par l'orage et contraints de se réfugier sous un kiosque à musique, Fred et Ginger s'affrontent en dansant et vont de plus en plus loin dans la virtuosité et le perfectionnisme, jusqu'à ce qu'un coup de tonnerre marque leur accord final ("Isn't This a Lovely Day"). On découvre là, et cette fois précisément codifié, le principe de l'affrontement (plus ou moins) amical présent en germe dans *Roberta* ("I'll Be Hard to Handle") et que l'on retrouvera souvent par la suite. Fred témoigne par ailleurs ici d'une rare énergie, fusillant littéralement ses rivaux en séduction (le très dynamique "Top Hat, White Tie and Tails") ou entraînant la pourtant pétulante Ginger dans les rapides voltiges d'un "Piccolino" un peu trop proche peut-être de "The Continental" dans *La Gaie Divorcée.* Ainsi donc *Top Hat* apparaît-il comme la matrice des films à venir. Rien n'est encore abouti mais tout est déjà là en puissance.

"Cheek to Cheek"

"Follow The Fleet"

En suivant la flotte

Production :
Pandro S. Berman pour la RKO Radio Pictures
Réalisation :
Mark Sandrich
Scénario :
Dwight Taylor et Allan Scott, d'après la pièce de Hubert Osborne, "Shore Leave"
Images :
David Abel
Montage :
Henry Berman
Direction artistique :
Van Nest Polglase et Carroll Clark
Décorateur de plateau :
Darrell Silvera
Costumes :
Bernard Newman
Maquillage :
Mel Burns
Effets photographiques :
Vernon Walker
Son :
Hugh McDowell
Lyrics et musique :
Irving Berlin
Direction musicale :
Max Steiner
Chorégraphie :
Hermes Pan
Conseiller Technique :
Lieutenant Commander Harvey Haislip, U.S.N.

Interprétation :
Fred Astaire
Bake Baker
Ginger Rogers
Sherry Martin
Randolph Scott
Bilge Smith
Harriet Hilliard
Connie Martin
Astrid Allwyn
Iris Manning
Ray Mayer
Dopey Williams
Harry Beresford
Capitaine Hickey
Addison Randall
Lieutenant Williams
Russel Hicks
Jim Nolan
Brooks Benedict
Sullivan
Lucille Ball
Kitty Collins
Betty Grable, Joy Hodges, Jennie Gray
le trio de chanteuses
Jane Hamilton
la serveuse
Maxine Jennings
l'hôtesse
Tony Martin, Frank Jenks, Frank Moran, Edward Burns
les marins
Herbert Rawlinson
Weber
Dorothy Fleishman et Bob Cromer
participants au concours de danse
Doris Lloyd
Mme Courtney
Kay Sutton
opératrice téléphonique
Huntley Gordon, James Pierce, Thelma Lieds, Lita Chevret, Gertrude Short, George Magrill

Numéros musicaux :
"We Saw the Sea", Astaire.
"Let Yourself Go", Rogers, Grable, Hodges et Gray, dansé par Astaire et Rogers, reprise par Rogers.
"Get Thee Behind Me, Satan", Hilliard.
"I'd Rather Lead a Band", Astaire, dansé par Astaire.
"But Where Are You ?", Hilliard.
"I'm Putting All My Eggs in One Basket", Astaire et Rogers, dansé par Astaire et Rogers.
"Let's Face the Music and Dance", Astaire, dansé par Astaire et Rogers.

Sortie :
19 février 1936.
Durée :
110 minutes.

"Let's Face the Music and Dance"
avec Ginger Rogers

"Let Yourself Go" avec Ginger Rogers

Tandis que la flotte arrive en vue du port de San Francisco, les marins manifestent une vive agitation. Un orchestre s'improvise et l'un des marins, Bake Baker, chante la joie de tout l'équipage ("We Saw the Sea"). Les permissionnaires rassemblent leur paquetage et une photo tombe du vestiaire de Bake. Elle le représente aux côtés de son ex-partenaire, Sherry Martin. Bake explique alors à son ami Bilge Smith qu'il s'est engagé dans la marine après que Sherry ait refusé de l'épouser. Le soir venu, les permissionnaires descendent à terre. Bake, Bilge et quelques copains se rendent au Paradise Club où un concours de danse est organisé le soir même. A l'entrée, Bilge fait la connaissance d'une jeune fille au visage ingrat et aux habits démodés. Celle-ci, Connie, rejoint dans les coulisses sa sœur qui n'est autre que Sherry. Elle se plaint amèrement de ne pas plaire aux hommes et Sherry lui propose d'arranger les choses. Tandis que Sherry entre en scène et commence à chanter ("Let Yourself Go" partie chantée), c'est une Connie métamorphosée qui apparaît sur la piste de danse et séduit Bilge. A l'écart du dancing, *elle exprime son amour et sa joie ("Get Thee Behind Me, Satan").*

Ayant reconnu son ancienne partenaire, Bake la rejoint dans les coulisses. Ils décident d'oublier le passé et participent au concours de danse ("Let Yourself Go", partie dansée) qu'ils remportent. Une fois la soirée achevée, le directeur du club fait observer à Sherry qu'elle n'avait pas le droit de participer au concours. L'attitude arrogante de Bake, loin d'arranger les choses, provoque le renvoi de Sherry. Alors que Bake raccompagne Sherry en lui promettant de lui trouver un nouvel engagement, Bilge passe la soirée en compagnie de Connie, lui confiant son désir de posséder un bateau. Connie lui montre alors la maquette de la goëlette qu'elle a hérité de son père. Au moment où il va quitter la jeune fille pour rejoindre le bord, Bilge rencontre Iris, une riche amie de Sherry qui lui propose de le déposer au port en voiture.

La flotte appareille bientôt et quelques mois plus tard, de retour à San Francisco, l'équipage est passé en revue. Bake improvise pour la circonstance un numéro endiablé ("I'd Rather Lead a Band"). Une fois l'inspection terminée, les marins descendent à terre. Connie a préparé un souper fin pour accueillir Bilge, mais celui-ci, devenu quartier-maître, a rendez-vous avec Iris. Parti à la recherche de Sherry, Bake apprend qu'elle s'est rendue chez le célèbre impresario Nolan pour un engagement possible. Il s'y rend à son tour, faisant involontairement échouer l'audition (reprise chantée et dansée de "Let Yourself Go").

Invitée à une soirée donnée par Iris, Connie comprend que Bilge ne s'intéresse plus à elle et, cette fois, c'est sa tristesse qu'elle chante ("But Where Are You ?"). Ayant fait renflouer la goëlette de son père avec l'espoir d'en confier le commandement à Bilge, elle doit trouver 700 dollars pour honorer les dernières traites. Bake à l'idée de monter un show *sur le bateau et, avec l'aide de son orchestre de marins et de quelques amies de Sherry, les répétitions commencent bientôt ("I'm Putting All My Eggs in One Basket"). Parallèlement, Bake imagine une ruse pour compromettre Iris aux yeux de Bilge qui rompt immédiatement. Le soir du spectacle, Bake est retenu sur le bateau. Il s'échappe cependant et le commandant charge Bilge de le ramener à bord. A l'instant où il va l'arrêter, Bake lui explique que le spectacle a été monté pour aider Connie à payer le bateau qu'elle lui destinait. Comprenant qu'il aime Connie, Bilge laisse Bake libre. Le spectacle a lieu ("Let's Face the Music and Dance") et, remportant un grand succès, vaut à Bake et Sherry d'être engagés par Nolan.*

A gauche :
"We Saw the Sea"
Ci-dessous :
avec Ginger Rogers

"I'd Rather Lead a Band"

Nouvelle rupture de ton et d'ambiance avec ce nouveau film situé dans le sillage de *Flying Down to Rio* et *Roberta* plutôt que de *La Gaie Divorcée* ou *Top Hat.* On abandonne pour le coup le milieu mondain et sophistiqué de ces deux derniers films, à l'exception du numéro "Let's Face the Music and Dance", où Fred et Ginger apparaissent en habits de soirée. Numéro très intéressant d'ailleurs, Fred y mettant au point pour la première fois ce que l'on appellera par la suite une pantomime dramatique. "Let's Face the Music and Dance" raconte en quelques minutes l'histoire d'un flambeur ruiné et décidé à se suicider qui, rencontrant une jeune femme elle-même au bord du suicide, la séduit et retrouve goût à la vie. D'une élégance souveraine, le numéro, certes proche de "Smoke Gets in Your Eyes" ou "Cheek to Cheek", mais surtout de "Night and Day", affirme davantage encore le formidable pouvoir magnétique de Fred sur Ginger qui éclatera bien entendu dans *Carefree (Amanda)* et détonne quelque peu avec le reste du film tout en annonçant "This Heart of Mine" dans *Ziegfeld Follies.*

En Suivant la Flotte trouve son origine dans une pièce de théâtre d'Hubert Osborne intitulée "Shore Leave" et transformée en 1927 en comédie musicale, cette fois sous le titre de "Hit the Deck". Le spectacle fut adapté une première fois par la RKO en 1930 avec Jack Oakie et Polly Walker, puis de nouveau en 1936, mais rebaptisé pour l'occasion *Follow the Fleet* et avec une nouvelle partition signée Irving Berlin. La MGM reprendra le titre de *Hit the Deck* pour le remake réalisé en 1955 par Roy Rowland avec Jane Powell, Tony Martin, Debbie Reynolds et Ann Miller — version proche de celle de 1930. A l'origine, les personnages interprétés par Ginger et Fred n'existaient pas et furent créés pour la circonstance. Leur est donc dévolu une fois encore le rôle du couple sinon comique du moins *émancipé,* contrastant avec Randolph Scott et Harriet Hilliard en amoureux guindés et maladroits. C'est d'ailleurs à celle-ci que reviennent les deux chansons romantiques du film ("Get Thee Behind Me, Satan" et "But Where Are You ?") tandis que Fred et Ginger animent tous les numéros dansés, ensemble ou séparés.

"We Saw the Sea", chanson interprétée par Astaire et reprise en chœur par les marins, ouvre le film de façon amusante mais un peu plate, alors qu'en revanche "I'd Rather Lead a Band", qui prend aussi pour cadre le pont du bateau, manifeste une invention et un dynamisme rappelant "Top Hat, White Tie and Tails". Fred y dispose là aussi en arrière-plan de deux douzaines de danseurs dont il joue à sa guise et avec une grande virtuosité. Virtuosité encore dans le numéro "Let Yourself Go" où il rivalise d'habileté chorégraphique avec Ginger. Les deux jeunes gens, anciens partenaires qui viennent de se retrouver, se surpassent, illustrant une fois encore cette rivalité sur laquelle se bâtissent leurs rapports *(Tu n'arriveras pas à me suivre,* lance Fred à Ginger en manière de défi). C'est précisément en réaction plaisante contre cette harmonieuse perfection que "I'm Putting All My Eggs in One Basket" brise avec humour l'unité parfaite du couple. Dans ce numéro de répétition proche du "I'll Be Hard to Handle" de *Roberta,* Fred se moque de sa partenaire en prenant toujours un pas ou un mouvement d'avance sur elle. Le numéro gagne en efficacité *a posteriori* par le contraste qu'il offre avec "Let's Face the Music and Dance" qui le suit.

L'importance du film tient plus, on le voit, à ses numéros musicaux qu'à une quelconque unité d'ensemble. Randolph Scott, sans doute plus à l'aise ici que dans *Roberta,* ne parvient pas pour autant à donner la moindre épaisseur au couple qu'il forme avec Harriet Hilliard, celle-ci jouant d'entrée de jeu le cliché de la-fille-au-physique-ingrat-mais-très-belle-en-réalité, ce qui n'arrange rien. Il manque aussi les habituels comédiens de second plan, absence nullement compensée par les fugitives apparitions de trois futures vedettes — Betty Grable, Lucille Ball et Tony Martin.

“Swing Time”

Sur les ailes de la danse

Production :
Pandro S. Berman pour la RKO Radio Pictures
Réalisation :
George Stevens
Scénario :
Howard Lindsay et Allan Scott, d'après une histoire d'Erwin Gelsey
Images :
David Abel
Montage :
Henry Berman
Direction artistique :
Van Nest Polglase et Carroll Clark
Direction artistique :

Décorateur de plateau :
Darrell Silvera
Costumes :
Bernard Newman
Décor et costumes pour le numéro “Bojangles of Harlem” :
John Harkrider.
Son :
Hugh McDowell Jr.
Effets photographiques :
Vernon Walker
Maquillage :
Mel Burns
Lyrics :
Dorothy Fields
Musique :
Jerome Kern
Direction musicale :
Nathaniel Shilkret
Chorégraphie :
Hermes Pan

Interprétation :
Fred Astaire
John “Lucky” Garnett
Ginger Rogers
Penelope “Penny” Carrol
Victor Moore
“Pop” Cardetti
Helen Broderick
Mabel Anderson
Eric Blore
Gordon
Betty Furness
Margaret Watson
George Metaxa
Ricardo Romero
Landers Stevens
le juge Watson
John Harrington
“Dice” Raymond
Pierre Watkin
Al Simpson
Abe Reynolds
Schmidt, le tailleur
Gerald Hamer
Eric Facannistrom
Edgar Dearing
le policeman
Frank Jenks
Red
Jack Goode, Donald Kerr, Ted O'Shea, Frank Edmunds, Bill Brand
les danseurs
Ferdinand Munier
le pasteur
Joey Ray
le speaker
Ralph Byrd
le concierge de l'hôtel
Floyd Shackleford
le valet de Lucky
Frank Mills
le croupier
Charles Hall
conducteur de taxi
Olin Francis
Muggsy
Fern Emmet
domestique des Watson
Jack Rice
un invité au mariage
Jean Perry, Dale Van Sickel, Dennis O'Keefe, Bess Flowers, Ralph Brooks, Harry Bowen, Harry Bernard, Blanca Vischer, Sailor Vincent, Marie Osborne, Howard Hickman

Numéros musicaux :
“It's Not in the Cards”, dansé par Astaire.
“Pick Yourself Up”, Astaire et Rogers, dansé par Astaire, Rogers, Moore et Broderick.
“The Way You Look Tonight”, Astaire, repris par Metaxa.
“Waltz in Swing Time”, dansé par Astaire et Rogers.
“A Fine Romance”, Rogers et Astaire.
“Bojangles of Harlem”, dansé par Astaire.
“Never Gonna Dance”, Astaire, dansé par Astaire et Rogers.

Sortie :
26 août 1936.
Durée :
103 minutes.

Avec Ginger Rogers, Edgar Dearing et Victor Moore

Dans un modeste music-hall de province, John Garnett, dit "Lucky", et ses partenaires terminent leur numéro ("It's Not in the Cards"). De retour dans sa loge, Lucky se change rapidement: c'est aujourd'hui qu'il épouse Margaret Watson, une riche héritière de la ville. Un tel mariage n'est fait pour réjouir ni son ami Pop, ni ses partenaires qui voient là la fin de leur carrière. Aussi imaginent-ils une ruse pour faire échouer le mariage. Ils font observer à Lucky que son pantalon sans revers est démodé et, pendant qu'un tailleur rectifie l'habit, lui proposent une partie de dés. Très joueur, Lucky laisse passer l'heure du mariage qui est annulé. Pour s'excuser auprès du père de Margaret, Lucky prétend n'avoir raté la cérémonie que pour gagner 200 dollars, sans préciser de quelle façon. Le prenant au mot, le juge Watson lui promet la main de Margaret pour le jour où il possédera 25 000 dollars. Aussitôt, Lucky décide de partir faire fortune à New York.

Là, il rencontre une jeune femme, Penny Carrol, professeur dans une académie de danse. Accueilli par le directeur, un certain Gordon, Lucky demande à suivre un cours en essai. Gordon le confie à Penny qui, devant ses fausses maladresses ("Pick Yourself Up", partie chantée), lui conseille d'abandonner la danse. Ce qu'entendant, Gordon décide de congédier la jeune femme. Pour redresser la situation, Lucky démontre à quel point la première leçon lui a été profitable en entraînant Penny dans un duo éblouissant ("Pick Yourself Up", partie dansée). Conquis, Gordon décide de présenter le couple au directeur de la Sandale d'Argent, un cabaret à la mode. N'ayant ni smoking ni argent, Lucky tente de délester un joueur éméché mais c'est lui qui... perd sa chemise et ses derniers cents. *Déçue par l'attitude de celui qui est devenu son partenaire, Penny boude huit jours de rang pour finir par se réconcilier avec lui ("The Way You Look Tonight").*

A la Sandale d'Argent triomphe Ricardo Romero et son orchestre. Amoureux de Penny, et donc jaloux de Lucky, Romero refuse de jouer pour les débuts du couple. Par ruse, Lucky parvient à le circonvenir, se lançant alors dans une valse avec Penny ("Waltz in Swing Time"). Le directeur du cabaret les engage aussitôt. Se rendant compte qu'il est très attiré par Penny et désireux néanmoins de rester fidèle à Margaret, Lucky demande à Pop de ne jamais le laisser seul avec la jeune femme. Au cours d'une promenade à la campagne, elle s'aperçoit de la froideur de Lucky à son égard ("A Fine Romance") puis, apprenant qu'il est déjà fiancé, c'est elle qui lui témoigne à son tour de la froideur (reprise de "A Fine Romance"). Poussée par son amie Mabel, Penny se réconcilie avec Lucky, et c'est plus qu'enthousiaste qu'il entre en scène à la Sandale d'Argent ("Bojangles of Harlem").

L'arrivée impromptue de Margaret remet tout en question. Penny rompt avec Lucky, décidant d'épouser Romero. Dans le cabaret désert le couple se sépare ("Never Gonna Dance"). Le lendemain, Margaret avoue à Lucky qu'elle n'est venue à New York que pour rompre avec lui. Aussitôt, il se précipite au mariage de Penny qu'il parvient à retarder en utilisant de nouveau la ruse du revers de pantalon. Le mariage a finalement bien lieu, mais c'est Lucky qui épouse Penny (reprise de "A Fine Romance").

Il ne faut pas chercher à *Swing Time* une quelconque origine scénique, Howard Lindsay et Allan Scott ayant directement adapté pour l'écran un écrit d'Erwin Gelsey intitulé "Portrait of John Garnett". Des chansons commandées à Jerome Kern (pour la musique) et Dorothy Fields (pour les paroles), précédemment responsables de la partition et des lyrics de *Roberta,* furent ajoutées pour la circonstance. Ni Lindsay ni Scott n'étaient à vrai dire des inconnus pour Astaire. *"Howard m'avait dirigé sur scène dans* The Gay Divorce *et Allan avait écrit plusieurs de nos récents succès* — notamment : *En Suivant la Flotte,* ce qui explique peut-être une certaine parenté entre les deux films. Ainsi l'histoire, d'une invraisemblance criante, met-elle en scène deux personnages de condition modeste qui n'ont pas dû traverser la Dépression sans connaître des difficultés de toutes sortes. On est loin de l'insouciante sophistication de *Top Hat* mais proche en revanche du couple d'*En Suivant la Flotte.* Rien ne distingue *vraiment* Sherry Martin, entraîneuse dans un *dancing* de seconde zone, de Penny Carroll, professeur de danse dans une académie new-yorkaise, non plus que Bake Baker, danseur engagé dans la marine, de John Garnett, artiste de minables tournées, arrondissant au jeu ses fins de mois difficiles. Aussi un brillant mariage apparaît-il à cet adepte du système D comme le plus sûr moyen de s'enrichir (il est fiancé à la fille d'un juge argenté), et lorsqu'il se décide à tenter l'aventure new-yorkaise, il s'accroche à un train de marchandises à la façon des passagers clandestins de la Dépression.

On s'intéresse donc ici à l'ascension d'un couple de danseurs que rien ne peut arrêter et qui atteindra les sommets de la réussite, très symboliquement représenté par le sommet d'un gratte-ciel. Tout en jouant le jeu pour replacer le couple vedette dans le milieu sophistiqué qui est le sien, Stevens et ses scénaristes ne cessent de lui refuser toute dimension romantique. Certes le couple comique est joué cette fois par Helen Broderick (déjà vue, dans un rôle similaire, dans *Top Hat)* et le nouveau venu Victor Moore, mais sans que Fred et Ginger obéissent pour autant aux canons du sentimentalisme pleurnichard, et c'est tant mieux. Lorsqu'au terme d'une brouille passagère, le couple se réconcilie, Ginger apparaît les cheveux couverts de shampooing tandis que Fred chante un refrain sentimental ironiquement intitulé "The Way You Look

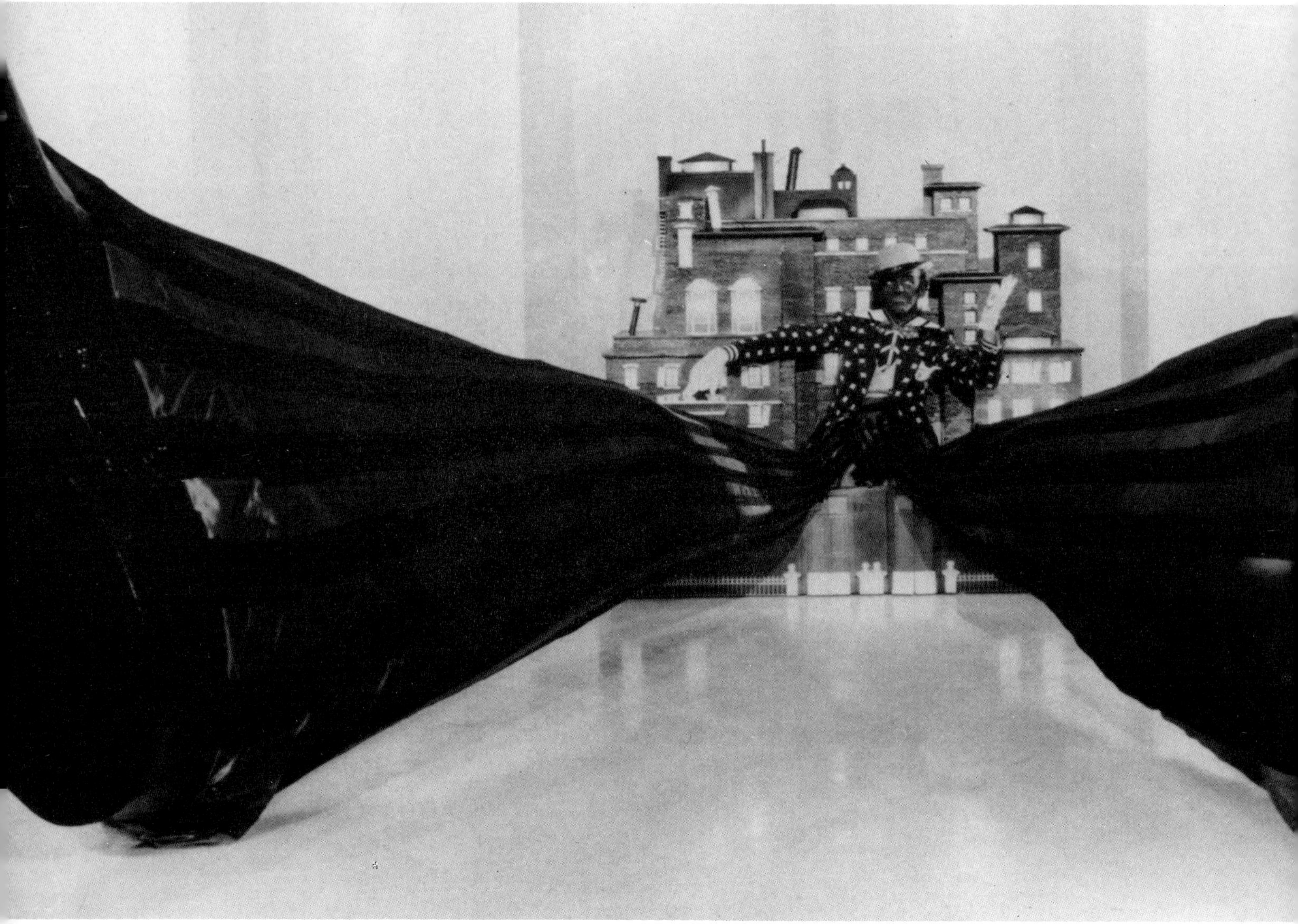

Tonight". Même humour délicat dans le petit intermède amoureux ("A Fine Romance") où Fred adopte une mimique ahurie à la Stan Laurel pour mieux s'empêcher de tomber amoureux de Ginger ; d'où l'ironie du titre et des paroles de la chanson — *A Fine romance, with no kisses...* Le vrai duo romantique du film, ce n'est pas non plus "Waltz in Swing Time" (numéro brillant mais gratuit qui n'est qu'une représentation où les sentiments des acteurs jouent moins que leur technique), mais "Never Gonna Dance", une danse d'adieu d'autant plus intéressante qu'elle remet en cause le pouvoir magnétique de Fred. Ce n'est pas par la danse qu'il va cette fois reconquérir Ginger mais par le gag récurrent du revers de pantalon. Rôle important que celui joué ici par l'humour, le film s'achevant avec une rapide reprise de "A Fine Romance" en forme d'éclat de rire.

Terminons en célébrant l'invention chorégraphique de George Stevens risquait de la confiner, notamment avec le très étonnant "Bojangles of Harlem", hommage au danseur Bill *Bojangles* Robinson. Ce n'est pas seulement parce que le numéro s'ouvre sur une paire de chaussures proprement gigantesques que l'on songe ici au "Shoes With Wings On" de *The Barkleys of Broadway (Entrons dans la Danse,* 1949), mais à cause du trucage qui permet à Astaire de danser avec trois grandes ombres chinoises qu'il dépasse d'ailleurs en virtuosité. Le numéro, dont la mise au point obligea la production à un dépassement du temps de tournage, brille ainsi de bout en bout par son intelligence (c'est plus que jamais *la tête et les jambes),* avec parfois plus de finesse que d'éclat (les *chorus girls* en noir et blanc, à l'ouverture du numéro). Professionalisme remarquable, qui ne va jamais sans une piquante auto-ironie, surtout lorsque la qualité d'un numéro est en jeu. Ainsi "Pick Yourself Up" commence-t-il avec une calamiteuse leçon de danse donnée par Ginger à un Fred incroyablement maladroit avant de s'achever sur une frénétique envolée du couple aux limites de l'apesanteur.

Pages suivantes :
"Pick Yourself Up"
avec Ginger Rogers

"Bojangles of Harlem"

“Shall We Dance”

L’entreprenant M. Petrov

Production :
Pandro S. Berman pour la RKO Radio Pictures
Réalisation :
Mark Sandrich
Scénario :
Allan Scott et Ernest Pagano, d’après une histoire de Lee Loeb et Harold Buchman, adaptée par P.-J. Wolfson
Images :
David Abel
Montage :
William Hamilton
Son :
Hugh McDowell Jr.
Direction artistique :
Van Nest Polglase et Carroll Clark
Décorateur de plateau :
Darell Silvera
Costumes :
Irene
Maquillage :
Mel Burns
Lyrics :
Ira Gershwin
Musique :
George Gershwin
Direction musicale :
Nathaniel Schilkret
Arrangements musicaux :
Joseph A. Livingston
Orchestration :
Robert Russell Bennett
Chorégraphie :
Hermes Pan et Harry Losee

Interprétation :
Fred Astaire
Peter P. “Pete” Peters, alias Petrov
Ginger Rogers
Linda Keene
Edward Everett Horton
Jeffrey Baird
Eric Blore
Cecil Flintridge
Jerome Cowan
Arthur Miller
Ketti Gallian
Denise, Lady Tarrington
William Brisbane
Jim Montgomery
Harriet Hoctor
elle-même
Ann Shoemaker
une passagère du bateau
Ben Alexander
Evans
Emma Young
Tai
Pete Theodore
le partenaire de Linda
Marek Windheim et Rolfe Sedan
les maîtres de Ballet
Charles Coleman
le policier dans Central Park
Frank Moran, Sherwood Bailey, Charles Irwin, Jean de Briac, Norman Ainsley, Sam Wren, Pauline Garon, Leonard Mudie, Vasey O’Davoren, Alphonse Martel, Helena Grant, William Burress, Matty Roubert, J.-M. Kerrigan, Sam Hayes, Torben Meyer, Spencer Teakle.

Numéros musicaux :
“(I’ve Got) Beginners Luck”, dansé par Astaire, reprise chantée par Astaire,
“Slap that Bass”, Astaire, dansé par Astaire
“They All Laughed”, Rogers, dansé par Astaire et Rogers
“Let’s Call the Whole Thing Off”, Astaire et Rogers, dansé par Astaire et Rogers
“They Can’t Take That Away from Me”, Astaire, reprise dansée par Astaire et Hoctor
“Shall We Dance”, Astaire, dansé par Astaire et Rogers.
Fond sonore :
“Walking the Dog.”

Sortie :
30 avril 1937
Durée :
116 minutes

Paris, 1937. Le directeur des très classiques Ballets Russes, Jeffrey Baird, retrouve Petrov son danseur étoile. Celui-ci s'entraîne au tap dance, *ce qui scandalise Jeffrey :* Le grand Petrov ne danse pas ça ! *Mais le grand Petrov (de son vrai nom Peter P. Peters, natif de Philadelphie) ne l'entend pas de cette oreille, lui qui rêve d'allier la danse classique aux rythmes modernes. Il confie d'ailleurs à Jeffrey son admiration pour Linda Keene, une célèbre danseuse de music-hall.* Je ne la connais pas encore, mais je l'épouserai, *conclut-il.*

Peu après, Petrov se présente au domicile de Linda, qui refuse de le voir, montrant ainsi le peu de cas qu'elle fait d'un danseur classique. Petrov, qui a tout entendu à travers la porte, se fait passer pour un Russe authentique et lui annonce que jamais, lui, le grand Petrov, ne dansera avec elle, une vulgaire meneuse de revue. Là-dessus, Linda annonce à son impresario, Arthur Miller (sic), qu'elle rentre aux Etats-unis par le Queen Ann *pour épouser son fiancé milliardaire. Petrov, désireux de suivre la jeune femme, parvient à décider Jeffrey de partir pour une tournée aux Etats-Unis. Tout à sa joie, il se lance dans une danse effrénée avec un phonographe que Jeffrey a préalablement pris soin de saboter ("Beginner's Luck").*

Le Havre. Tandis que le Queen Ann *va appareiller, Petrov, pour se débarrasser d'une ancienne partenaire, Denise, devenue Lady Tarrington, prétend être marié et père de famille. Une fois sur le bateau, il répond aux journalistes dans un anglais parfait, Linda comprenant du même coup qu'il s'est moqué d'elle. Au cours de la traversée, tandis que le corps de ballet répète sur le pont, Petrov s'entraîne au* tap dance *dans la salle des machines ("Slap That Bass"). Parallèlement, il tente de se rapprocher de Linda, qui l'ignore superbement. Un soir, tandis qu'elle promène son chien, il la rejoint et elle ne le repousse pas. Tous deux vont et viennent sur le pont ("Walking the Dog") puis, s'adossant au bastingage, Petrov chante à Linda son amour (reprise de "Beginner's Luck").*

Cependant, arrivée par radio, la nouvelle du mariage de Petrov se répand sur le bateau comme une traînée de poudre. Les rencontrant sans cesse bras-dessus bras-dessous, tout le monde croit Petrov et Linda mariés ensemble. Embarrassé par une telle situation, Jeffrey fait croire à Linda que Petrov a inventé toute cette histoire

"Let's Call The Whole Thing Off"

pour se débarrasser d'une autre femme. Furieuse, elle décide de quitter le bateau par l'avion du courrier.

A New York, les journaux ne parlent que du mariage de Linda et Petrov. Arrive Jim Montgomery, le fiancé milliardaire de Linda. Celle-ci lui explique que tous ces bruits de mariage ne sont que des potins et rien de plus. A peine débarqué, Petrov s'installe au même hôtel que Linda où, par attention spéciale, on leur a donné deux chambres contiguës avec porte de communication.

Le soir, Petrov et Linda dînent à des tables voisines. On invite la jeune femme à chanter ("They All Laughed", partie chantée) puis le chef d'orchestre annonce que Miss Keene accepte de danser avec M. Petrov ("They All Laughed", partie dansée). Photographiant une poupée de cire à l'image de Linda penchée sur Petrov endormi, Miller, que toute l'affaire arrange (un mariage en dehors du show business *eut été sa ruine), convainc la presse du mariage des deux danseurs.*

Le lendemain, c'est un Petrov furieux qui fait irruption dans la chambre de Linda. Jim arrive à ce moment précis et, tout en restant très calme, propose de retarder leurs fiançailles. La foule des journalistes envahissant l'hôtel, Linda et Petrov s'enfuient et se retrouvent dans Central Park sur des patins à roulettes ("Let's Call the Whole Thing Off"). Leur danse s'achève sur une belle chute et, pour sortir de cette absurde situation, le couple décide de se marier, puis de divorcer ensuite.

De retour du New Jersey où ils se sont mariés, sur le ferry qui les ramène à Manhattan, Petrov confie à Linda sa tristesse de devoir la quitter ("They Can't Take That Away from Me"). Une fois à l'hôtel, Linda hésite à utiliser la porte de communication. Lorsqu'elle se décide enfin, c'est pour le trouver avec Denise, fraîchement débarquée à New York, dans une position équivoque. Ce n'est là qu'un malentendu, mais Linda quitte l'hôtel pour une destination inconnue.

Jeffrey apprend alors à Petrov que le Metropolitan a résilié son contrat avec les Ballets Russes du fait de son inconduite. Miller lui propose aussitôt de participer à un show. *Les répétitions commencent, mais il ne cesse de penser à Linda qui, de son côté, le cite en divorce afin d'épouser Jim. Le soir de la première, Petrov, ne pouvant avoir Linda pour partenaire, danse avec son image qu'il multiplie (reprise de "They Can't Take That Away from Me", puis "Shall We Dance"). Linda rejoint enfin Petrov, et termine triomphalement le numéro à ses côtés.*

Shall We Dance marque le retour de Fred et Ginger dans l'élégante société de *Top Hat*. Nulle trace de la crise dans cette comédie à la limite du vaudeville, à l'intrigue très compliquée (trop même pour le goût d'Astaire) et aux multiples quiproquos, où le couple hante les palaces et les transatlantiques avec une désinvolture proche de la

En haut avec Jerome Cowan et Ginger Rogers
au milieu avec Edward Everett Horton
et en bas avec William Brisbane et Ginger Rogers
Page de droite : "Slap That Bass"

Fin de "Beginner's Luck"

lassitude, tournant autour d'épousailles dont Fred lui-même nous fait la promesse dès la première minute. Comme pour *Swing Time,* on a affaire ici à un scénario original (dont l'un des auteurs est le fidèle Allan Scott) et à une partition, elle aussi originale, signée George et Ira (pour les lyrics) Gershwin, alors sous contrat à la RKO et qui, pour n'en être pas vraiment à leur coup d'essai, démarraient à peine une carrière hollywoodienne que la mort devait interrompre prématurément pour George en 1937.

Contrairement à l'accoutumée, le film vaut autant pour l'anecdote, même très embrouillée, que pour les numéros musicaux. Non que ceux-ci soient plus faibles que d'habitude ; on verra même qu'il en est d'extrêmement originaux. C'est plus simplement l'aspect rocambolesque du scénario, bien servi par des comédiens de second plan que l'on retrouve avec plaisir (Edward Everett Horton et Eric Blore principalement), qui donne au propos un ton particulier. Toujours est-il que l'on s'y amuse beaucoup, et Astaire le premier en faisant preuve d'une grande fantaisie et d'un sens très sûr de la réplique et du *timing* (voir notamment la séquence où il se fait passer pour un Russe authentique — parodie, consciente ou non qu'importe, de l'Erik Rhodes de *La Gaie Divorcée* et *Top Hat*). Ajoutons à cela les inénarrables *double takes* d'Horton et les *slowburns* d'Eric Blore (de ses démêlés avec une porte de communication à sa façon très particulière d'épeler le nom de la Susquehanna Street Jail) qui donnent à l'ensemble une petite coloration de panique générale.

Peut-être cela a-t-il été une erreur de mettre autant de chansons réussies dans un même film, se demandait Ira Gershwin peu après la sortie de *Shall We Dance*[1]. Sans doute pas, et d'autant moins que l'on chercherait ici en vain un numéro faible ou médiocre, quelques-uns se distinguant même de l'ensemble par leur originalité particulière. Ainsi "Beginner's Luck", qui ouvre quasiment le film et lance Astaire dans un frénétique numéro de claquettes régulièrement interrompu par les caprices d'un phonographe déréglé. Numéro très court, d'un dynamisme survolté, où Fred prend un objet pour partenaire (le phonographe), procédé qu'il utilisera souvent dans sa carrière, et dont il use à nouveau pour "Slap That Bass", dansant dans le décor invraisemblablement rutilant de la salle des machines d'un transatlantique. Rappel des *Temps Modernes* certes, mais aussi preuve de l'imagination débordante du danseur soucieux de ne jamais réduire ses numéros au seul savoir-faire et d'en renouveler sans cesse la conception et l'exécution. On retrouve la même originalité jamais ostentatoire avec "Let's Call the Whole Thing Off" où Fred et Ginger en promenade dans Central Park dansent sur des patins à roulettes. Le numéro, qui connut une heureuse postérité jusqu'au fameux "I Like Myself" de *Beau fixe sur New York*[2], exigea une mise au point très précise, quatre jours de tournage et quelque trente prises.

Shall We Dance, et ce n'est pas là la moindre de ses richesses, oppose un danseur classique des Ballets Russes à une meneuse de revue. Querelle entre l'ancien et le nouveau, le classique et le moderne, qui rebondira dans d'autres films de Fred Astaire *(Entrons dans la Danse* et *The Band Wagon/Tous en Scène* notamment), donnant toujours l'avantage à la nouveauté, ou mariant habilement les deux. C'est ce qu'entend faire un Petrov converti aux vertus du tap dance, rêvant de combiner classicisme et modernisme pour succomber finalement aux seules séductions de la nouveauté. Ainsi dans le numéro final ("Shall We Dance") la danseuse étoile Harriet Hoctor cède-t-elle rapidement la place à une Ginger multipliée à l'infini et quelque peu étonnée par la virtuosité de son partenaire, celui-ci l'ayant d'ailleurs précédemment convaincue de sa bonne connaissance de la danse moderne avec "They All Laughed", qui judicieusement placé au milieu du film, illustre non seulement la rivalité purement vaudevillesque des deux danseurs mais encore une rivalité professionnelle que la dissemblance de leur style justifie pleinement. C'est la première fois qu'ils dansent ensemble, et cette rencontre, d'abord agressive puis parfaitement harmonieuse, donne au numéro (et, disons-le, à l'ensemble du film) une richesse exemplaire.

(1) Arlene Croce, "The Fred Astaire et Ginger Rogers Book, Galahad Books, New York, 1972, p. 118.
(2) *Beau fixe sur New York (It's Always Fair Weatler),* réalisation et chorégraphie de Gene Kelly et Stanley Donen, MGM, 1955. "I Like Myself" est dansé par Gene Kelly.

"Shall We Dance" et page suivante, "They All Laughted"

"A Damsel in Distress"

Une demoiselle en détresse

Production :
Pandro S. Berman pour la RKO Radio Pictures
Réalisation :
George Stevens
Scénario :
P.G. Wodehouse, Ernest Pagano et S.K. Lauren, d'après le roman de P.G. Wodehouse et la pièce de P.G. Wodehouse et Ian Hay
Images :
Joseph H. August
Montage :
Henry Berman
Direction artistique :
Van Nest Polglase
Lyrics :
Ira Gershwin
Musique :
George Gershwin
Direction musicale :
Victor Baravalle
Orchestration :
Robert Russel Bennett, Ray Noble et George Bassman
Chorégraphie :
Hermes Pan

Interprétation :
Fred Astaire
Jerry Halliday
George Burns
George
Gracie Allen
Gracie
Joan Fontaine
Lady Alice
Reginald Gardiner
Keggs
Ray Noble
Reggie
Constance Collier
Lady Caroline
Montagu Love
Lord Marshmorton
Harry Watson
Albert
Jan Duggan, Mary Dean, Pearl Amatore et Betty Rone
chanteuses de la chorale

Numéros musicaux :
"I Can't Be Bothered Now", Astaire, dansé par Astaire.
"The Jolly Tar and the Milkmaid", Astaire, Duggan, Dean, Amatore et Rone.
"Put Me to the Test", dansé par Astaire, Burns et Allen.
"Stiff Upper Lip", Allen, dansé par Astaire, Burns et Allen.
"Sing of Spring", chœurs.
"Things Are Looking Up", Astaire, dansé par Astaire et Fontaine.
"A Foggy Day", Astaire.
"Nice Work If You Can Get It", Duggan, Dean, Amatore, Astaire, reprise dansée par Astaire.
"Ah, che a voi perdoni Iddio" (Flotow, extrait de "Marta"), Gardiner (doublé par Mario Berini).

Sortie :
20 novembre 1937.
Durée :
100 minutes.

Au manoir de Totleigh Castle, non loin de Londres, le personnel de maison prend des paris sur le futur mari de Lady Alyce. C'est le majordome Keggs qui organise le sweepstake et, en trichant, il tire le nom de Reggie, cousin de Lady Alyce et grand favori dans la course au mariage. Mais Albert, un jeune domestique qui apprend bien des choses en écoutant aux portes, annonce qu'il choisit un outsider, un skieur américain que Lady Alyce a rencontré à la montagne. Celle-ci se rend d'ailleurs bientôt à Londres, discrètement filée par Keggs et Albert.

A Londres, Jerry Halliday, célèbre vedette de Broadway en tournée en Angleterre, est régulièrement assailli par des nuées d'admiratrices. C'est que George, son impresario, lui a bâti une solide réputation de séducteur. Cherchant à fuir Keggs dans les rues de Londres, Lady Alyce se réfugie dans la voiture de Jerry. Le majordome provoque bientôt un incident avec un policier et tous deux poursuivent Jerry qui s'enfuit à pieds. Reconnu par les passants, il improvise un numéro à un carrefour ("I Can't Be Bothered Now") puis profite d'un autobus pour échapper à ses poursuivants.

Le jeune Albert, soucieux de gagner le sweepstake, adresse à Jerry une lettre d'amour qu'il signe du nom de... Lady Alyce. Jerry, faisant le rapprochement entre la jeune fille de la voiture et sa correspondante, décide de se rendre à Totleigh Castle accompagné de George et de Gracie, leur secrétaire. Il entend profiter de la visite publique du manoir pour retrouver la jeune fille mais Keggs, le reconnaissant, lui interdit d'entrer. Grâce à la complicité d'Albert, il se mêle aux chanteurs de la chorale que dirige Lady Caroline, la tante d'Alyce. Il doit ainsi involontairement participer à une répétition ("The Jolly Tar and the Milkmaid") avant de pouvoir pénétrer dans les appartements de la jeune fille. L'arrivée impromptue de Lady Caroline l'oblige cependant très vite à battre en retraite.

Jerry décide aussitôt de s'installer à proximité du manoir. Le père d'Alyce, Lord Marshmorton, s'oppose à sa sœur Caroline, que la conduite de Jerry scandalise, et prend fait et cause pour lui. Il lui annonce même qu'Alyce doit se rendre cet après-midi-là à la fête du village. Tout à sa joie, Jerry entraîne George et Gracie dans un pittoresque numéro dansé ("Put Me to the Test"). Tout le monde se retrouve à la fête où Jerry tente d'embrasser Alyce dans le tunnel de l'Amour et reçoit une superbe gifle avant de glisser vers une sorte de Palais du Rire ("Stiff Upper Lip"). Tandis que la chorale de Lady Caroline poursuit ses répétitions ("Sing of Spring"), Alyce avoue à son père qu'elle n'est plus amoureuse de son skieur américain mais de Jerry. Elle décide de tout lui expliquer ("Things Are Looking Up") et l'invite au grand bal de Totleigh Castle qui a lieu le soir même.

Voyant que l'affaire tourne à son désavantage, Keggs échange son billet de sweepstake contre celui d'Albert. Celui-ci décide aussitôt de provoquer une rupture entre Alyce et Jerry, et de la rapprocher de son cousin Reggie. Pour ce faire, il lui montre un journal où elle est présentée comme la vingt-huitième victime de Jerry, véritable bourreau des cœurs. Ce n'est là qu'une publicité imaginée par George mais, le soir venu, tandis que Jerry traverse le parc pour se rendre au bal ("A Foggy Day"), Alyce, furieuse, lui fait interdire l'entrée du manoir. C'est cette fois grâce à la complicité de Keggs qu'il entre finalement et se joint une fois encore à la chorale de Lady Caroline ("Nice Work If You Can Get It"). Il croise ensuite Alyce, qui l'ignore superbement. Lord Marshmorton lui conseillant alors la fermeté, Jerry force la porte de sa chambre pour tout lui expliquer. Le couple se réconcilie et le tout s'achève sur un solo de batterie de Jerry (reprise de "Nice Work If You Can Get It").

"The Jolly Tar and The Milkmaid"

"Nice Work If You Can Get It"

"Stiff Upper Lip" avec Gracie Allen et George Burns

Le couple Astaire-Rogers ayant décidé de se séparer momentanément, il fallut rechercher pour Fred une nouvelle partenaire, ce qui posa bien des problèmes. On songea d'abord à la pétillante Ruby Keeler (vue notamment dans *42e Rue, Chercheuses d'Or, Prologues* et *Dames),* puis à Jessie Matthews, la star de la comédie musicale anglaise qui avait triomphé deux ans auparavant dans *Evergreen,* de Victor Saville, avant de se rabattre sur la jeune Joan Fontaine, alors au tout début de sa carrière et correspondant parfaitement à son rôle de châtelaine anglaise. Choix d'autant plus heureux que, Joan Fontaine ne sachant pas danser, il coupait court à toute comparaison avec Ginger Rogers.

"Joan n'était pas une danseuse professionnelle mais elle avait un peu étudié la danse et l'on pouvait supposer qu'elle pourrait faire tout ce que nous lui demanderions. Son rôle ne comportait pas beaucoup de passages dansés. N'importe quelle fille succédant à Ginger aurait été en point de mire, et l'on pensait éviter toute comparaison désagréable en n'en demandant pas trop à notre vedette féminine sur le plan chorégraphique. Joan et moi n'avions qu'une seule danse ensemble et elle s'en tira parfaitement."

On peut être plus sévère aujourd'hui pour les quelques pas de danse esquissés par Joan Fontaine dans "Things Are Looking Up" où l'amour ne paraît guère donner d'ailes à une demoiselle en véritable détresse chorégraphique. C'est d'ailleurs là que le bât blesse le plus cruellement. Lorsqu'il fut question d'adapter le livre de P.G. Wodehouse pour le seul Fred Astaire, la presse regretta moins l'absence de Ginger que d'une partenaire qui puisse se hisser à la hauteur ou presque du danseur parlant même à son propos de *dancer in distress.* Et, de fait, Fred partage bien davantage la vedette avec George Burns et Gracie Allen qu'avec Joan Fontaine, réduite au rôle de faire-valoir sentimental. Rien d'étonnant donc à ce que les numéros musicaux passent au second plan (en dépit d'une bonne partition des frères Gershwin), supplantés sans peine par la verve comique de Burns et Allen ou les complots burlesques ourdis par Reginald Gardiner en maître d'hôtel amateur de *bel canto.* L'atmosphère du tournage fut sans doute joyeuse, Astaire en témoigne dans ses mémoires, mais l'homogénéité du film s'en ressent, la mise en scène très plate de George Stevens n'arrangeant évidemment rien. Ne nous en plaignons cependant pas, la galerie riant de bon cœur aux répliques irrésistiblement non-sensiques de Gracie Allen.

Humour de tous les instants que l'on retrouve aussi dans les numéros musicaux visiblement mis au point dans la bonne humeur. *"George eut l'idée d'une danse dans laquelle nous utiliserions tous les trois des plumeaux à poussière, plumeautant en rythme, nous époussetant les uns les autres. Je ne me souviens plus comment nous avons intégré cela à l'histoire, mais nous l'avons fait."* Ainsi donc, si "Put Me to the Test" ne brille guère par l'aisance chorégraphique de Burns et Allen, il ne manque en revanche ni d'esprit ni d'invention burlesque. On peut répéter la même chose pour "Stiff Upper Lip" où la fête foraine est surtout prétexte à gags, avec un Fred Astaire rendu perplexe par son manque d'efficacité proprement chorégraphique. Même le numéro final ("Nice Work If You Can Get It"), où il prend une batterie pour partenaire, le laisse un peu court d'inspiration, et l'on est loin du frénétique "Drum Crazy", cet autre numéro avec batterie qui ouvrira *Easter Parade (Parade de Printemps)* en 1948.

"Carefree"

Amanda

Production :
Pandro S. Berman pour la RKO Radio Pictures
Réalisation :
Mark Sandrich
Scénario :
Allan Scott et Ernest Pagano, d'après une histoire de Marian Ainslee et Guy Endore, adaptée par Dudley Nichols et Hagar Wilde.
Images :
Robert de Grasse.
Montage :
William Hamilton.
Son :
Hugh McDowell Jr.
Direction artistique :
Van Nest Polglase et Carroll Clark
Décorateur de plateau :
Darrell Silvera
Costumes :
Howard Greer et Edward Stevenson
Maquillage :
Mel Burns
Effets spéciaux :
Vernon Walker
Lyrics et musique :
Irving Berlin
Direction musicale :
Victor Baravalle
Chorégraphie :
Hermes Pan

Interprétation :
Fred Astaire
Tony Flagg
Ginger Rogers
Amanda Cooper
Ralph Bellamy
Stephen Arden
Luella Gear
Cora Cooper
Jack Carson
Connors
Clarence Kolb
le juge Travers
Franklin Pangborn
Roland Hunter
Walter Kingsford
Dr Powers
Kay Sutton
la secrétaire de Tony
Hattie McDaniel
Hattie
Paul Guilfoyle
le liftier
Richard Lane
Henry
Edward Gargan
le policier
Charles Coleman
le portier
James Finlayson, Grace Hayle, Phyllis Kennedy, Frank Moran, William Carson.

Numéros musicaux :
"Since They Turned Loch Lomond into Swing", dansé par Astaire.
"I Used to Be color Blind", Astaire, dansé par Astaire et Rogers.
"The Yam", Rogers, dansé par Astaire et Rogers.
"Change Partners", Astaire, dansé par Astaire et Rogers.

Sortie :
30 août 1938.
Durée :
83 minutes.

Un jeune et brillant attorney, Stephen Arden, arrive dans un état pitoyable au cabinet de son ami Tony Flagg, psychanalyste spécialiste des névroses féminines. *Désespéré, Stephen n'a pas dessaoulé de trois jours. C'est que Amanda Cooper, chanteuse et vedette de la radio, ne se décide pas à l'épouser. Aussi demande-t-il à Tony de la soigner. Le lendemain, Tony reçoit Amanda mais, pensant qu'il ne la prend pas au sérieux, elle refuse toute thérapie.*

Tony retrouve peu après Stephen au Medwick Country Club où il pratique le golf. Apercevant Amanda, il entreprend sur le link une danse de séduction ("Since They Turn Loch Lomond into Swing"). Une fois son numéro terminé, il se tourne vers Amanda... partie entre-temps pour une promenade à bicyclette avec Stephen et sa tante Cora. Tony les rejoint aussitôt et la jeune femme lui explique pourquoi elle a refusé son traitement. Au dîner, Amanda se plaignant de ne jamais rêver, Tony lui commande un repas copieux composé de plats plus bizarres les uns que les autres. Et, de fait, Amanda rêve cette nuit-là de... Tony, dont elle s'éprend ("I Used to Be Color Blind").

Le matin suivant, à la consultation, elle refuse de raconter son rêve à Tony et en invente un très compliqué pour se tirer d'embarras. Pensant tenir là un cas intéressant, Tony propose de lui donner un anesthésique pour faire tomber ses inhibitions. Laissée quelques instants sans surveillance, elle quitte le cabinet de Tony et sème la perturbation dans la rue. Puis elle provoque un scandale à la radio.

Une fois les effets de l'anesthésique dissipés, Amanda avoue à Cora qu'elle aime Tony. Tout le monde se retrouve au Medwick Country Club pour une soirée dansante où Amanda entraîne Tony dans un Yam *endiablé ("The Yam"). Ayant découvert le pot-aux-roses,*

En haut, à droite : avec Jack Carson, Walter Kingsford et Ralph Bellamy

Tony explique le lendemain à la jeune femme que toutes les patientes tombent amoureuses de leur analyste. Il l'hypnotise alors pour lui suggérer de nouvelles pensées : ce n'est pas Tony qu'elle aime mais Stephen, et Tony n'est qu'un monstre à abattre comme un chien. Un moment d'inattention, et Amanda s'échappe de nouveau en état d'hypnose.

Arrivée au Medwick Country Club, elle manifeste violemment son amour à Stephen, perturbant un concours de tir aux pigeons d'argile. Lorsqu'arrive Tony qui, dans son esprit, doit être abattu comme un chien, elle s'empare d'un fusil et cherche à l'abattre, provoquant une panique générale et détruisant une partie du club. Non sans mal, Tony parvient à réveiller Amanda, mais ses nouvelles idées demeurent. Tony explique tout à Stephen, qui l'accuse alors d'utiliser l'hypnose pour se faire aimer d'Amanda. Les jeunes gens décident aussitôt de se marier.

Tony tente alors une dernière manœuvre. Au cours d'une nouvelle soirée dansante, il essaie de se rapprocher d'Amanda ("Change Partners", partie chantée) puis, s'étant débarrassé de l'encombrant Stephen, l'hypnotise à l'écart de la foule ("Change Partners", partie dansée). Mais, comprenant que l'on se joue de lui, Stephen intervient avant que Tony ait pu rendre à Amanda tous ses esprits.

Arrive le jour du mariage. Tony tente une dernière fois d'approcher Amanda. L'apercevant auprès de sa fiancée, Stephen tente de frapper Tony mais c'est Amanda qu'il assomme. Profitant de son inconscience, Tony efface les idées néfastes qu'il lui avait précédemment suggérées. Le mariage a lieu, Tony épouse Amanda, et la mariée a un œil au beurre noir !

“Change Partners” avec Ginger Rogers

Astaire et Rogers réunis à nouveau pour un revenez-y aux allures de feu de paille. Ginger envisageait alors d'orienter sa carrière vers des productions résolument non-musicales, et Fred ne s'y trompait pas qui, las de son contrat à la RKO, envisageait leur séparation comme un phénomène naturel et inéluctable. Leurs deux derniers films à la RKO, *Amanda* et *La Grande Farandole,* témoignent de cette lassitude. *Amanda* surtout, qui apparaît moins comme un film musical que comme une de ces *screwball comedies* où Ginger s'illustrera plus tard. C'est elle d'ailleurs qui mène le train, non sans bonheur parfois, notamment dans les deux scènes où, en état d'hypnose, elle provoque une panique généralisée dans la rue, puis dans un studio de radio et au Medwick Country Club. Le retour en enfance qu'elle manifeste alors annonce sa prestation loufoque du *Monkey Business (Chérie, je me sens rajeunir)* de Hawks. Fred lui-même ne tient pas ici le rôle d'un danseur ou d'un musicien, mais celui d'un psychanalyste, ce qui nous vaut quelques notations drolatiques sur l'hypnose et la catharsis mais, en revanche, moins de numéros musicaux. Ainsi ce qui aurait dû (ou pu) être le grand *finale* se situe-t-il à la moitié du film, avec la leçon de *Yam* d'abord chantée par Ginger puis dansée par le couple qui entraîne tout le club à sa suite ("The Yam"). Le numéro ne manque certes pas d'entrain (Fred, posant son pied sur le bord des tables, fait littéralement voler Ginger par-dessus sa jambe), non plus que celui où il prend pour partenaire des clubs de golf et quelques dizaines de balles, et qui exigea une sérieuse mise au point technique ("Since They Loch Lomond into Swing").

"Un jour que je me trouvais au terrain de golf de Bel Air, j'improvisai quelques pas bien rythmés, juste avant de frapper la balle, et je m'aperçus que cela fonctionnait assez bien. (...) Quand j'en parlai à Mark Sandrich à propos du film, il me dit qu'il serait sans doute possible de l'y introduire, mais qu'il voulait d'abord que je lui montre ce que j'entendais faire. Je l'emmenai donc au tee d'entraînement de Bel Air où j'improvisai quelques pas, frappant des balles en fredonnant mon propre accompagnement. Il me donna son accord."

La RKO possédant un ranch dans la San Fernando Valley, un golf privé y fut installé où Fred travailla quinze jours de rang sans désemparer et par une chaleur de plus de 25° au soleil. Il était accompagné au piano par Hal Borne ; trois cents balles de golf et plusieurs caisses de bière frappée lui furent également nécessaires pour mener à bien le numéro, qui demeure l'un de ses préférés.

Pandro Berman pensait tourner l'épisode du rêve en Technicolor, d'où son titre de "I Used to Be Blind Color". Après un dîner composé de la plus extravagante façon par Fred, Ginger rêve qu'elle danse avec lui dans un décor idyllique, sur d'immenses feuilles de nénuphar, le tout s'achevant par un baiser au ralenti.

Le second numéro romantique, "Change Partners", qui termine pratiquement le film, joue une fois encore sur le pouvoir magnétique de Fred, et d'autant plus cette fois qu'il hypnotise sa partenaire au sens propre du terme. On retrouve intacte toute l'élégance du couple, pour peu de temps hélas, leur danse étant interrompue par l'arrivée tonitruante de Ralph Bellamy, Jack Carson et quelques autres comparses. Un tandem devenu légendaire jette ici ses derniers feux.

Avec Ginger Rogers

"The Story of Vernon and Irene Castle"

La grande farandole

Production :
George Haight pour la RKO Radio Pictures
Supervision de la production :
Pandro S. Berman
Réalisation :
H.C. Potter
Scénario :
Richard Sherman, Oscar Hammerstein II et Dorothy Yost, d'après "My Husband" et "My Memoirs" de Irene Castle
Images :
Robert de Grasse
Montage :
William Hamilton
Son :
Richard Van Hessen
Effets spéciaux :
Vernon Walker
Direction artistique :
Van Nest Polglase et Perry Ferguson
Décorateur de plateau :
Darrell Silvera
Costumes :
Walter Plunkett, Edward Stevenson et Irene Castle
Maquillage :
Mel Burns
Direction musicale :
Victor Baravalle
Orchestration :
Robert Russell Bennett
Chorégraphie :
Hermes Pan

Interprétation :
Fred Astaire
Vernon Castle
Ginger Rogers
Irene Foote Castle
Edna May Oliver
Maggie Sutton
Walter Brennan
Walter
Lew Fields
lui-même
Etienne Girardot
Aubel
Janet Beecher
Annie Foote
Rolfe Sedan
Emile Aubel
Leonod Kinskey
le peintre
Robert Strange
Dr Foote
Clarence Derwent
Louis Barraya
Frances Mercer
Claire Ford
Victor Varconi
le Grand Duc
Donald McBride
le directeur de l'hôtel à Fort Worth
Douglas Walton
l'élève-pilote
Sonny Lamont
Charlie
Roy d'Arcy
un acteur
Dick Elliott
le contrôleur dans le train
Marjorie Bell (Marge Champion)
une amie d'Irene
David McDonald et John Meredith
pilotes militaires
Tiny Jones
la femme dans la porte-tambour
Don Brodie, Bill Franey, Joe Bordeaux, Neil Burns, Jack Perrin, Bill Paton,

"Buzz" Barton, Neal Hart,
Frank O'Connor, D.H. Turner,
Bruce Mitchell, Max Darwyn,
Leonard Mudie, Hugh McArthur,
Esther Muir, Theodore Van Eltz,
George Irving, Willis Clare,
Russel Hicks, Hal K. Dawson,
Adrienne D'Ambricourt, Ethyl Haworth,
Kay Sutton, Allen Wood,
Armand Cortez, Eugene Borden,
Elspeth Dudgeon, Dorothy Lovett

Numéros musicaux :
"Oh, You Beautiful Doll" (Brown-Ayer), chœurs.
"Glow-Worm" (Robinson-Lincke), chœurs.
"By the Beautiful Sea" (Atteridge-Carroll), chœurs.
"Row, Row, Row" (Jerome-Monaco), chœurs.
"Yama Yama Man" (Davis-Hoschna), Rogers.
"Come, Josephine in My Flying Machine" (Bryan-Fischer), chœurs.
"By the Light of the Silvery Moon" (Madden-Edwards), dansé par Astaire.
"Cuddle Up a Little Closer, Lovey Mine" (Harbach-Hoschna), chœurs.
"Only When You're in My Arms" (Kalmar-Ruby, Conrad), Astaire.
"Waiting for the Robert E. Lee" (Gilbert-Muir), dansé par Astaire et Rogers.
"The Darktown Strutters Ball" (Brooks).
"Too Much Mustard" (Macklin), dansé par Astaire et Rogers.
"Rose Room" (Williams-Hickman), dansé par Astaire et Rogers.
"Très Jolie" (Waldteufel), dansé par Astaire et Rogers.
"When They Were Dancing Around" (McCarthy-Monaco), dansé par Astaire et Rogers.
"Little Brown Jug" (Winner), dansé par Astaire et Rogers.
"Dengozo" (Nazareth), dansé par Astaire et Rogers.
"You're Here and I'm Here" (Smith-Kern), dansé par Astaire et Rogers.
"Chicago" (Fischer), dansé par Astaire et Rogers.
"Hello, Frisco, Hello" (Buck-Hirsch), dansé par Astaire et Rogers.
"Way Down Yonder in New Orleans" (Creamer-Layton), dansé par Astaire et Rogers.
"Take Me Back to New York Town" (Sterling-Von Tilzer), dansé par Astaire et Rogers.
"It's a Long Way to Tipperary" (Judge-Williams), chœurs.
"Hello, Hello, Who's Your Lady Friend ?" (David-Lee), Astaire, dansé par Astaire.
"Destiny Waltz" (Baynes), dansé par Astaire et Rogers.
"Night of Gladness" (Ancliffe), dansé par Astaire et Rogers.
"Missouri Waltz" (Royce-Logan), dansé par Astaire et Rogers.

Fond sonore :
"Keep the Home Fires Burning" (Ford-Novello),
"Smiles" (Callahan-Roberts),
"Over There" (Cohan).

Sortie :
31 mars 1939.

Durée :
90 minutes.

Avec Edna May Oliver, Walter Brennan et Ginger Rogers

1911. Passant un week-end au bord de la mer, un vaudevillian *de second ordre, Vernon Castle, sauve un chien de la noyade (sic) et rencontre une jeune fille, Irene Foote, qui lui propose de venir se sécher chez ses parents. Apprenant que Vernon est un acteur, elle veut absolument lui proposer un numéro de sa façon, hélas d'un amateurisme affligeant ("Yama Yama Man"). A la gare, alors qu'il attend un train pour rentrer à New York, arrive une bande de joyeux célibataires en goguette. L'un d'eux esquisse quelques claquettes maladroites, que Vernon reprend avec vigueur ("By the Light of the Silvery Moon").*

Irene se rend bientôt à New York pour assister au spectacle de Vernon où il ne tient en fait qu'un petit rôle de faire-valoir comique. Très déçue, elle lui reproche amèrement de gâcher ainsi son talent. Le temps passe, l'hiver arrive. Vernon apprend à Irene les rudiments de la danse et lui propose de l'épouser ("Only When You're in My Arms"). Mariés, ils passent une audition ("Waiting for the Robert E. Lee") pour Lew Field, le partenaire habituel de Vernon pour ses sketches comiques, qui refuse de les engager. "Qui acceptera de payer pour voir une femme danser avec son mari ?"

Un producteur français leur propose cependant un engagement à Paris, mais, lorsque les répétitions commencent, Vernon comprend qu'on veut lui faire jouer une fois encore un sketch comique. Aussi refuse-t-il. Tirant le diable par la queue dans un petit garni, les Castle sont bientôt remarqués par un impresario américain, Maggie Sutton, qui les fait débuter au Café de Paris où ils remportent un triomphe ("Too Much Mustard"). Très vite Paris les sacre grandes vedettes. Ils imposent de nouveaux pas de danse (pot-pourri comprenant "Rose Room", "Très Jolie", "When They Were Dancing Around" et "Little Brown Jug") et enregistrent des disques ; leur nom est utilisé à des fins commerciales pour des chapeaux, des bonbons, des crèmes de beauté, des chaussures, des cigares ; Irene devient l'arbitre des élégances, lançant de nouvelles coiffures et de nouveaux vêtements.

De retour aux Etats-Unis, ils traversent le pays pour une tournée triomphale (pot-pourri comprenant "You're Here and I'm Here", "Chicago", "Hello, Frisco, Hello", "Way Down Yonder in New Orleans" et "Take Me Back to New York Town"). Quelque peu lassés par les voyages et les représentations, ils souhaitent interrompre leur carrière pour mener la vie plus paisible d'un couple ordinaire. C'est le moment où la guerre éclate en Europe. Après avoir participé à un gala donné au profit des volontaires américains ("Hello, Hello, Who's Your Lady Friend ?"), Vernon s'engage dans l'aviation. Il participe à diverses opérations militaires et, lors d'une permission, il retrouve Irene au Café de Paris (pot-pourri comprenant "Destiny Waltz", "Night of Gladness" et "Missouri Waltz").

Alors que les Etats-Unis entrent à leur tour en guerre, Vernon est affecté comme instructeur militaire, d'abord au Canada, puis au Texas. C'est là que le rejoint Irene pour passer un week-end avec lui. Au dernier moment, Vernon est rappelé pour une inspection et une parade aérienne où, en voulant éviter un autre avion, il perd le contrôle de son appareil et se tue. Apprenant sa mort, Irene, effondrée, rêve de leurs derniers pas de danse.

Bien que la RKO ait acquis les droits des mémoires d'Irene Castle dès 1936, le film ne fut mis en chantier qu'à la fin de 1938 pour un pas de deux décevant qui devait être le dernier du couple — jusqu'à *Entrons dans la danse,* dix ans plus tard, et cette fois à la Metro. Irene Castle participa au film comme conseillère technique, non sans poser de nombreux problèmes à la production.

"Il n'était pas facile de tourner un film comme les Castles *à cause des impératifs qu'impose une histoire consacrée à des personnes encore vivantes. Mais nous avions Irene Castle sous la main pour nous donner tous les conseils nécessaires. Elle était naturellement très pointilleuse quant aux détails, notamment pour tout ce qui concernait ses robes et ses coiffures."*

On imagine mal aujourd'hui l'influence et la popularité de Vernon et Irene Castle, et, le cinéma aidant, Fred et Ginger nous semblent éclipser en quelque sorte leur modèle tout en paraissant bridés par le conformisme chorégraphique des Castle. C'est avec raison que Fred rappelle dans ses mémoires l'immense succès que rencontra le couple dans les années 10, ainsi que l'influence diffuse qu'ils exercèrent sur lui-même et sa sœur.

"Je me souvenais très bien de l'extraordinaire influence produite alors par le moindre geste d'Irene Castle quand, avec Vernon, elle stupéfiait le monde par le fabuleux succès de leur carrière. La génération d'aujourd'hui ne peut pas imaginer l'ampleur de la vogue dont le couple jouissait. Ils furent sans doute le facteur le plus important dans le développement de la danse comme divertissement social (...).

Ils eurent une influence extrême sur notre carrière, non que nous les ayons complètement imités, mais nous nous étions appropriés quelques-uns de leurs pas et inspirés de leur style pour nos propres numéros."

Tel quel, le film souffre surtout d'être une biographie filmée, c'est-à-dire exempte de toute fantaisie et au contraire extrêmement guindée et patriotarde, la guerre de 14 en toile de fond jointe à la mort de Vernon (non pas au combat mais tout de même en héros) annonçant l'effort de guerre hollywoodien des années à venir (le film sort en avril 1939 alors que les bruits de bottes s'amplifient en Europe).

Fred et Ginger semblent par ailleurs éprouver quelques difficultés à entrer dans la peau de personnages dont le style chorégraphique leur est complètement étranger. Aussi tous les numéros illustrant des danses *de salon* témoignent-ils d'une platitude extrême nullement rehaussée par une mise en scène pratiquement inexistante, hélas. On retiendra surtout de ces pots-pourris, agréables sans plus, l'immense carte des Etats-Unis que Fred et Ginger parcourent en tous sens en entraînant à leur suite des foules de danseurs inconnus.

On préférera sans peine à ces duos un peu trop formels la parfaite mécanique de "By the Light of the Silvery Moon" où l'on retrouve Astaire pour un solo de claquettes certes relativement banal mais tout de même nettement plus exaltant que le reste. Numéro d'audition et donc, là encore, situé en dehors de tout contexte mondain, "Waiting for the Robert E. Lee" reprend sur le mode mineur le tour souriant, décontracté et finalement inventif des grands numéros de répétition de *Roberta* ("I'll Be Hard to Handle") et d'*En suivant la flotte* ("I'm Putting All My Eggs in One Basket"). On s'amusera enfin à "Hello, Hello, Who's Your Lady Friend?" où Fred, parmi les volontaires américains de 1914, danse avec un travesti lourdaud en fait de *lady friend,* tout en regrettant l'absence de numéros vraiment originaux. Tribut payé à l'hagiographie sans doute, et c'est dommage.

"Waiting for the Robert E. Lee"

"By the Light of the Silvery Moon"

"The Story of Vernon and Irene Castle" avec Ginger Rogers

"Broadway Melody of 1940"

Broadway qui danse

Production :
Jack Cummings pour la MGM
Réalisation :
Norman Taurog
Scénario :
Leon Gordon et George Oppenheimer, d'après une histoire de Jack McGowan et Dore Schary
Images :
Oliver T. Marsh et Joseph Ruttenberg
Montage :
Blanche Sewell
Direction artistique :
Cedric Gibbons
Costumes :
Adrian
Lyrics et musique :
Cole Porter
Direction musicale :
Alfred Newman
Orchestration :
Edward Powell, Leo Arnaud et Charles Henderson
Supervision musicale :
Rogers Edens
Chorégraphie :
Bobby Connolly

Interprétation :
Fred Astaire
Johnny Brett
Eleonor Powell
Clare Bennett
George Murphy
King Shaw
Frank Morgan
Bob Casey
Ian Hunter
Bert Matthews
Florence Rice
Amy Blake
Lynne Carver
Emmy Lou Lee
Ann Morriss
Pearl de Longe
Trixie Firschke
la jongleuse
Douglas McPhail
le chanteur masqué
Charlotte Arren
chanteuse à l'audition
Jack Mulhall
George
Barbara Jo Allen
la réceptionniste
Joseph Crehan
directeur du dancing
James Flavin
employé du dancing
Joe Yule
Joe
Hal K. Dawson
Grady
Gladys Blake
Miss Martin
George Chandler
M. Jones
William Tannen
l'ami d'Emmy Lou
Les Musics Maids
chanteurs du numéro "Begin the Beguine"

Numéros musicaux :
"Please Don't Monkey with Broadway", Astaire et Murphy, dansé par Astaire et Murphy.
"I Am the Captain", Powell, dansé par Powell.
"Between You and Me", Murphy, dansé par Powell et Murphy.
"I've Got My Eyes on You", Astaire, dansé par Astaire.
"Jukebox Dance", dansé par Astaire et Powell.
"I Concentrate on You", McPhail, dansé par Astaire et Powell.
"Begin the Beguine", Music Maids, dansé par Astaire et Powell.

Sortie :
14 février 1940.
Durée :
102 minutes.

"Begin the Beguine"
avec Eleonor Powell

Johnny Brett et King Shaw sont venus à New York pour conquérir Broadway, mais la chance ne leur a guère souri et ils ont dû accepter un emploi de danseurs mondains dans un bal. Ils gagnent peu et s'endettent beaucoup, particulièrement King que les huissiers poursuivent. Un soir, à l'issue d'un de leur numéro ("Please Don't Monkey with Broadway"), le fameux producteur Bob Casey remarque Johnny et lui demande son nom ; pensant avoir affaire à un huissier et pour protéger son ami d'une éventuelle assignation, il se fait passer pour King. L'affaire en reste là et Johnny va assister au spectacle de Clare Bennett, une vedette de Broadway qu'il admire profondément ("I Am the Captain").

Le lendemain, tandis que Johnny court à la recherche d'un engagement, Casey téléphone à King pour une audition. C'est l'associé de Casey, Bert Matthews, qui le reçoit et, après une chanson et une danse avec Clare ("Between You and Me"), l'engage. Casey cependant, qui a découvert le malentendu, explique tout à Johnny qui, beau joueur, décide aussitôt d'aider son ami. King devient au fur et à mesure des répétitions de plus en plus sûr de lui et désagréable avec Johnny. Il pense avoir séduit Clare, mène grand train, se couche tard, s'enivre à l'occasion et arrive en retard aux répétitions. Johnny ne manque pas de lui reprocher la légèreté de sa conduite. Les deux amis se disputent, le perfectionnisme de Johnny irritant King.

Peu après, Clare surprend Johnny s'entraînant aux claquettes dans la loge de King. Elle le suit jusque sur la scène déserte où, se croyant seul, il improvise un numéro ("I've Got My Eyes on You"). Clare apparaît alors à un Johnny confus et lui propose de déjeuner avec lui. A la cafeteria, la discussion les amène à comparer des pas et des figures de danse et, le serveur glissant une pièce dans le jukebox, ils enchaînent sur un véritable numéro ("Jukebox Dance").

Johnny continue par ailleurs à conseiller King qui l'accuse bientôt de vouloir prendre sa place ; aussi, très déçu par l'attitude de son ami, Johnny préfère-t-il ne pas insister et disparaître. Le soir de la première arrive et Johnny, venu encourager King dans sa loge, le découvre ivre-mort. Sans hésiter, il prend sa place pour la première partie où il apparaît masqué ("I Concentrate on You"). Après l'entracte, c'est un King dessaoulé qui assure la suite de la revue. Tout le monde le félicite ensuite pour sa brillante prestation dans... la première partie.

Quelques jours plus tard, King arrive pour le spectacle une fois encore ivre-mort. Mais Johnny n'est pas là. Il a repris son travail de danseur mondain et Clare doit traverser New York pour le ramener sur scène où il remplace King ("Begin the Beguine"), obtenant un triomphe. King apparaît alors en coulisse : il a feint l'ébriété pour permettre à Johnny d'affirmer publiquement son talent. Le trio revient aussitôt sur scène, esquisse quelques claquettes puis salue une salle enthousiaste.

Sans Ginger Rogers, Fred retrouve la MGM, où il avait tourné en 1933 *Dancing Lady,* avec une nouvelle mouture des célèbres *Broadway Melodies.* La version de 1929, dirigée par Harry Beaumont, avait été le premier film *all talking, all singing, all dancing* de l'histoire du *musical ;* quant aux deux autres versions (1936 et 1938), elles devaient damer le pion aux *Chercheuses d'Or* de la Warner. Une nouvelle version fut planifiée pour 1940 (la dernière de la série), prévue en couleurs et où Fred Astaire aurait Eleonor Powell pour partenaire. Rencontre au sommet s'il en fut, Eleonor Powell ayant derrière elle une solide réputation de danseuse, célèbre pour ses numéros de claquettes. Rencontre qui, d'entrée de jeu, intimida les deux partenaires.

"Je n'oublierai jamais le jour où M. Mayer vint me dire : "Ellie, aimeriez-vous tourner un film avec Fred Astaire ?" Je répondis : "Vous plaisantez ?" Il dit alors : "Non, il aime l'histoire, nous avons un bon budget. Le seul problème, c'est que vous devez être trop grande pour lui." (...)"

"Je ne l'avais jamais rencontré. M. Mayer me dit : "M. Astaire sera dans le bureau de Mervyn Le Roy demain matin à onze heures. Vous le rencontrerez et on verra si votre taille convient". J'arrivai de bonne heure et je dis à Mervyn : "Vous savez, je suis terriblement nerveuse. J'ai pris un bain hier soir, pensant que ça me ferait rétrécir un peu. J'espère que ça a marché." On parlait de chose et d'autre quand la sonnerie de la porte se fit entendre. Mervyn LeRoy me dit : "Vite, Ellie, cachez-vous !" et par réflexe je courus me cacher derrière la porte. M. Astaire et M. Hayward, qui était alors son agent, entrèrent d'un pas nonchalant, s'assirent et commencèrent à parler du temps et des courses. Puis M. Astaire dit : "Les gars, je suis terriblement nerveux. Est-ce que vous savez comment elle travaille ? Si elle répète beaucoup ?" Et M. LeRoy répondit : "Pourquoi ne pas lui demander ? Eleonor, voulez-vous venir ici ?" Je sortis timidement de derrière la porte. Mais une chose était sûre, j'avais entendu M. Astaire dire à peu près la même chose que moi. Mervyn dit : "J'ai dit à Eleonor de se cacher derrière la porte parce qu'elle est très énervée. Elle n'en a pas dormi de la nuit." Puis la porte du bureau s'ouvrit et entrèrent un par un M. Mayer suivi de tous les pontes du studio. La réunion commença par des propos sans importance puis finalement quelqu'un dit : "Bon, allez, levez-vous." Ce que nous fîmes, dos à dos. Eh bien, croyez-le ou pas, Fred est plus grand que moi, pas de beaucoup, mais suffisamment pour que j'obtienne le rôle[1]."

Le film fut tourné fin 1939, mais en noir et blanc et non en couleurs du fait des menaces internationales. Menaces qui n'empêchèrent pas la Metro de dépenser 120 000 dollars pour la construction du rutilant décor de "Begin the Beguine". On donna un compère à Fred Astaire, rôle tenu par George Murphy, ce qui leur permit d'exécuter en ouverture un parfait numéro comique ("Please Don't Monkey on Broadway") dont on percevra l'écho nostalgique dans *Tous en Scène* ("I Guess I Have to Change My Plan", interprété par Astaire et Jack Buchanan).

George Murphy ne pouvant guère rivaliser avec Fred Astaire, c'est la grande rencontre avec Eleonor Powell que l'on attend, retardée au maximum par la MGM soucieuse de placer ses effets. Eleonor et Fred commencent donc avec quelques numéros en solo, elle sans grande originalité avec "I Am the Captain" où l'on retrouve le bateau de *Born to Dance (L'Amiral mène la danse),* lui nettement mieux inspiré avec "I've Got My Eyes on You" qui prend pour cadre un plateau de théâtre encombré d'objets hétéroclites dont il se sert pour animer son numéro. Le tout ayant pour origine une déclaration d'amour adressée par Fred, non point directement à Eleonor (encore qu'elle suive toute la scène des coulisses), mais à une de ses photographies. Procédé dont il se souviendra en 1951 au début du célèbre "You're All the World to Me" de *Royal Wedding (Mariage Royal).*

Leur rencontre, née d'une discussion purement technique, se prolonge dans un numéro très professionnel ("Jukebox Dance"), où *les deux danseurs s'observent, se mesurent, font assaut de virtuosité avant de trouver un terrain d'entente*[2]. La rivalité qui les oppose, Michel Pérez l'a bien vu, n'a rien de commun avec celle qui dressait parfois Fred et Ginger l'un contre l'autre. Il n'est question là que d'assauts purement techniques, professionnels pourrait-on dire ; en dépit de l'histoire d'amour censée les rapprocher, les sentiments interviennent très peu. La fin du film, qui voit le triomphe professionnel du trio, laisse d'ailleurs l'intrigue sentimentale en suspend. C'est ce même professionnalisme ahurissant que l'on retrouve dans les deux autres numéros que partagent Fred et Eleonor, le très classique "I Concentrate on You" et surtout "Begin the Beguine" avec son célèbre marathon de claquettes. Peut-être est-ce précisément ce perfectionnisme de tous les instants et de tous les gestes qui empêche toute émotion réelle de sourdre de l'ensemble. On a moins affaire là à une *version romanesque d'une aventure technique,* comme l'écrit joliment Michel Pérez, qu'à la mise à nue d'une impeccable technique où chaque danseur reste malheureusement sur son quant-à-soi. C'est cette absence de concomitance qui, quelles que soient les apparences, paraît les avoir gêné l'un et l'autre.

Eleonor Powell : *"Nous n'avions pas de chorégraphe. Ce qui rendait les choses difficiles, c'était que personne d'autre que moi ne pouvait faire ce que je faisais. Jusqu'à ce qu'il travaille avec moi, Astaire avait toujours dû tout apprendre à ses partenaires. Et, bien sûr, elles n'auraient jamais osé élever la moindre objection, parce que c'était comme ça. En fait, Hermes Pan jouait le rôle de la fille. Il travaillait avec Fred, deux hommes ensemble, et Hermes tenait le rôle de fille — qu'il s'agisse de Ginger Rogers, de Joan Fontaine ou de n'importe qui d'autre. Puis, quand tout était parfaitement au point, Hermes apprenait son rôle à la fille. Quand elle répétait, Hermes tenait le rôle de Fred Astaire, lui apprenant encore son numéro de telle sorte qu'Astaire n'avait pas à s'occuper de cela. Puis ils répétaient ensemble, Astaire et la fille. Mais étant mon propre chorégraphe et Fred étant le sien, qui allait nous dire comment faire pour* Broadway Melody ?[3].

"Please Don't Monkey with Broadway"
avec George Murphy

"Jukebox Dance" avec Eleonor Powell
Page suivante : "Begin the Beguine"

Fred Astaire : *"Je fus pleinement satisfait par ce film qui me donna l'occasion de travailler avec Eleonor, qui demeure sans aucun doute l'une des plus grandes danseuses de tous les temps. La technique de ses claquettes était sans pareille. Elle frappait le sol avec ses pieds comme un danseur et avec elle, il n'était pas question de petits tapotements timides. Elle avait une façon unique et bien à elle de faire des claquettes."*

Le ton de l'appréciation reste d'un côté comme de l'autre curieusement détaché, professionnel pour tout dire. Laissons le mot de la fin à Michel Pérez, qui écrit à propos du numéro "Jukebox Dance", et ceci vaut pour tout le film : *"Deux spécialistes éminents se sont rencontrés et se félicitent d'être parvenus à une collaboration harmonieuse*[4]."

(1) Eleonor Powell, *I Would Rather Dance than Eat,* propos recueillis par John Kobal, "Focus on Film", nº 19, automne 1974.
(2) Michel Pérez, *Une fusée pointée vers les planches,* "Positif", nº 190, février 1977.
(3) Powell, loc. cit.
(4) Pérez, loc. cit.

"Second Chorus"

Swing romance

Production :
Boris Morros
pour Paramount Pictures
Réalisation :
H.C. Potter
Scénario :
Elaine Ryan et Ian McClellan Hunter, d'après une histoire de Fred Cavett
Images :
Theodore Sparkuhl
Montage :
Jack Daniels
Direction artistique :
Boris Leven
Lyrics :
Johnny Mercer
Musique :
Artie Shaw, Bernard Hanighen et Hal Borne
Direction musicale :
Ed Paul
Orchestration :
Ed Paul, Artie Shaw, Gregory Stone et Johnny Guarnieri
Chorégraphie :
Hermes Pan

Interprétation :
Fred Astaire
Danny O'Neill
Paulette Goddard
Ellen Miller
Artie Shaw
lui-même
Charles Butterworth
J. Lester Chisholm
Burgess Meredith
Hank Taylor
Frank Melton
Stu
Jimmy Conlin
M. Dunn
Dan Brodie
concierge de l'hôtel

Numéros musicaux :
"(I Ain't Hep to That Step but I'll) Dig It" (Mercer-Borne), Astaire, dansé par Astaire et Goddard.
"Sweet Sue" (Will Harris-Victor Young)
"Love of My Life" (Mercer-Shaw), Astaire, reprise dansée par Astaire.
"I'm Yours" (Harburg-Green).
"Concerto for Clarinet" ("Swing Concerto") (Shaw).
"Poor Mr. Chisholm" ("Hoe Down the Bayou") (Mercer-Hanighen), Astaire, reprise dansée par Astaire.
Fred Astaire est doublé à la trompette par Bobby Hackett et Burgess Meredith par Billy Butterfield.

Sortie :
3 décembre 1940.
Durée :
84 minutes.

Trompettiste de son état, Danny O'Neill dirige l'orchestre de son collège. Lui et son ami Hank, également trompettiste, entretiennent une forte rivalité professionnelle qui les amène à se jouer des tours d'un goût douteux. Tous deux rencontrent bientôt une jeune femme, Ellen Miller, qui accepte d'être leur impresario avant de les quitter pour entrer au service du célèbre Artie Shaw. Danny et Hank rêvent de faire partie de l'orchestre d'Artie Shaw ; en dépit de l'aide non négligeable d'Ellen, leur rivalité les empêche d'auditionner avec succès, et ils se couvrent de ridicule. Ce n'est que lorsque Ellen organise un grand concert pour l'orchestre d'Artie Shaw que Danny peut enfin faire preuve de son talent non seulement de trompettiste mais aussi de danseur et de chef d'orchestre. Il conquiert à la fois le public et... Ellen.

Un des films les plus faibles tournés par Fred Astaire, avec *The Sky's the Limit (L'Aventure inoubliable,* 1943) et *Let's Dance (Maman est à la page,* 1950). Le projet de biographie romancée de Nijinsky n'ayant (heureusement ?) pas vu le jour à la Metro, Fred signa à la Paramount pour un film dont, hélas, le scénario n'était pas encore au point. Il ne le fut d'ailleurs jamais, ce qui explique la pauvreté d'une histoire remaniée au jour le jour et pour ainsi dire réduite aux seuls tours pendables que se jouent deux trompettistes plus ou moins rivaux. Infantilisme de l'anecdote que ne viennent nullement compenser des numéros musicaux peu nombreux et, pour une fois, assez anodins. Le premier, "Dig It", qui est aussi le meilleur, permet à Fred d'improviser avec Paulette Goddard un duo informel proche des numéros de répétition de *Roberta* ("I'll Be Hard to Handle") et d'*En suivant la flotte* ("I'm Putting All My Eggs in One Basket"). La chanson "Love of My Life", qu'Astaire chante à Paulette Goddard, lui vaut une reprise dansée relativement pittoresque puisqu'il y apparaît déguisé en moujik et termine le numéro par un *finale* inhabituel avec une danse russe assez enlevée. C'est enfin un Astaire en *white tie and tails* mais sans *top hat* qui dirige, claquettes à l'appui, l'orchestre d'Artie Shaw pour le numéro "Hoe Down the Bayou" (ou "Poor Mr Chisholm") où, fait rarissime dans la carrière du danseur, l'ensemble se perd dans la prétention la plus ostentatoire.

C'est dans la présence d'Artie Shaw et de son orchestre, alors très prisé par les jeunes Américains, qu'il faut voir en fait la véritable raison d'être d'un film qui laisse une regrettable impression d'amateurisme et d'improvisation d'où nul charme, même rétro, n'émane. Paulette Goddard, certes moins à l'aiser que Ginger Rogers ou Eleonor Powell, honore cependant son contrat avec conscience tandis que Fred aborde une de ces périodes de doutes et de déceptions où *"le public et le studio commencent à se demander ce qui ne va pas. Ils disent : "Eh bien, j'ai l'impression qu'il est fini", ou bien ils ne savent que penser tout en comprenant que quelque chose ne tourne pas rond ; ce qui n'encourage guère le public à venir vous voir et le studio se fait un peu tirer l'oreille pour investir d'importantes sommes d'argent dans vos films. On ne peut pas leur en vouloir. (...)*

Lorsque Second Chorus *fut achevé, je me trouvais dans l'étonnante situation de n'avoir aucun film en projet, même dans un avenir lointain."*

"Dig It" avec Paulette Goddard

Avec Paulette Goddard, Artie Shaw et Burgess Meredith

“You’ll Never Get Rich”

L’amour vient en dansant

Production :
Samuel Bischoff
pour Columbia Pictures
Réalisation :
Sidney Lanfield
Scénario :
Michael Fessier et Ernest Pagano
Images :
Philip Tannura
Montage :
Otto Meyer
Direction artistique :
Lionel Banks
Costumes :
Irene
Lyrics et musique :
Cole Porter
Direction musicale :
Morris Stoloff
Orchestration :
Leo Shuken
Chorégraphie :
Robert Alton

Interprétation :
Fred Astaire
Robert Curtis
Rita Hayworth
Sheila Wintrop
Robert Benchley
Martin Cortland
John Hubbard
Tom Barton
Osa Massen
Sonya
Frieda Inescort
Julie Cortland
Guinn Williams
Kewpie Blain
Donald Mc Bride
le sergent
Cliff Nazarroo
Swivel Tongue
Ann Shoemaker
Mme Barton
Marjorie Gateson
tante Louise
Boyd Davis
colonel Shiller
Robert McWade
le médecin militaire
Martha Tilton
chanteuse
Chico Hamilton, Buddy Colette,
A. Grant, Joe Comfort,
Red Mack
les prisonniers

Numéros musicaux :
“The Boogie Barcarolle”,
dansé par Astaire et Hayworth.
“Shootin the Works for
Uncle Sam”, Astaire,
dansé par Astaire.
“Since I Kiss My Baby
Goodbye”, Delta Rythm Boys,
dansé par Astaire.
“A-stairable Rag”,
dansé par Astaire.
“So Near and Yet So Far”, Astaire,
dansé par Astaire et Hayworth.
“Wedding Cake Walk”, Tilton,
dansé par Astaire et Hayworth.
Fond sonore :
“Dream Dancing”.

Sortie :
25 septembre 1941.
Durée :
88 minutes.

Rita Hayworth et Robert Benchley

"Shootin' The Works for Uncle Sam"

Martin Cortland, célèbre producteur de Broadway, fête son quinzième anniversaire de mariage et se rend chez un bijoutier de la 5e Avenue où il achète une babiole pour sa femme et un magnifique bracelet pour une certaine Sheila. Robert Curtis, danseur et metteur en scène, répète la revue que produit son ami Martin. Il reproche à une danseuse, Sheila Winthrop, de ne pas être en mesure, esquisse quelques pas avec elle, puis enchaîne sur un numéro avec toute la troupe ("The Boogie Barcarolle").

Martin convoque bientôt Sheila dans son bureau. C'est à elle qu'est destiné le bracelet, mais la jeune fille refuse le présent et quitte le bureau alors que l'on annonce l'arrivée de Julia Cortland, la femme de Martin. Celle-ci, découvrant le bracelet, exige de divorcer immédiatement. Martin, pour sauver la situation, prétend que le bracelet appartient à Robert. Une fois sa femme partie, Martin demande à Robert de l'aider à rendre son histoire crédible. Robert invite donc Sheila à dîner le soir même dans un restaurant où il retrouve Martin et Julia. Jouant le jeu, Robert séduit Sheila et lui offre le bracelet. Comprenant qu'elle a été dupée, Sheila quitte le restaurant profondément vexée. Le lendemain apparaît le capitaine Tom Barton, plus ou moins fiancé à Sheila. Lorsque Robert arrive pour s'excuser de sa conduite de la veille, Sheila fait passer Tom pour son frère qui menace Robert, coupable d'avoir attenté à l'honneur de sa sœur. *Robert, effrayé, s'enfuit aussi vite qu'il le peut.*

Comme Martin lui apprend qu'il est appelé sous les drapeaux, Robert voit là la fin de ses problèmes. Il passe le conseil de révision et, jugé bon pour le service, est envoyé au camp Weston. A la gare, toute la troupe vient lui faire ses adieux dans une parade haute en couleur ("Shootin' the Works for Uncle Sam"). Commence alors pour lui la vie militaire : marches et exercices, exercices et marches. C'est le moment où il découvre que Sheila ne lui est pas indifférente. Il rêve même d'elle, le tout se terminant en cauchemar avec l'arrivée de Tom qui le menace d'une fourche. Se réveillant en sursaut, Robert assomme par mégarde un sergent et se retrouve en salle de police ("Since I Kissed My Baby Goodbye").

Un matin, Robert voit arriver Tom qui a été affecté au camp en tant qu'officier. Peu après, Sheila vient rendre visite à Tom. Pour l'impressionner, Robert dérobe un uniforme d'officier mais, tandis qu'il lui fait la cour, Tom arrive en compagnie de deux de ses amis, officiers eux aussi, et dont l'un vient précisément de se faire voler son uniforme. Robert, découvert, se rend lui-même en salle de police ("A-stairable Rag"). Tandis que Robert passe son temps en prison, Martin propose au commandant du camp de présenter sa revue en avant-première à l'armée pour soutenir le moral des troupes. Le commandant accepte, permettant même à Robert d'en assurer la mise en scène et la chorégraphie.

Bien que Martin souhaite voir sa nouvelle protégée, Sonya, tenir le rôle principal de la revue, Robert parvient à imposer Sheila. Tandis que les répétitions commencent ("So Near and Yet So Far"), Tom propose à Sheila de l'épouser, mais celle-ci réalise qu'elle aime en fait Robert. Cependant, toujours soucieux de donner un rôle à Sonya, Martin combine un plan pour compromettre Robert aux yeux de Sheila. Le coup réussit parfaitement, Sheila décidant de ne plus revoir Robert et d'abandonner le spectacle. Ce dernier, comprenant qu'il a été joué, se venge en compromettant Martin. Aussi Sonya, qui, devant la défection de Sheila, avait hérité du rôle principal, doit-elle céder la place. Sheila refusant obstinément de participer à la revue, il n'y a pas trop de tous les soldats du camp pour la faire revenir sur sa décision. Le spectacle a lieu, qui doit se terminer par un (faux) mariage ("Wedding Cake Walk"). Robert s'arrange pour qu'un authentique officier d'état civil y participe, et le couple se retrouve bel et bien marié alors que le show *s'achève en triomphe.*

Astaire retrouve pour le coup le Cole Porter de *Broadway Melody* et découvre une toute jeune femme, de dix-neuf ans sa cadette, Rita Hayworth, fille d'Eduardo Cansino, un *vaudevillian* de sa connaissance.

Rita Hayworth n'en était pas précisément à son coup d'essai, mais travaillait à Hollywood depuis 1935 où l'on avait pu la voir notamment dans *Only Angels Have Wings (Seuls les anges ont des ailes), The Strawberry Blonde* et *Blood and Sand (Arènes Sanglantes).* C'était cependant la première fois qu'elle apparaissait en tête d'affiche.

"Rita dansait avec beaucoup de personnalité et d'autant mieux qu'elle était bien entraînée. Elle savait évidemment par expérience ce que c'était que de danser. Je m'en aperçus dès que je commençais à travailler avec elle.

Après les habituelles six ou huit semaines de répétitions, nous en arrivâmes au tournage de notre première séquence. C'était une courte danse sur la scène de l'Auditorim Schrine de Los Angeles.

Comme c'était le premier film de Rita en vedette, j'étais soucieux de démarrer les choses en douceur, et, franchement, j'étais nerveux. Un sol glissant et des complications techniques n'arrangèrent pas les choses, mais tout se passa très bien."

You'll Never Get Rich fut réalisé dans le courant de l'année 1941. La guerre faisait rage en Europe depuis bientôt deux ans et, si les Etats-Unis n'étaient pas encore entrés dans le conflit, leur intervention paraissait inévitable. C'est dans ce contexte que la Columbia mit en chantier *You'll Never Get Rich,* initialement prévu en couleurs. Le film devant participer à sa façon à l'effort de guerre, on transforma ce qui aurait été en d'autres temps un banal *backstage musical* en une véritable comédie militaire, assez enlevée d'ailleurs, et légèrement loufoque, les meilleurs moments de comique pur étant dus à l'excellent Robert Benchley.

C'est le numéro "Shootin' the Works for Uncle Sam" qui assure la transition entre *backstage musical* et comédie militaire. Le théâtre y est encore présent avec ses *chorus girls,* mais celles-ci, vêtues aux couleurs de la bannière étoilée, saluent en fait le départ de Fred pour l'armée sur un rythme assez martial. Le défilé des *girls* évoluant dans un ordre géométrique impeccable évoque assez lointainement Busby Berkeley, sans pour autant faire preuve d'une très grande ampleur. Le numéro précédent, "Boogie Barcarolle", ou Fred et Rita répètent ensemble un pas de danse en faisant assaut de virtuosité, s'inscrit, lui, directement dans la tradition du *backstage musical,* alors que les suivants se situent dans le cadre du camp militaire. Fred y apparaît donc en uniforme, sauf pour l'élégant "So Near and Yet So Far" (pas de deux que répète le couple en prévision d'un spectacle), ce qui lui permit à sa grande joie de délaisser les traditionnels mais décidément trop raides *top hat, white tie and tails.*

En fait, Astaire, soldat fort peu modèle, passe le plus clair de son temps en prison, ce qui lui vaut d'y improviser deux numéros d'un rare dynamisme, comprenant de subtiles variations à partir d'une frénésie de claquettes ("Since I Kissed My Baby Goodbye" et surtout "A-stairable Rag"). Mais le numéro le plus étonnant sinon le plus réussi est à coup sûr le dernier, qui célèbre le mariage (à la fois vrai et faux) de Fred et Rita. Le couple, lui, en uniforme d'apparat, elle en robe de mariée, y danse un *cake walk* qui l'emmène au septième ciel sur un tank d'opérette en forme de gâteau à la crème ("Wedding Cake Walk") !

"The Boogie Barcarolle" avec Rita Hayworth

“Holiday Inn”

L’amour chante et danse

Production :
Mark Sandrich
pour Paramount Pictures
Réalisation :
Mark Sandrich

Scénario :
Claude Binyon,
d’après une idée d’Irving Berlin
adaptée par Elmer Rice
Images :
David Abel
Montage :
Ellsworth Hoagland
Direction artistique :
Hans Dreier et Roland Anderson
Costumes :
Edith Head
Lyrics et musique :
Irving Berlin
Direction musicale :
Robert Emmett Dolan
Chorégraphie :
Danny Dare,
assisté de
Babe Pierce

Interprétation :
Bing Crosby
Jim Hardy
Fred Astaire
Ted Hanover
Marjorie Reynolds
Linda Mason
Virginia Dale
Lila Dixon
Walter Abel
Danny Reed
Louise Beavers
Mamie
Marek Windheim
François
Irving Bacon
Gus
Jacques Vanaire
garçon
Judith Gibson
vendeuse de cigarettes
Shelby Bacon
Vanderbilt
Joan Arnold
Daphne
John Gallaudet
Parker
James Bell
Dunbar, le metteur en scène
Jacques Belasco
directeur du magasin de fleurs
Harry Barris
chef d’orchestre
Robert Homans
Pop
les Bob Crosby’s Bob Cats
orchestre de l’auberge

Numéros musicaux :
“I’ll Capture Your Heart Singing”, Crosby, Astaire, Dale.
“Lazy”, Crosby.
“You’re Easy to danse With”, Astaire, dansé par Astaire et Dale, reprise dansée par Astaire et Reynolds.
“White Christmas”, Crosby, Reynolds.
“Happy Holiday”, Crosby, Reynolds.
“Let’s Start the New Year Right”, Crosby.
“Abraham”, Crosby, Beavers, Reynolds.
“Be Careful, It’s My Heart”, Crosby, dansé par Astaire et Reynolds.
“I Can’t Tell a Lie”, Astaire, dansé par Astaire et Reynolds.
“Easter Parade”, Crosby.
“Let’s Say It with Firecrackers”, dansé par Astaire.
“Song of Freedom”, Crosby.
“Plenty to Be Thankful For”, Crosby.
Fond sonore :
“Oh, How I Hate to Get Up in the Morning”.

Marjorie Reynolds est doublée pour les chansons par Martha Mears.

Sortie :
15 juin 1942.
Durée :
100 minutes.

24 décembre. — *Jim Hardy doit épouser Lila Dixon qui aime en fait Ted Hanover. Tous trois, artistes de music-hall, passent en vedette au Club Pierre de New York ("I'll Capture Your Heart Singing"). Après le spectacle, Jim renonce à épouser Lila et décide de se retirer pour restaurer une ferme dans le Connecticut ("Lazy").*

Le Noël suivant. — *Jim, qui pense transformer sa ferme en auberge, rend visite à Lila et Ted qui continuent leur numéro en duo ("You're Easy to Dance With"). Il rencontre une jeune fleuriste, Linda Mason, qu'il embauche pour l'aider à mettre au point ses spectacles ("White Christmas"). Une semaine plus tard, pour le réveillon de la Saint-Sylvestre, c'est l'inauguration de l'auberge ("Happy Holiday" puis "Holiday Inn"). Le même soir, au Club Pierre, Ted reçoit un télégramme de Lila lui annonçant qu'elle épouse un milliardaire et renonce à sa carrière. Tandis que Jim supervise le bon fonctionnement de son établissement ("Let's Start the New Year Right"), Ted quitte New York et c'est dans un état d'ébriété avancée qu'il arrive à l'auberge, esquissant quelques pas de danse titubants avec Linda dont il ignore l'identité (reprise de "You're Easy to Dance With"). Le lendemain matin, son impresario, Danny Reed, comprend tout le parti qu'il peut tirer de Linda qui serait une bonne partenaire pour Ted. Jim cependant, déjà amoureux de Linda, empêche celle-ci de rencontrer Danny et Ted qui décident de revenir lors d'un prochain week-end.*

12 février, anniversaire de Lincoln. — *Danny et Ted arrivent à l'auberge pour retrouver la mystérieuse jeune femme mais une nouvelle ruse les empêche de la reconnaître lorsqu'elle passe sur scène ("Abraham").*

14 février, Saint-Valentin. — *Arrivant à l'improviste avant le spectacle, Ted aperçoit enfin Linda qu'il entraîne dans un pas de deux tandis que Jim leur chante sa dernière composition ("Be Careful, It's My Heart").*

22 février, anniversaire de Washington. — *Ted, qui a adopté Linda comme nouvelle partenaire, imagine un menuet avec perruque et bas blancs que Jim sabote en y mêlant des rythmes de jazz ("I Can't Tell a Lie"). Ted propose en vain à Linda de quitter l'auberge pour partir à travers le monde où on leur propose des contrats lucratifs.*

5 avril, Pâques. — *Tandis que Jim et Linda sortent de l'église ("Happy Easter"), Ted arrive à l'auberge où il a décidé de s'installer à demeure, ne pouvant résister à la vie simple et naturelle de la campagne !*

4 juillet, Independence Day. — *Jim annonce à Ted que Lila n'a pas épousé son fiancé milliardaire et souhaite refaire équipe avec lui. Arrive Danny, très excité, qui leur apprend que deux producteurs hollywoodiens assisteront à la soirée du 4 juillet pour signer ensuite un contrat avec Ted et Linda. Jim fait en sorte que Linda ne participe pas au spectacle. Il ouvre la soirée avec une chanson ("Song of Freedom") et c'est seul ensuite que Ted entre en scène ("Let's Say It with Firecrackers"). Une fois le numéro terminé, Linda reproche à Jim d'avoir délibérément saboté sa soirée et, partant, sa carrière. Ce qui n'empêche d'ailleurs nullement les producteurs de leur signer un contrat, à elle et Ted. Tous deux partent pour Hollywood.*

27 novembre, Thanksgiving Day. — *L'auberge est fermée et Jim trompe sa solitude en écoutant un de ses disques ("Plenty to Be Thankful For").*

24 décembre, réveillon de Noël. — *A Hollywood, où le tournage de leur film s'achève, Ted va épouser Linda. L'arrivée inattendue de Jim remet tout en question. Ted et Danny tente de l'empêcher de la revoir mais lorsqu'il la retrouve enfin, elle lui tombe dans les bras.*

31 décembre, réveillon de la Saint-Sylvestre. — *Réouverture triomphale de l'auberge où Ted retrouve Lila, son ancienne partenaire (reprise de "I'll Capture Your Heart Singing", "Easy to Dance With" et "Let's Start the New Year Right").*

"I Can't Tell a Lie" avec Marjorie Reynolds

"I'll Capture Your Heart Singing" avec Bing Crosby et Virginia Dale.

L'idée d'écrire une comédie musicale à partir des grandes dates du calendrier américain, Irving Berling l'avait eue très tôt, dès 1934, sans pouvoir la concrétiser tant à la scène qu'à l'écran. C'est lorsqu'il en parla à Mark Sandrich en 1941 que le projet prit corps, le contexte de la guerre et de la défense des valeurs nationales aidant. Tout comme *L'Amour vient en dansant* ou *The Sky's the Limit (L'Aventure inoubliable), L'Amour chante et danse* participe à l'effort de guerre, exaltant notamment les vertus démocratiques du pays en même temps que sa force militaire avec une chanson au titre explicite, "Song of Freedom". Les circonstances favorisèrent donc une sorte de nationalisme musical assez bien venu, avec des numéros évoquant les grandes figures américaines, de Washington ("I Can't Tell a Lie", dansé par Astaire et Marjorie Reynolds et mêlant des rythmes de jazz à un très classique menuet) à Lincoln ("Abraham", chanté par Crosby et Reynolds, tous deux passés au cirage noir), le tout explosant, c'est le cas de le dire, avec "Let's Say it with Firecrackers" où Fred fête le 4 juillet à grand renfort d'aigles déployés et de bannières étoilées pour un amusant marathon de claquettes au milieu des explosions de pétards qui lui valut un assez grand succès.

"Ce qui m'intéressa dans ce numéro, ce fut d'utiliser les explosions pour accentuer certains pas. Il arrive parfois que l'on se fasse mal en frappant trop violemment le sol avec les pieds. Cette fois-là, les explosions me fournirent un exutoire tout à fait satisfaisant."

Ce ne fut pas sans mal que Mark Sandrich obtint la collaboration de Bing Crosby et Fred Astaire, la Paramount hésitant à engager pour un même film deux vedettes aussi onéreuses en des temps de restrictions financières. Astaire et Crosby réunis, il fallait une copieuse *affiche* musicale et là, le public ne fut pas déçu : treize chansons (dont le très célèbre "White Christmas") et six danses, toutes adaptées aux différentes fêtes du calendrier et permettant ainsi une approche et un angle d'attaque différents pour tous les numéros. L'ensemble souffre certes un peu d'être une sorte de *backstage musical,* tout en parvenant à prolonger certains numéros au-delà de la scène : ainsi "You're Easy to Dance with", pas de deux bon enfant dansé sur scène par Astaire et Virginia Dale permet-il à Fred de rencontrer Marjorie Reynolds *off stage* dans une reprise burlesque et fortement alcoolisée du numéro. *"Comme il me fallait avoir l'air complètement saoûl, je réalisai qu'il n'y avait qu'une seule solution. (...) Je bus deux verres respectables de bourbon sec avant la première prise et un autre avant chaque nouvelle prise. Je devais m'écrouler à la fin, et l'on m'emportait. Et il faisait drôlement chaud sur le plateau ! Nous fîmes sept prises en tout.*

La dernière fut la meilleure."

L'histoire démarre à la façon de *Broadway Melody* avec la rivalité de deux *hoofers* qui se disputent la même femme, ainsi que l'illustre numéro "I'll Capture Your Heart Singing" qui ouvre quasiment le film en opposant le style légèrement fade de Crosby au dynamisme plus spontané d'Astaire. Victime de ce chassé-croisé sentimental, Virginia Dale disparaît très vite, relayée par Marjorie Reynolds qui permet à Fred d'exécuter un nouveau pas de deux très élégant tandis que Bing chante en arrière-plan ("Be Careful It's My Heart"). Signalons enfin à titre de curiosité la première version de "Easter Parade", chantée ici parmi les arbres et les fleurs et qui trouvera un prolongement plus intéressant du côté de la 5ème Avenue.

Avec Marjorie Reynolds et Bing Crosby

"You Were Never Lovelier"

O toi ma charmante

Production :
Louis F. Edelman
pour la Columbia Pictures
Réalisation :
William A. Seiter
Scénario :
Michael Fessier, Ernest Pagano
et Delmer Daves,
d'après une histoire
de Carlos Oliveri et Sixto Pondal Rios
Images :
Ted Tetzlaff
Montage :
William Lyon
Direction artistique :
Lionel Banks
Costumes :
Irene
Lyrics :
Johnny Mercer
Musique :
Jerome Kern
Direction musicale :
Leigh Harline
Orchestration :
Leigh Harline, Conrad Salinger
et Lyle "Spud" Murphy
Chorégraphie :
Val Raset

Interprétation :
Fred Astaire
Robert Davis
Rita Hayworth
Maria Acuña
Adolphe Menjou
Edouardo Acuña
Xavier Cugat
lui-même
Leslie Brooks
Cecy Acuña
Adele Mara
Lita Acuña
Isabel Elsom
Maria Castro
Gus Schilling
Fernando
Barbara Brown
Delfina Acuña
Douglas Leavitt
Juan Castro
Catherine Craig
Julia Acuña
Kathleen Howard
grand-mère Acuña
Mary Field
Louise
Larry Parks
Tony
Stanley Brown
Roddy
Lina Romay
chanteuse

Numéros musicaux :
"Chiu, Chiu" (Niconar Molinare),
Romay avec l'orchestre de Xavier Cugat.
"Dearly Beloved", Astaire,
reprise chantée puis dansée
par Hayworth.
"Audition Dance",
dansé par Astaire.
"I'm Old Fashioned", Hayworth,
dansé par Astaire et Hayworth.
"Shorty George", Astaire,
dansé par Astaire et Hayworth.
"Wedding in the Spring", Romay.
"You Were Never Lovelier", Astaire,
dansé par Astaire et Hayworth.
"These Orchids".

Rita Hayworth est doublée pour
les chansons par Nan Wynn.

Sortie :
5 octobre 1942.
Durée :
98 minutes.

A Buenos Aires, le richissime Edouardo Acuña choisit le trousseau de sa fille Julia qu'il marie dans quelques jours. Propriétaire de l'un des grands hôtels de Buenos Aires, il refuse de recevoir Robert Davis, un danseur américain à la recherche d'un engagement. Peu après, Robert rencontre Xavier Cugat qui joue avec son orchestre pour les clients de l'hôtel ("Chiu, Chiu"). Cugat promet à Robert de le faire chanter au mariage de Julia.

Le jour dit, Robert chante une mélodie de circonstance ("Dearly Beloved"), mais Acuna ne lui prête guère attention. Il rencontre bientôt la seconde fille d'Acuña, Maria, plus réfrigérante qu'un glaçon. Cette froideur inquiète son père qui lui invente un admirateur inconnu pour éveiller ses sentiments. Avec la complicité de sa belle-sœur, Maria Castro, il lui envoit chaque jour une orchidée accompagnée d'un billet enflammé. Maria se prend au jeu et tombe amoureuse de son mystérieux correspondant (reprise chantée et dansée de "Dearly Beloved").

Pendant ce temps-là Robert continue à faire le siège d'Acuña qui l'envoie par erreur porter une orchidée à Maria. Celle-ci, l'apercevant, le prend pour son admirateur inconnu et en tombe amoureuse. De retour au bureau d'Acuña, Robert l'oblige à une audition ("Audition Dance") sans pour autant obtenir un engagement. Maria arrive sur ces entrefaites et annonce à son père qu'elle connaît le visage de son admirateur et lui désigne... Robert. Comprenant tout, Acuña, qui ne peut tolérer semblable mésalliance, demande au danseur de désillusionner la jeune fille en échange de quoi il lui signera un contrat. D'abord intéressé par l'affaire, Robert est bientôt fasciné par la jeune fille ("I'm Old Fashioned"). Loin de la dégoûter de lui, il lui promet de la revoir.

Tandis que Robert répète son spectacle à l'Hôtel Acuna, on prépare une grande fête costumée pour le vingt-cinquième anniversaire de mariage de M. et Mme Acuña. Maria, accompagnée de sa tante... Maria, vient inviter Robert, profitant de l'occasion pour danser avec lui ("Shorty George"). Le soir de la fête, après avoir évoqué devant ses invités ses origines anglaises ("Wedding in the Spring"), Acuña annonce que Robert, ayant décidé de rentrer à New York, lui a demandé d'annuler son contrat. Maria le boude un moment avant de se réconcilier avec lui ("You Were Never Lovelier").

Acuña, cependant, qui n'a pas désarmé, écrit une lettre d'adieu à Maria signée de... Robert. Maïs sa femme le surprend, pensant qu'il la trompe avec... Maria Castro. S'en suit une violente scène de ménage qu'interrompent les explications de Robert racontant toute l'histoire. Maria décide aussitôt de rompre. Très épris, Robert noie Maria sous les orchidées et les billets enflammés, organisant à l'occasion un petit chœur de livreurs ("These Orchids"). Revenu à de meilleurs sentiments, Acuña lui conseille comme ultime recours de se déguiser en Lochinvar, un preux chevalier dont Maria était amoureuse à quinze ans. Robert apparaît donc bientôt en armure sous les fenêtres de la jeune fille qu'il conquiert enfin (reprise de "You Were Never Lovelier").

Avec Kathleen Howard, Rita Hayworth et Adolphe Menjou

Bien que ne suivant pas immédiatement *You'll Never Get Rich* dans la chronologie astairienne, *You Were Never Lovelier (O toi ma charmante)* en reprend les composantes essentielles. L'homophonie des titres, la même maison de production, la présence de Rita Hayworth et des scénaristes Michael Fessier et Ernest Pagano auxquels est venu se joindre un Delmer Daves pas encore cinéaste en titre), tout concourt à faire de *You Were Never Lovelier* le parfait doublet de *You'll Never Get Rich.* Notons cependant que, pour la partie musicale, Cole Porter cède la place à Jerome Kern et Johnny Mercer, tandis que l'arrière-plan militaire, pourtant d'une brûlante actualité en cet automne 42, est ici complètement occulté. On retrouve pour le coup l'atmosphère sud-américaine de *Flying Down to Rio,* mais sans *latin lover* cette fois, ni *carioca* à l'exotisme facile, le décor n'ayant en fait aucune importance. L'ensemble ressortit en fait à un type de comédie très traditionnelle avec jeune fille pure et père irascible, où Fred intervient comme par accident. Rien d'étonnant donc à ce qu'il faille longtemps attendre son premier numéro dansé, Adolphe Menjou devant auparavant nouer les fils d'une intrigue quelque peu tirée par les cheveux. Ainsi les numéros musicaux apparaissent-ils singulièrement plaqués sans être médiocres pour autant. "Audition Dance", qui voit Fred danser pour la première fois, lui permet de libérer enfin une énergie qu'il comprimait depuis le début du film. Il danse pour impressionner Adolphe Menjou et décrocher un contrat, utilisant toutes les ressources de l'espace et de l'ameublement.

"Dans cette scène, je cherchais à me faire engager comme danseur par Menjou. Il y avait beaucoup de petites fantaisies dans ce numéro, et à un moment donné je devais sauter sur son bureau et le frapper en cadence sur la tête avec ma canne.

Juste avant de tourner la scène, Adolphe me dit : "N'aie pas peur de frapper. J'ai la tête dure."

Lors de la première prise, je fis comme il m'avait conseillé.

Après coup, il me dit : "J'aurais mieux fait de fermer ma grande gueule... Je ne savais pas que ta canne était une vraie batte de base-ball."

Comme je lui disais qu'il aurait dû crier : "Coupez !", ou quelque chose de ce genre, il me répondit : "Je ne pouvais pas. J'étais trop étourdi."

Energie remarquable en vérité, qui se manifeste aussi dans "Shorty George", où une Rita Hayworth en mignonne jupette entraîne un Fred en costume de répétition, cravate en guise de ceinture. Le dynamisme de l'ensemble contraste avec la mise en scène peu inventive de William A. Seiter qui, reconnaissons-le, fait tout de même preuve ici d'un peu plus de tonus que pour *Roberta.* La musique de Jerome Kern aidant, c'est d'ailleurs à "Smoke Gets in Your Eyes" ou "Lovely to Look At" que l'on songe devant les deux danses romantiques du film, malheureusement assez banales mais pas moins élégantes que de coutume. Rita Hayworth profite de l'occasion pour affirmer des qualités qui la hissent sans peine au niveau d'une Ginger Rogers idéale, puisque tout aussi survoltée qu'elle et nettement plus distinguée. Peut-être Astaire préféra-t-il briser là une collaboration qui ne le satisfaisait pas, Rita ne témoignant guère de la disponibilité et du sérieux qu'il exigeait de ses partenaires : *"... il était impossible de lui faire confiance car, parfois, elle disparaissait pendant des mois*[1]*."* Ceci expliquerait cela.

(1) Propos de Fred Astaire recueillis par Claire McTrevor, "Ciné-Revue", nº 5, 30 janvier 1975.

"You Were Never Lovelier" avec Rita Hayworth

“The Sky’s The Limit”

L’aventure inoubliable

Production :
David Hempstead pour la RKO Radio Pictures
Réalisation :
Edward H. Griffith
Scénario :
Frank Fenton et Lynn Root, d’après l’histoire “A Handful of Heaven”
Images :
Russell Metty
Montage :
Roland Gross
Direction artistique :
Albert S. D’Agostino et Carroll Clark
Costumes :
Renie
Lyrics :
Johnny Mercer
Musique :
Harold Arlen
Direction musicale :
Leigh Harline
Orchestration :
Leigh Harline, Roy Webb et Phil Green
Chorégraphie :
Fred Astaire

Interprétation :
Fred Astaire
Fred Atwell, alias Fred Burton
Joan Leslie
Joan Manion
Robert Benchley
Phil Harriman
Robert Ryan
Reg Fenton
Elizabeth Patterson
Mme Fisher
Marjorie Gateson
hôtesse d’accueil au restaurant militaire
Eric Blore
Jackson
Clarence Kolb
Harvey J. Sloan
Richard Davies
Dick Merlin
Paul Hurst
le débardeur
Ed McNamara
Mac, le barman
Olin Howlin
le conducteur automobile
avec le Freddie Slack Orchestra

Numéros musicaux :
“My Shining Hour”, Leslie, reprise chantée par Astaire, reprise dansée par Astaire et Leslie.
“A Lot in Common with You”, Astaire et Leslie, dansé par Astaire et Leslie.
“One for My Baby (and One More for the Road)”, Astaire, dansé par Astaire.
Fond Sonore :
“Three Little Words” (Kalmar-Ruby), “Can’t Get Out of This Mood” (Loesser-McHugh), “I Get the Neck of the Chicken” (Loesser-McHugh).

Joan Leslie est doublée pour les chansons par Sally Sweetland.

Sortie :
13 juillet 1943.
Durée :
89 minutes.

Une escadrille de chasse, les Flying Tigers, *célèbre pour ses exploits dans le Pacifique, commence une tournée triomphale à travers les Etats-Unis. Défilés, déluge de confetti, c'est avec le même enthousiasme délirant que la population civile accueille de ville en ville ses héros. L'un d'eux, Fred Atwell, soucieux de passer quelques jours de détente, abandonne ses camarades pour se rendre directement à New York où, à l'entrée d'un* night club, *il aperçoit une jeune femme dont il fait rapidement la connaissance. C'est une photographe de presse nommée Joan Manion qui travaille pour* Eyeful Magazine ; *aussi hante-t-elle tous les lieux à la mode pour photographier les personnalités du spectacle et de la politique. L'amitié des musiciens qu'elle rencontre là lui vaut parfois de chanter en public ("My Shining Hour"). Une fois la soirée achevée, Fred la raccompagne, lui reprochant gentiment d'avoir donné une interprétation trop* straight *de la chanson (reprise de "My Shining Hour").*

Le jour même, il loue une chambre là où loge Joan qu'il retrouve le lendemain au petit déjeuner. Sous le nom de Fred Burton, il se fait passer pour une sorte de dandy oisif sans travail ni domicile fixe. Joan propose de le faire entrer à Eyeful Magazine *puis l'emmène dans un restaurant pour soldats permissionnaires où elle a l'habitude de chanter. Elle commence un numéro, bientôt accompagnée par Fred ("A Lot in Common with You"). Apprenant par un camarade d'escadrille que les* Flying Tigers *doivent rejoindre leur base moins de quarante-huit heures plus tard, Fred décide de précipiter les choses. Il rencontre Phil Harriman, le directeur d'*Eyeful Magazine, *mais refuse, et pour cause, toute proposition de travail, avant de passer une soirée en tête à tête avec Joan (reprise dansée de "My Shining Hour").*

Le lendemain, toujours soucieuse de lui trouver un travail, elle lui fait rencontrer Harvey Sloan, l'un des patrons de l'aéronautique américaine. Là encore cependant, Fred refuse tous les emplois qui lui sont proposés. Une telle attitude déplait fortement à Joan qui décide de rompre. Errant de bar en bar, Fred s'enivre pour oublier ("One for My Baby"). Fred et ses camarades rejoignent bientôt leur base, prêts à s'envoler pour le pacifique. Harriman, qui a entre-temps découvert la véritable identité de Fred, envoie Joan faire un reportage sur les Flying Tigers. *C'est sur la piste même, tandis que tout autour d'eux l'escadrille décolle, qu'elle retrouve Fred.*

"A Lot in Common With You" avec Joan Leslie

Fred de retour à la RKO sans Ginger et pour un seul film, mineur de surcroît, mais où il monte en grade : après avoir été marin dans *En suivant la flotte* et conscrit dans *L'Amour vient en dansant,* le voici cette fois pilote de chasse et héros du Pacifique, discret écho de *La Grande farandole.* On est en 1943 et, tout comme ce dernier film ou encore *L'Amour vient en dansant, L'Aventure inoubliable* s'inscrit dans le cadre de l'effort de guerre hollywoodien et vaut surtout pour cela.

On retrouve là, en co-vedette, une Joan Leslie déjà vue dans le très patriotique *Yankee Doodle Dandy (La Glorieuse parade)* et qui apparaîtra par la suite dans *This is the Army* et surtout *Hollywood Canteen* de Delmer Daves où, tout comme ici, elle évoluera avec aisance parmi les G.I.'s permissionnaires. L'atmosphère des premières scènes du film au Columbia Club où Joan Leslie chante "My Shining Hour" ou à la *canteen* militaire, c'est, à chaud, celle reconstituée par Martin Scorcese dans *New York, New York* (1977), le tout basculant rapidement dans une intrigue sentimentale gentille mais languissante. Aussi s'amuse-t-on à repérer ici ou là l'annonce tout à fait inconsciente de quelques films à venir : la scène dans la chambre noire quatorze ans avant *Drôle de Frimousse* où "My Shining Hour" dansé sur une terrasse dominant New York douze ans avant le "Something's Gotta Give" de *Papa Longues Jambes.*

Film mineur avons-nous dit, et d'autant plus que rien ne rachète ici la plate mise en scène du vétéran Edward Griffith, ni un scénario simpliste à l'excès, ni des numéros dansés certes réussis mais trop peu nombreux pour tirer le film de la plus ennuyeuse banalité. On en compte essentiellement trois : "My Shining Hour" d'abord, duo sentimental bien venu où Joan Leslie témoigne d'une élégance gracile proche de celle de Rita Hayworth ; "A Lot in Common with You" ensuite, où Fred rejoint Joan pour un numéro de claquettes particulièrement dynamique, marquant une sorte d'accord secret entre les partenaires, ainsi que l'indique explicitement le titre du numéro ; "One for My Baby", enfin, formidable solo d'Astaire où, fin saoul, il danse sur le comptoir d'un bar en brisant verres et miroirs. Les trois numéros valent à eux seuls le déplacement, comme on dit, de même que la scène très courte (et très drôle) où un Robert Ryan presqu'à ses débuts oblige Fred à danser la "Danse du Serpent" debout sur une table. Ce n'est pas enfin sans une certaine nostalgie que l'on croise, le temps d'une scène, un Eric Blore vieilli, de même que Fred salue dans deux *private jokes* émues ses précédentes partenaires Ginger Rogers et Rita Hayworth. Fin d'une période de tâtonnements en même temps que retour à la source RKO, *L'Aventure inoubliable* marque ainsi, par sa fadeur même, la transition nécessaire avec la somptueuse période Metro dont *Ziegfeld Follies* et *Yolanda et le voleur* seront les luxueuses prémices.

Avec Joan Leslie

"Ziegfeld Follies"

Production :
Arthur Freed pour la MGM
Réalisation :
Vincente Minnelli, Norman Taurog, George Sidney, Merrill Pye, Robert Lewis, Roy Del Ruth, Lemuel Ayers
Scénario :
E.Y. Harburg, Jack McGowan, Guy Bolton, Frank Sullivan, John Murray Anderson, Lemuel Ayers, Don Loper, Kay Thomspon, Roger Edens, Hugh Martin, Ralph Blane, William Noble, Wilkie Mahoney, Cal Howard, Erick Charell, Max Liebman, Bill Schorr, Harry Crane, Lon Holtz, Eddie Cantor, Allan Boretz, Edgar Allan Woolf, Phil Rapp, Al Lewis, Joseph Schrank, Robert Alton, Eugene Loring, Robert Lewis, Charles Walters, James O'Hanlon, Irving Brecher, Joseph Erons, Samson Raphaelson, George White, Harry Tugent, Peter Barry, Edna Skelton, David Everett et Devery Freedman
Images
(Technicolor) :
George Folsey, Charles Rosher et Ray June
Conseillers pour la couleur :
Natalie Kalmus et Henri Jaffa
Montage :
Albert Akst
Direction artistique :
Cedric Gibbons, Jack Martin Smith, Merrill Pye et William Ferrari pour la séquence des marionnettes
Décorateurs de plateau :
Edwin B. Willis et Mac Alper
Costumes :
Irene Sharaff, Helene Rose et Florence Bunin pour la séquence des marionnettes
Supervision des costumes :
Irene
Lyrics et musique :
George-Ira Gershwin, Verdi-Piave, Philip Braham-Douglas Furber, Arthur Freed-Roger Edens, Harry Waren, Hugh Martin, Kay Thompson, Charles Ingle, Earl Brent-Ralph Blane
Direction musicale :
Lennie Hayton
Supervision musicale :
Roger Edens
Orchestration :
Conrad Salinger et Wally Heglin
Arrangements vocaux :
Kay Thompson
Chorégraphie :
Robert Alton, Eugene Loring et Charles Walters

Sketches et numéros musicaux :
"Ziegfield Days"
Réalisé par Norman Taurog, avec William Powell *(Florenz Ziegfeld)*, The Bunin Puppets.
"Here's To the Ladies"
Réalisé par George Sidney, avec Fred Astaire *(lui-même)*, Lucille Ball *(la femme au fouet)*, Cyd Charisse *(la ballerine)*, Audrey Totter *(une girl)*.
"Bring On the Wonderful Men"
Réalisé par George Sidney, avec Virginia O'Brien *(la chanteuse sur le cheval)*.
"Water Ballet"
Réalisé par Merrill Pye, avec Esther Williams *(elle-même)*.
"Number Please"
Réalisé par Robert Lewis, avec Keenan Wynn *(le demandeur)*, Grady Sutton *(le Texan)*, Kay Williams *(la femme)*, la voix de Robert Lewis *(Oogoo)*.
"La Traviata"
Réalisé par Vincente Minnelli, avec James Melton *(Alfredo)*, Marion Bell *(Violetta)*.
"Pay the Two Dollars"
Réalisé par Vincente Minnelli, avec Victor Moore *(l'inculpé)*, Edward Arnold *(l'avocat)*, Ray Teal *(l'agent de police)*, Joseph Crehan *(le juge)*, William B. Davidson *(le président de la cour d'appel)*, Harry Hayden *(le gardien)*, Eddie Dunn et Garry Owen *(les agents)*.
"This Heart of Mine"
Réalisé par Vincente Minnelli, avec Fred Astaire *(le voleur)*, Lucille Bremer *(la princesse)*, comte Stefanelli *(le duc)*, Noami Childers *(la duchesse)*, Helen Boice *(la comtesse)*, Robert Wayne *(le dyspeptique)*, Charles Coleman *(le major)*, Feodor Chaliapine *(le lieutenant)*, Sam Flint *(l'homme à qui on refuse l'entrée)*, Shirlee Howard, Natalie Draper, Noreen Roth, Dorothy Van Nuys, Katherine Booth, Lucille Casey, Eve Whitney, Elaine Shepard, Frances Donelan, Helen O'Hara, Aina Constant et Eileen Haley.
"A Sweepstakes Ticket"
Réalisé par Roy Del Ruth, avec Fanny Brice *(Norma)*, Hume Cronyn *(Monty)*, William Frawley *(M. Martin)*, Arthur Walsh *(le télégraphiste)*.
"Love"
Réalisé par Lemuel Ayers, avec Lena Horne *(elle-même)*.
"When Television Comes"
Réalisé par George Sidney, avec Red Skelton *(l'annonceur)*.
"Limehouse Blues"
Réalisé par Vincente Minnelli, avec Fred Astaire *(le coolie)*, Lucille Bremer *(la jeune femme)*, Robert Lewis *(le Chinois)*, Ellen Ray et Billy Shead *(le couple aux parasols)*, Eleonor Boiley et Ronnie Stanton *(le couple aux branches)*, Jean Ashton et Rod Alexander *(le couple aux bannières)*, Mary Jo Ellis et James Barron *(le couple aux oiseaux)*, Charles Lunard, Robert Ames, Jack Regas et Sidney Gordon *(les hommes aux masques)*, Harriet Lee *(la chanteuse)*, Eugene Loring *(le marchand des quatre-saisons)*, Dante Di Paolo, Robert Chetwood, Jack Purcell, Herb Luri, George Hill, Jack Deery, Walter Stane, Edward Brown, Milton Chisholm, Bert May, Richard D'Arch, Alex Romero, Don Hulbert, Ricky Ricardi, Robert Trout, Bill Hawley, Rita Dunn, Charlotte Hunter, Patricia Lynn, Ruth Merman, Melba Snowden, Patricia Jackson, Marilyn Christine, Wanda Stevenson, Judy Blacque, Virginia Hunter, Sean Francis, Dorothy Gilmore et Doreen Hayward.
"A Great Lady Has an Interview"
Réalisé par Vincente Minnelli, avec Judy Garland *(la vedette)*, Rex Evans *(le majordome)*.
"The Babbitt and the Bromide"
Réalisé par Vincente Minnelli, avec Fred Astaire *(lui-même)*, Gene Kelly *(lui-même)*.
"Beauty"
Réalisé par Vincente Minnelli, avec Kathryn Grayson *(elle-même)*, Cyd Charisse *(la danseuse)*.

Sortie :
11 janvier 1946.
Durée :
100 minutes.

Parmi les nuages, après celles de Shakespeare et de Barnum, apparaît la demeure céleste de Florenz Ziegfeld, le grand Ziegfeld. Non sans nostalgie, il évoque sa carrière et les triomphes qui la jalonnent à l'aide de poupées ("Ziegfeld Reviews His Past Triumphs"). Puis il imagine un nouveau spectacle présenté par Fred Astaire, s'ouvrant sur un numéro en rose ("Bring On the Beautiful Girls" composé de "Here's to the Ladies" et "Bring On the Wonderful Men"). C'est ensuite une série de sketches, musicaux ou non : un ballet nautique d'Esther Williams ("Water Ballet") ; Keenan Wynn à la recherche d'un improbable numéro de téléphone ("Number Please") ; un air de la "Traviata"; Victor Moore demandant à Edward Arnold de payer les deux dollars d'une amende ("Pay the Two Dollars").

Arrive alors Fred Astaire en voleur de bijoux. S'introduisant dans une soirée mondaine, il entraîne Lucille Bremer à l'écart, la séduit, puis lui dérobe un bracelet. Au moment de se séparer, la jeune femme lui offre son collier. Comprenant que sa victime n'est pas dupe mais s'est en quelque sorte jouée de lui, il s'éloigne attristé, puis se retourne : la jeune femme revient vers lui, le couple se reforme ("This Heart of Mine").

Suivent ensuite : "A Sweepstake Tickets", où Fanny Brice et Hume Cronyn cherchent à récupérer un billet de sweepstake gagnant ; "Love", chanté par Lena Horne ; "When Television Comes", lourde satire de la publicité à la télévision.

Un port avec son atmosphère brumeuse, ses bouges, ses prostituées et ses silhouettes inquiétantes. Un vagabond chinois de pauvre apparence (Fred Astaire) erre à travers les rues. Il aperçoit une belle jeune fille (Lucille Bremer) qu'un riche et gras chinois (Robert Lewis) aborde sans succès. La jeune fille contemple un éventail dans la vitrine d'une boutique ; le vagabond en demande le prix, trop élevé pour lui. Des voleurs dévalisent la boutique ; la police intervient ; des coups de feu sont échangés qui blessent le vagabond. S'évanouissant, il s'imagine dansant avec la belle inconnue. Un rapide épilogue montre la jeune fille revenant avec le riche chinois pour acheter l'éventail. Le trouvant taché de sang, elle le rejette avec dégoût et s'éloigne tandis que meurt le vagabond ("Limehouse Blues").

Puis Judy Garland, grande dame évaporée, donne une interview à une meute de journalistes admiratifs ("A Great Lady Has an Interview") avant que Fred Astaire rencontre Gene Kelly pour "The Babbitt and the Bromide". Ils se reconnaissent avec surprise, enchaînant sur un numéro qu'ils répètent depuis quelques jours, l'histoire de deux quidams qui, d'année en année et même au Paradis après leur mort, se croisent et n'échangent que des banalités.

La revue se termine avec Kathryn Grayson chantant la Beauté partout présente ("Beauty") — sauf dans ce numéro !

"This Heart of Mine"
avec Lucille Bremer

Précisons d'entrée que tous les sketches n'ont pas été réalisés par Minnelli, ce qui peut expliquer certaines faiblesses. C'est à lui cependant que l'on doit les meilleurs. Fred Astaire s'y taille la part du lion, apparaissant dans quatre d'entre eux : "Bring On the Beautiful Girls", où il donne au film son véritable coup d'envoi et introduit une très classique et pas encore célèbre Cyd Charisse, "This Heart of Mine", "Limehouse Blues" et "The Babbitt and the Bromide", les trois derniers étant aussi les plus remarquables.

"Bring On the Beautiful Girls" n'est qu'un galop d'essai très *camp* avec ses filles richement empanachées, alors que "This Heart of Mine" aborde la pantomime musicale annoncée par "Let's Face the Music and Dance" dans *En suivant la flotte.* Astaire y compose un personnage de voleur mondain dont il se souviendra pour *Yolanda and the Thief (Yolanda et le voleur).* L'ensemble, d'une rare élégance, joue sur le contraste entre la salle de bal aux tentures écarlates et un paysage blafard et hivernal où le voleur se livre à une danse de séduction à la limite de l'hypnose, comme souvent avec Astaire. Le tout donnant au ballet une dimension de rêve éveillé, que Minnelli *rode* ici et qu'il développera par la suite, notamment dans *Yolanda* (le fameux "Dream Ballet").

Plus élaboré encore apparaît "Limehouse Blues". Minnelli ne se contenta pas du simple ballet mis au point par Robert Alton, mais ajouta un prologue et un épilogue pour lui donner une assise réaliste. Inspirée par les décors londoniens du *Portrait of Dorian Gray (Le Portrait de Dorian Gray)* réalisé l'année précédente par Albert Lewin, l'ouverture du sketch donne à voir un quartier chinois mythique où se croisent des prostituées et des gentlemen en ribotte, des marins éméchés et une troupe de *Perly Kings and Queens* avec leurs costumes aux boutons de nacre, tandis que s'élève au loin le rythme plaintif d'un blues. Tout un petit monde grouillant où le drame, quotidien et banal, se noue et se dénoue avec la rapidité de l'éclair. Un coolie tout droit venu du *Lys Brisé* qui s'amourache d'une belle inconnue, quelques voleurs minables, un échange de coups de feu, et tout bascule dans le rêve et la mort avec ce qui est sans doute l'un des sommets de l'art minnellien.

"Pour cette séquence, l'une des meilleures choses que j'aie faites, j'avais un prologue et un épilogue en pantomime où j'utilisai seulement deux couleurs : le jaune et le marron. Le style du prologue et de l'épilogue s'inspirait des gravures anglaises à la manière noire : très sombres et floues. La fantaisie chinoise fut réalisée dans le style des chinoiseries françaises, tout ce mobilier, ces lambris, etc., de l'époque Louis XVI. A cette époque-là, les Français avaient une conception particulière de la Chine, tout comme ils imaginaient une Amérique peuplée d'Indiens emplumés. Quelque chose d'absurde, mais assez beau d'une certaine façon[1]."

Ci-dessus, avec Robert Lewis et Lucille Bremer
Page de droite : "Limehouse Blues"

1325

"The Babbitt and the Bromide" avec Gene Kelly.

"The Babbitt and the Bromide", enfin, est justement célèbre pour avoir donné à Fred Astaire l'occasion de rencontrer Gene Kelly et de l'affronter en toute amitié. Le numéro, créé sur scène en 1927 par Fred et Adele pour "The Band Wagon", s'ouvre sur une série de plaisanteries échangées par les deux compères qui feignent de ne pas se reconnaître. — *Je jouais dans "Cover Girl",* lance négligemment Kelly, à quoi Astaire répond : — *Vous n'êtes tout de même pas Rita Hayworth.* Tous deux donnent là un aperçu de leur art, qui diffère sensiblement. Kelly danse tout en puissance, dans un style musclé et athlétique, s'appuyant volontiers sur le burlesque ; Astaire, au contraire, aérien et d'une remarquable finesse dans ses mouvements, se déplace avec aisance et légèreté. C'est la manifestation d'un caractère vigoureux mais élégant, de réactions rapides mais souples, de muscles forts mais d'attaches fines.

Le reste du film n'atteint jamais les hauteurs du génie astairien, à l'exception de "A Great Lady Has an Interview", qui vaut surtout par la chorégraphie novatrice de Charles Walters (qui dirigea plus tard Astaire dans *Parade de Printemps, Entrons dans la Danse* et *La Belle de New York)* et le formidable abattage d'une Judy Garland en grande forme. Les sketches non musicaux vont du pire ("When Television Comes") à l'acceptable ("Pay the Two Dollars") et le film se termine sur un numéro musical pour le moins délirant, où des *girls* aux robes flottantes émergent d'un océan de mousse artificielle tandis que Kathryn Grayson exalte la Beauté dans un décor à la Dali. Bouclant la boucle, on y retrouve Cyd Charisse, et Fred lui-même devait participer avec Lucille Bremer à ce *finale* d'un grandiose mauvais goût.

"Le décor de ce numéro était un imposant ensemble de rochers, et nous devions danser plongés jusqu'à la ceinture et en habits de soirée dans un véritable bain de mousse. (...) De jolies filles étaient disséminées ici et là sur les rochers, semblables à de grandes mouettes. Plusieurs s'évanouirent, incommodées par les émanations des produits chimiques nécessaires à la fabrication de la mousse. Tout cela ne donna sans doute rien, la plus grande partie du numéro ayant sauté au montage final. Grâce au ciel, tout ce que j'y faisais avait disparu. C'était un terrible gâchis."

Les plans de "Beauty" où apparaissaient Lucille Bremer et Fred ont donc été coupés dans la version définitive, de même qu'un sketch avec Fred seul interprétant l'une des quelques chansons qu'il composa lui-même, "If Swing Goes, I Go Too".

(1) Propos de Vincente Minnelli recueillis par Charles Higham et Joel Greenberg, "The Celluloïd Muse", Angus and Robertson, Londres, 1969.

“Yolanda and the Thief”

Yolanda et le voleur

Production :
Arthur Freed pour la MGM
Réalisation :
Vincente Minnelli
Scénario :
Irving Brecher,
d'après une histoire
de Jacques Thery et Ludwig Bemelmans
Images :
(Technicolor)
Charles Rosher
Conseillers pour la couleur :
Natalie Kalmus et Henri Jaffa
Effets spéciaux :
A. Arnold Gillespie
et Warren Newcombe
Montage :
George White
Direction artistique :
Cedric Gibbons et Jack Martin Smith
Décorateurs de plateau :
Edwin B. Willis et Richard Pefferle
Costumes :
Irene Sharaff et Irene
Lyrics :
Arthur Freed
Musique :
Harry Warren
Direction musicale :
Lennie Hayton
Arrangements musicaux :
Conrad Salinger
Supervision musicale :
Roger Edens
Chorégraphie :
Eugene Loring

Interprétation :
Fred Astaire
Johnny Riggs
Lucille Bremer
Yolanda Acquaviva
Frank Morgan
Victor "Junior" Trout
Mildred Natwick
tante Amarilla
Mary Nash
la duègne
Leon Ames
M. Candle
Ludwig Stoessel
le maître d'école
Remo Bufano
le marionnettiste
Jane Green
la mère supérieure
Francis Pierlot
le padre
Leon Belasco
le chauffeur de taxi
Ghislaine Perreau
Gigi
Charles La Torre
le lieutenant de police
Michael Visaroff
le majordome
Matt Mattox

Numéros musicaux :
“This is a Day for Love”,
“Angel”, Bremer.
“Dream Ballet”,
dansé par Astaire et Bremer,
comprenant “Will You Marry Me ?”,
chanté par Bremer.
“Yolanda”, Astaire,
dansé par Astaire.
“Coffee Time”,
dansé par Astaire et Bremer.

Lucille Bremer est doublée pour
les chansons par Trudy Erwin.

Sortie :
19 octobre 1945.
Durée :
108 minutes.

Un professeur débonnaire donne en pleine nature une leçon de géographie à un petit groupe d'écoliers. On y présente la Patria, petit pays d'Amérique latine, véritable paradis sur terre. La leçon terminée, les écoliers chantent l'hymne de la Patria, que reprennent des collégiennes ("This is a Day for Love") parmi lesquelles se trouve Yolanda Aquaviva, la plus riche héritière du pays. Elle vient d'atteindre sa majorité et doit donc quitter le collège pour prendre ses affaires en main. Avant son départ, la mère supérieure lui recommande de toujours bien prier son ange gardien.

Deux escrocs, Johnny Riggs et Victor Trout, fuyant les Etats-Unis, arrivent en Patria. Découvrant la personnalité de Yolanda, Johnny comprend tout le parti qu'il peut en tirer. Le retour de Yolanda est salué par des réjouissances et des chants (reprise de "This is a Day for Love"). Elle est accueillie par sa tante Amarilla.

Effrayée par la nouvelle vie qu'elle va devoir mener, Yolanda demande à son ange gardien de l'aider. Johnny, qui s'est subrepticement introduit dans la propriété des Aquaviva, entend la prière de la jeune fille et décide de se faire passer pour son ange gardien. Il lui téléphone, lui demandant de le rejoindre à son hôtel. Tandis qu'elle se prépare ("Angel"), il organise avec la complicité de Victor une mise en scène pour la mieux duper. La rencontre a lieu sans problème et Johnny, qui se fait appeler M. Brown, promet de la débarrasser de ses soucis d'argent. Cependant, le baiser que Yolanda lui dépose sur la main avant de s'en aller le trouble profondément. Le soir, Johnny a du mal à trouver le sommeil. Il fait un rêve étrange ("Dream Ballet" avec la chanson "Will You Marry Me ?") qui se termine en cauchemar.

Le lendemain, il se rend chez les Aquaviva où l'attend Yolanda qui lui offre ce qu'elle pense être son instrument de musique favori, une harpe ("Yolanda"). Johnny, abusant de la confiance de la jeune fille, s'empare de ses valeurs boursières et lui fait signer une procuration. Il glisse le tout dans une mallette, mais celle-ci tombe entre les mains d'un certain Candle, qui rôde lui aussi autour de la maison Aquaviva. Johnny et Victor parviennent cependant à récupérer non sans peine la malette mais, apercevant Candle et la tante Amarilla en grande discussion, s'imaginent découverts et décident de s'enfuir. La police les rattrape et les conduit devant Amarilla. Celle-ci pense en fait que Johnny va épouser Yolanda (en Patria, la tradition veut en effet que l'on donne une procuration à son fiancé !). Le carnaval bat son plein et Johnny tente de s'enfuir à travers la foule pour échapper au mariage. Il retrouve bientôt Yolanda ("Coffee Time").

Le soir même, Johnny écrit à la jeune fille pour lui avouer toute la vérité puis, le lendemain, part pour les Etats-Unis en compagnie de Victor. Le mystérieux Candle leur annonce alors que le train va devoir faire demi-tour, un pont ayant été détruit par une inondation. Il leur précise au passage qu'il est le véritable ange gardien de Yolanda et ordonne à Johnny de l'épouser. Le tout s'achève par le mariage de Johnny et Yolanda, M. Candle leur promettant, par photo interposée, une belle et nombreuse descendance.

Avec Frank Morgan

Avec Mildred Natwick et Frank Morgan

Pages suivantes : "Dream Ballet" avec Lucille Bremer

Curieux film en vérité, maltraité lors de sa sortie et qui, aujourd'hui encore, laisse perplexe. *Devant un tel film, les réactions sont d'ailleurs très simples : on le refuse, ou on l'aime passionnément*[1]. Sans doute doit-on nuancer une approche critique aussi tranchée. Le film, réalisé après *Ziegfeld Follies* mais sorti avant, fut un retentissant échec commercial dont personne, semble-t-il, n'aime à se souvenir. Il faut dire que, vu aujourd'hui, "Yolanda et le voleur" *nous éblouit encore, nous étonne, nous irrite encore au même titre que les spectateurs médusés de l'époque*[2]. C'est bien de ce mélange d'innovation et d'insatisfaction que le film témoigne : une histoire extrêmement linéaire, voire même simpliste, contrastant avec l'ambition effrénée des ballets, parfois à la limite de la prétention. Astaire lui-même y semble mal à l'aise. *"A aucun moment il n'arbore ce flegme, cette apparence relaxée qu'on lui connaît d'ordinaire : fronçant les sourcils, affichant une moue désemparée, gardant l'air soucieux et réfléchi pendant les duos amoureux, il paraît avoir autant de mal à s'adapter à son environnement chorégraphique que Tony Hunter astreint à la danse "artistique" de* The Band Wagon[3]."

Astaire porte d'ailleurs dans ses mémoires un jugement très réservé sur le film.

"*On prit beaucoup de soins pour en faire quelque chose d'exceptionnel à tous égards. (...) Tout le monde donna le maximum, pensant tenir là quelque chose, mais il n'en fut rien. Il y avait quelques danses compliquées et efficaces qui fonctionnaient bien, mais l'ensemble était trop orienté vers l'imaginaire et ne marcha pas.*"

Minnelli attribue lui aussi l'échec du film à sa coloration fantastique donnant une large part à l'imaginaire, tout en regrettant que le rôle principal ait été attribué à Lucille Bremer.

"*Une histoire fantastique plutôt ratée, mais avec un très beau ballet réglé par un chorégraphe new-yorkais, Eugene Loring. A cette époque-là, malheureusement, ce type d'histoire fantastique n'était pas très prisé et le film n'obtint pas un très grand succès. Et Lucille Bremer, qui était la partenaire de Fred Astaire dans ce film, aurait dû être bien meilleure : elle était la protégée de l'un des pontes du studio et ne convenait pas du tout*[4]."

Le film ne mérite pas une telle indignité, sans doute due à l'amertume de l'échec. Minnelli lui-même railla la prétention de l'entreprise (ou ce qu'il jugeait tel) à travers les mises en scène pompeuses de Jack Buchanan dans *Tous en scène*. Hormis la composition un peu chargée mais très drôle de Mildred Natwick en tante un peu fofolle, le film vaut surtout pour ses deux grands numéros dansés, "Dream Ballet" et "Coffee Time", encore que "Yolanda",

"Dream Ballet"

avec Astaire à la harpe, ne manque pas d'un certain charme, disons magnétique — Fred se retrouvant, ici plus qu'ailleurs, *lui-même.*

Le numéro "Dream Ballet", d'une durée de seize minutes, reprend plan pour plan, cadrage pour cadrage, l'arrivée du voleur Johnny Riggs à Esperado, capitale de la Patria. L'éclairage nocturne de la scène marque d'entrée de jeu un décalage avec la réalité, que l'atténuation des bruits accentue encore. Johnny traverse la ville, retrouvant les mêmes lieux et les mêmes personnages que de jour, mais cette fois rien n'est plus dans l'ordre. Un homme aux multiples bras et une pluie d'or font basculer l'ensemble dans le rêve. Un groupe de lavandières l'emprisonne dans des draps et, à peine libéré de leur piège, Johnny aperçoit une étrange créature voilée sortant d'un lagon, qui l'entraîne vers un décor désertique où l'on sent l'influence de Dali et Max Ernst — reprise assez précise du décor de "Beauty" dans *Ziegfeld Follies,* les bulles en moins. La créature lève ses voiles : c'est Yolanda, qui propose à Johnny de l'épouser ("Will You Marry Me"). Mais Johnny est aussitôt sollicité par le monde des turfistes et des demi-mondaines. Il revient cependant vers Yolanda, l'épouse et lui vole ses bijoux, reprenant cette fois le "This Heart of Mine" de *Ziegfeld Follies.* Mais Yolanda le retient par ses voiles et l'étrangle. Johnny se réveille alors en sursaut et, comme l'a bien noté Yann Tobin, offre *"le seul exemple connu d'un Fred Astaire à l'écran en état de panique totale, comme si Minnelli seul avait su percer le "mystère exaspérant" que cache l'aisance du danseur — à savoir le masque solitaire de l'insatisfaction permanente, peut-être le principal point commun de ces deux géants du "musical"*[5]*."*

C'est cependant à la toute fin du film que Astaire retrouve en partie son inspiration habituelle dans le très enlevé "Coffee Time". Fred y entraîne une Lucille Bremer un peu guindée au septième ciel du rythme et sur un sol aux arabesques noires et blanches, en un trompe-l'œil qui donne à la scène tout son mouvement. Très intelligemment, Minnelli libère la fantaisie du danseur, moins tenu ici que dans "Dream Ballet" où, remarquons-le bien, ce n'est jamais à lui que revient l'initiative de la danse mais, successivement, aux lavandières, à Yolanda, aux turfistes puis à Yolanda de nouveau. Le film tout entier est d'ailleurs une réflexion sur la manipulation et, partant, la mise en scène. Johnny, croyant mener le jeu et manipuler Yolanda, est en fait un jouet entre les mains de Candle, le *deus ex machina* de toute l'affaire. On aurait donc grand tort de diminuer les qualités de *Yolanda*, qui mérite mieux qu'une curiosité distraite.

(1) Dominique Rabourdin, "Cinéma 80", nº 253, janvier 1980.
(2) Yann Tobin, "Positif", nº 227, février 1980.
(3) Ibid.
(4) Propos de Minnelli recueillis par Higam et Greenberg, op. cit.
(5) Tobin, loc. cit.

“Blue Skies”

La mélodie du bonheur

Production :
Sol C. Siegel
pour Paramount Pictures
Réalisation :
Stuart Heisler
Scénario :
Arthur Sheekman,
d’après une idée d’Irving Berlin
adaptée par Allan Scott
Images :
(Technicolor)
Charles Lang Jr. et William Snyder
Montage :
LeRoy Stone
Direction artistique :
Hans Dreier et Hal Pereira
Costumes :
Edith Head et Waldo Angelo
Lyrics et musique :
Irving Berlin
Direction musicale :
Robert Emmett Dolan
Arrangements vocaux :
Joseph J. Lilley
Chorégraphie :
Hermes Pan
assisté de David Robel

Interprétation :
Bing Crosby
Johnny Adams
Fred Astaire
Jed Potters
Joan Caulfield
Mary O’Dare Adams
Billy DeWolfe
Tony
Olga San Juan
Nita Nova
Jimmy Conlin
Jeffrey
Cliff Nazarro
Cliff
Frank Faylen
Mack
Jack Norton
l’ivrogne
Will Wright
le régisseur
Victoria Horne
Martha
Karolyn Grimes
Mary Elizabeth Adams
Roy Gordon
Charles Dillingham

Numéros musicaux :
“A Pretty Girl is like a Melody”, chœurs, dansé par Astaire.
“I’ve Got My Captain Working for Me Now”, Crosby et DeWolfe.
“You’de Be Surprised”, San Juan.
“All By Myself”, Crosby.
“Serenade to an Old Fashioned Girl”, Caulfield.
“Puttin’ on the Ritz”, Astaire, dansé par Astaire.
“(I’ll See You in) C-U-B-A”, Crosby et San Juan.
“A Couple of Song and Dance Men”, Crosby et Astaire.
“You Keep Coming Back Like a Song”, Crosby.
“Always”, chœurs.
“Blue Skies”, Crosby.
“The Little Things in Life”, Crosby.
“Not for All the Rice in China”, Crosby.
“Everybody Step”, Crosby.
“Russian Lullaby”, Crosby.
“How Deep is the Ocean ?”, Crosby.
“(Running Around in Circles) Getting Nowhere”, Crosby.
“Heat Wave”, San Juan, dansé par Astaire et San Juan.
“Any Bonds Today ?”, Crosby.
“This is the Army, Mr. Jones”, Crosby.
“White Christmas”, Crosby.
Fond sonore :
“Tell Me, Little Gypsy”, “Nobody Knows”, “Mandy”, “Some Sunny Day”, “When You Walked Out,” “Because I Love You”, “How Many Times ?”, “Lazy”, “The Song is Ended”.

Sortie :
26 septembre 1946.
Durée :
104 minutes.

Le célèbre danseur Jed Potter, vedette d'une revue produite par Charles Dillingham, rencontre une jeune et belle inconnue, Mary O'Dare, dont il veut faire la vedette de l'un de ses spectacles. Mais, se méfiant des assiduités de Jed, elle refuse. Un soir, après le spectacle, Jed emmène Mary au Flapjack, un night-club que tient son ancien partenaire, Johnny Adams. Elle tombe amoureuse de Johnny qui préfère sa liberté au mariage. Une liberté qui lui permet de traverser le pays en tous sens, achetant et revendant des night-clubs dont il assure le succès. L'instabilité de Johnny ne l'empêche finalement pas d'épouser Mary qui accouche bientôt d'une petite fille. Comme Johnny refuse de se fixer, passant sans cesse d'un night-club à un autre, Mary décide de le quitter en emmenant sa fille avec elle. Ainsi restent-ils longtemps séparés jusqu'à ce que Jed les aide enfin à se réconcilier.

"*Dans* Blue Skies, *Crosby est un personnage étonnant, dangereux, trop agité pour rester en place. Chaque fois qu'une de ses boîtes de nuit devient un endroit à succès, il la vend et recommence ailleurs. Fred Astaire est le gentil garçon équilibré. Mais le héros, c'est Crosby : instable, déraisonnable, peut-être fou, et quel charmeur !*" Ainsi Martin Scorcese juge-t-il le film, qu'il place parmi ses *plaisirs coupables*[1].

C'est le succès d'*Holiday Inn* qui incita Mark Sandrich et Irving Berlin à adopter le principe d'un succédané où les différentes fêtes du calendrier américain seraient remplacées par des boîtes de nuit. On y retrouverait les mêmes personnages — un chanteur, un danseur, une fille entre les deux — et une intrigue voisine, la fille délaissant le chanteur puis revenant vers lui. Bing Crosby serait le chanteur, une nouvelle venue, Joan Caulfield, la fille, et pour le danseur, Sandrich souhaitait engager Paul Draper, vedette de Broadway en pleine ascension — affligé cependant d'un léger bégaiement, ce qui n'irait pas sans poser quelques difficultés pour les scènes dialoguées. Le tournage commença mais fut interrompu au neuvième jour lorsque Mark Sandrich, âgé de quarante-quatre ans, succomba à une crise cardiaque. Le film fut alors repris par Stuart Heisler qui, d'accord avec le producteur Sol Siegel, remplaça Paul Draper par Fred Astaire. C'est avec plaisir que Astaire accepta la proposition de la Paramount. L'échec commercial de *Yolanda et le voleur* l'ayant assez profondément affecté, il espérait ainsi renouer avec le succès d'*Holiday Inn* en partageant avec Bing Crosby la vedette d'un *musical* dû à l'infatigable Irving Berlin.

Avec Joan Caulfield et Bing Crosby

"A Pretty Girl is Like a Melody"

Le film reprend pour l'essentiel d'anciens succès de Berlin, que viennent compléter quatre nouvelles compositions. Large échantillonnage que soutient habilement un scénario étalé dans le temps (de 1919 à 1946) et dans l'espace (Crosby traversant les Etats-Unis pour ouvrir de nouveaux night-clubs). Ainsi donc, chansons et *production numbers* obéissent-ils à une très grande variété que commande la nature même des boîtes de nuit (Crosby chantant respectivement "Not for All the Rice of China" au Chop Suey et "Russian Lullaby" au Balalaïka) et les exigences historiques des différentes époques ("I've Got My Captain Working for Me Now", chanson à arrière-plan militaire interprétée en 1919 ; "C-U-B-A", évocation de la Prohibition au beau milieu des années 20 ; "Any Bonds Today ?" pour la vente des bons de guerre pendant la Seconde Guerre mondiale ; "This is the Army, Mr Jones" pour soutenir le moral des troupes à la même époque).

Quant à Fred, il bénéficie de quatre numéros dansés très différents de ton et de façon, illustrant ainsi les très grandes ressources de son talent. Humour et fantaisie dans "A Couple of Song and Dance Men" où il évoque avec Bing Crosby et sur le mode burlesque leurs années de *vaudeville.* Importante figuration pour "A Pretty Girl is Like a Melody" et "Heat Wave", l'exotisme sud-américain du second (qui se termine par une chute spectaculaire de Fred) contrastant avec le luxe exubérant du premier où des légions de *chorus girls* enrubannées entourent le danseur pour un numéro directement inspiré des revues à grand spectacle de Florenz Ziegfeld. Reste surtout le (à juste titre) célèbre "Puttin' on the Ritz" où Fred rend hommage au "Top Hat, White Tie and Tails" de ses (presque) débuts — Irving Berlin déjà ! C'est avec brio qu'il prend sa canne pour partenaire (discrète annonce du "Sunday Jumps" de *Mariage Royal)* avant de dévoiler à l'arrière-plan un *chorus* composé de huit images de lui-même, dansant d'abord en harmonie, puis chacune improvisant de son côté. Trucage d'un rare bonheur qui voit, phénomène unique, le plaisir du spectateur multiplié par neuf. C'est aussi là un saisissant raccourci des années RKO — hommage à *Top Hat,* reprise du "Bojangles of Harlem" de *Swing Time* et parodie du *finale* de *L'Entreprenant M. Petrov* (où Fred multipliait à l'infini ou presque les images de Ginger).

Notons pour terminer que Fred rencontre là Charles Dillingham (interprété par Roy Gordon), producteur de trois spectacles où il figura avec sa sœur Adele en 1919, 1921 et 1922.

(1) Texte écrit pour "Film Comment", septembre-octobre 1978, publié en français dans "Positif", n° 241, avril 1981.

Avec Joan Caulfield

"Easter Parade"

Parade de printemps

Production :
Arthur Freed pour la MGM
Réalisation :
Charles Walters
Scénario :
Sidney Sheldon, Frances Goodrich et Albert Hackett, d'après une histoire de Goodrich et Hackett
Images :
(Technicolor)
Harry Stradling
Conseillers pour la couleur :
Natalie Kalmus et Henri Jaffa
Montage :
Albert Akst
Effets Spéciaux :
Warren Newcombe
Direction artistique :
Cedric Gibbons et Charles Martin Smith
Décorateur de plateau :
Edwin B. Willis
assisté de Arthur Krams
Costumes :
Irene et Valles
Maquillage :
Jack Dawn
Son :
Douglas Shearer
Lyrics et musique :
Irving Berlin
Direction musicale :
Johnny Green
Orchestration :
Conrad Salinger, Van Cleave et Leo Arnaud
Arrangements vocaux :
Robert Tucker
Chorégraphie :
Robert Alton

Interprétation :
Fred Astaire
Don Hewes
Judy Garland
Hannah Brown
Peter Lawford
Jonathan "Johnny" Harrow III
Ann Miller
Nadine Hale
Jules Munshin
François, le maître d'hôtel
Clinton Sundberg
Mike, le barman
Jeni LeGon
Essie

Jimmy Bates
le petit garçon
Richard Beavers
le chanteur-jeune premier
Dick Simmons
Al, le régisseur
Helene Heigh
la modiste
Margaret Bert
la fleuriste
John Albright
messager de la Western Union
Wilson Wood
Marty
Tay Dunn
photographe
Fern Eggen
vendeuse
Peter Chong
Sam
Nolan Leary
pharmacien
Howard Mitchell
premier homme
Bob Jellison
deuxième homme
Angie Poulis
colporteur
Joe Kerr
nouveau venu
Jimmy Dodd
chauffeur de taxi
Robert Emmet O'Connor
policier
Albert Pollet
serveur
Doris Kemper
Mary
Frank Mayo
maître d'hôtel
Harry Fox
employé d'hôtel
Ralph Sanford
détective de l'hôtel

Patricia Jackson, Bobbie Priest, Dee Turnell, Joy Lansing, Elaine Sterling, Patricia Vaniver, Shirley Ballard, Ruth Hall, Gail Langford, Lola Albright, Patricia Walker, Marjorie Jackson, Lynn et Jean Romer, Johnny Walsh, Dick Paxton, George Noisson, Murray Leonard, John Gannon, Lane Allan, Sig Frohlich, Rhea Mitchell, Reginald Simpson, Sam Harris

Numéros musicaux :
"Happy Easter", Astaire.
"Drum Crazy", Astaire, dansé par Astaire.
"It Only Happens When I Dance with You", Astaire, dansé par Astaire et Miller, reprise chantée par Garland.
"Everybody's Doin' It", Garland.
"I Want to Go Back to Michigan", Garland.
"Beautiful Faces Need Beautiful Clothes", dansé par Astaire et Garland.
"A Fellow With an Umbrella", Lawford et Garland.
"I Love a Piano", Garland, dansé par Astaire et Garland.
"Snooky Ookums", Astaire et Garland.
"Ragtime Violin", Astaire, dansé par Astaire et Rogers.
"When the Midnight Choo-Choo Leaves for Alabam'", Astaire et Garland, dansé par Astaire et Garland.
"Shakin' the Blues Away", Miller, dansé par Miller.
"Steppin' Out with My Baby", Astaire, dansé par Astaire, avec Jackson, Priest et Turnell.
"A Couple of Swells", Astaire et Garland, dansé par Astaire et Garland.
"The Girl on the Magazine Cover", Beavers.
"Better Luck Next Time", Garland.
"Easter Parade", Garland et Astaire.
Fond sonore :
"At the Devil's Ball", "This is the Life", "Along Came Ruth", "Call Me Up Some Rainy Afternoon".

Sortie :
1er juin 1948.
Durée :
103 minutes.

New York, 1912. Un joyeux dandy, danseur de son état, Don Hewes, remonte la 5e Avenue en souhaitant à tous les passants de Joyeuses Pâques *("Happy Easter"). Il achète un chapeau pour sa partenaire, Nadine Hale, puis divers autres cadeaux dont un lapin en peluche ("Drum Crazy"). Lorsqu'il rejoint Nadine, celle-ci lui annonce qu'elle vient de signer seule un contrat avec Ziegfeld. Don a beau lui rappeler qu'ils forment une équipe et même un peu plus ("It Only Happens When I Dance with You"), rien n'y fait.*

Déçu, Don quitte l'appartement pour aller boire dans un bar voisin où l'on donne de petits spectacles. Là, il réalise que ce qu'il a fait avec Nadine, il peut le faire avec n'importe quelle autre fille. Après qu'un groupe de chorus girls *ait terminé un numéro ("Everybody's Doin' It"), il propose à l'une d'entre elles prise au hasard de devenir sa partenaire, lui donnant rendez-vous pour le lendemain matin. Celle-ci, Hannah Brown, pense d'abord être victime d'un mauvais plaisant, puis réalisant qui est véritablement Don Hewes, elle enchaîne aussitôt sur une chanson pour les clients du bar ("I Want to Go Back to Michigan").*

Le lendemain, Don et Hannah commencent à répéter, celle-ci paraissant manifester peu d'aptitude pour la danse. Un peu plus tard, elle croise la fameuse Parade de Printemps *où Nadine, hautaine et fière, attire tous les regards. Don lui jure que dans un an ce sera elle, Hannah, que tout le monde admirera. Don transforme aussitôt la jeune femme : il la baptise Juanita, lui achète des robes et lui apprend à danser. Leur première représentation n'est cependant pas un succès, Hannah s'y montrant d'une gaucherie extrême ("Beautiful Faces Need Beautiful Clothes").*

Johnny, un ami de Nadine et Don, tente en vain de les réconcilier. Il rencontre par hasard Hannah, qu'il ne connaît pas, et propose de la raccompagner ("A Fellow with an Umbrella"). Cependant, Don a compris que, pour réussir, Hannah doit être elle-même et non pas une quelconque Juanita. Renonçant à ses directives, il lui demande d'improviser une chanson ("I Love a Piano") où éclate enfin son talent. Le couple connaît le succès sur scène dans divers numéros (suite et fin de "I Love a Piano", puis "Snooky Ookums" et "Ragtime Violin") jusqu'au jour où Ziegfeld lui-même leur demande d'auditionner ("When the Midnight Choo-Choo Leaves for Alabam'"). Après l'audition, ils rencontrent Nadine qui sera la vedette du spectacle. Aussi, par amour-propre, Don refuse-t-il le contrat que lui propose Ziegfeld. Pendant ce temps, Johnny emmène Hannah au restaurant où il lui fait une pressante déclaration. Mais elle lui avoue aimer Don. Celui-ci assiste seul à la première des "Ziegfeld Follies" où Nadine obtient un triomphe ("Shakin' the Blues Away").

Don parvient cependant à décrocher un engagement en vedette pour lui et Hannah. La première doit avoir lieu la veille de Pâques. Pour fêter l'événement, Don organise un petit souper fin où il déclare son amour à Hannah (reprise chantée de "It Only Happens When I Dance with You"). Arrive la première du spectacle ("Steppin' Out with My Baby" puis "A Couple of Swells") qui leur vaut un triomphe. Après le spectacle, Don invite Hannah aux "Ziegfeld Follies" où Nadine passe toujours en vedette. A l'issue de son numéro ("The Girl on the Magazine Cover"), elle annonce qu'elle va danser avec son ancien partenaire. Don hésite puis accepte (reprise dansée de "It Only Happens When I Dance with You"). Déçue par l'attitude de Don, Hannah quitte la salle avant la fin de la danse, retournant au bar de ses débuts où elle chante sa tristesse ("Better Luck Next Time"). Don ayant cependant compris sa maladresse, attend Hannah à son hôtel. Sans succès, la jeune femme refusant de le voir. Ce n'est que le lendemain que le couple se réconcilie, participant avec succès à la Parade de Printemps *("Easter Parade").*

"A Couple of Swells" avec Judy Garland

"Easter Parade" avec Judy Garland

Steppin' Out With My Baby", à gauche.
"When The Midnight Choo-Choo Leaves for Alabam'"

Le retour de Fred Astaire et sous l'égide du vieux lion Leo, après un bref passage à la Paramount et quelques mois d'une semi-retraite que lui-même pensait définitive. Créée de toutes pièces ou presque par Arthur Freed, la comédie musicale Métro était alors à son apogée, notamment après *Meet Me in St. Louis (Le Chant du Missouri,* 1944), *Anchors Aweigh (Escale à Hollywood,* 1945) et *The Pirate (Le Pirate,* 1948). Tout le monde préférait oublier l'échec commercial de *Yolanda et le voleur* et c'est le succès du *Pirate* qui incita Freed à mettre en chantier *Parade de Printemps,* avec de nouveau en vedette le couple Judy Garland-Gene Kelly. Ce dernier s'étant cassé une cheville alors que le film était déjà en répétition, on appela Fred Astaire à la rescousse, qui accepta aussitôt, non sans en avoir informé Kelly. *"Je téléphonai à Gene Kelly pour savoir s'il était capable ou non de tenir le rôle et s'il acceptait de me l'abandonner. Gene m'assura qu'il lui était impossible de continuer."*

Quant au rôle de Nadine Hale, Cyd Charisse, initialement prévue mais blessée au cours du tournage de *On an Island with You (Dans une île avec vous),* dut le céder à Ann Miller. Le travail reprit donc, avec un Fred Astaire au bord de la cinquantaine mais plus fringant que jamais, et toujours sous la direction inspirée de Charles Walters.

"N'ayant pas dansé depuis près de deux ans (...), je me demandais si je serais à la hauteur de ce que l'on attendait de moi. Peut-être que mes vieilles articulations, soumises à un effort prolongé, perdraient de leur souplesse. (...) J'y allais doucement pendant quelques jours et, très lentement, je retrouvais la forme. Tout allait bien ; tout était comme avant. Rien ne craquait ou me faisait plus mal que d'habitude (...), et au bout de quelques cinq semaines, le tournage commença. Ma retraite était terminée."

Et d'autant plus terminée que *Parade de Printemps* démarre avec frénésie, Astaire prenant de nouveau une batterie pour partenaire dans un numéro beaucoup plus échevelé et dynamique (comme l'indique son titre, "Drum Crazy") que le "Nice Work If You Can Get It" d'*Une Demoiselle en détresse.*

Illustrant l'ascension parfois burlesque ou difficile d'un couple mixte de danseurs-chanteurs, le scénario s'appuie sur des chansons anciennes et nouvelles d'Irving Berlin, évoquant avec bonheur le monde du *vaudeville* et des revues à grand spectacle du début du siècle. Aussi y gagne-t-il du même coup une grande variété d'inspiration et, à côté de numéros d'apparence classique (comme "It Only Happens When I Dance with You"), réminiscence des duos romantiques de la période RKO dansée cette fois par Astaire et Ann Miller, ou "The Girl on the Magazine Cover" chanté par le fade Richard Beavers, repris de

Cover Girl (1944) et annonçant le numéro "Beautiful Girls" de *Chansons sous la pluie* (1952), Charles Walters, Robert Alton et Astaire lui-même ont imaginé des petits tableaux délicatement coloriés (qualités picturales que l'on retrouvera dans *La Belle de New York,* encore que d'un point de vue nettement plus mondain), des petits chefs-d'œuvre d'invention et de fantaisie, à la fois naïfs et drôles. Citons pêle-mêle "I Love a Piano", "Snooky Ookums", "Ragtime Violin" et surtout "Beautiful Faces Need Beautiful Clothes" où l'anecdote de la robe en plumes de *Top Hat* est reprise sur un mode comique parfaitement assumé cette fois. Le tout débouchant sur le célèbre "A Couple of Swells", numéro réputé scabreux, d'un type assez étranger jusqu'ici à la nature profonde de Astaire mais dont on trouvera un évident écho dans le "How Could You Believe Me..." de *Royal Wedding (Mariage Royal)* et qui lui permet de transcender toute vulgarité par son élégance naturelle et un humour sous-jacent parfaitement maîtrisé. Côtés solos, "Steppin' Out with My Baby" témoigne d'une chorégraphie très *colorée,* Fred y dansant successivement avec une blonde, une brune et une rousse, avec un court passage au ralenti — plus pittoresque que réussi. Toujours en solo, Ann Miller exécute un impeccable numéro de claquettes, l'une de ses spécialités, avec un brio très professionnel à défaut de véritable inspiration ("Shakin' the Blues Away").

Une telle profusion de numéros musicaux directement reliés à la scène ne signifie pas pour autant que ceux-ci ne jouent aucun rôle dans l'action. Ainsi la version intime de "It Only Happens When I Dance with You", loin de rapprocher Don et Nadine, les éloigne l'un de l'autre ; de même, "Everybody's Doin' It", numéro calamiteux exécuté par quelques *bairmaids,* dont Judy Garland, joue en contrepoint par rapport à "The Midnight Choo-Choo Leaves from Alabam'", qui illustre l'unité stylistique du couple, tandis que le début de "I Love a Piano" marque le moment précis où Hannah se révèle à Don.

N'oublions pas, *last but not least,* les quelques apparitions irrésistibles de Jules Munshin en restaurateur victime d'une sorte de *slow burn* à épisodes. Cet émule de Eric Blore, toujours stylé et discrètement exaspéré, y explique dans un *one man show* désopilant la recette combien exotique d'une mystérieuse *salade François.* Il est enfin piquant de remarquer que Don et Hannah sont engagés par le producteur Charles Dillingham (déjà croisé par Fred dans *Blue Skies)* pour être les vedettes d'un de ses spectacles ("Steppin' Out with My Baby" et "A Couple of Swells"), ce même Charles Dillingham qui engagea Fred et Adele Astaire pour "Apple Blossoms" en... 1919.

"It Only Happens When I Dance With You"
avec Ann Miller

“The Barkleys of Broadway”

Entrons dans la danse

Production :
Arthur Freed pour la MGM
Réalisation :
Charles Walters
Scénario :
Betty Comden et Adolph Green
Images :
(Technicolor)
Harry Stradling
Conseillers pour la couleur :
Natalie Kalmus et Henri Jaffa
Montage :
Albert Akst
Effets spéciaux :
Warren Newcombe
Direction artistique :
Cedric Gibbons et Edward Carfagno
Décorateur de plateau :
Edwin B. Willis
assisté de Arthur Krams
Costumes :
Irene et Valles
Son :
Douglas Shearer
Maquillage :
Jack Dawn
Lyrics :
Ira Gershwin
Musique :
Harry Warren

Direction musicale :
Lennie Hayton
Orchestration :
Conrad Salinger
Arrangements vocaux :
Robert Tucker
Chorégraphie :
Robert Alton
Séquence : “Shoes with Wings On”
réalisée par Hermes Pan
avec la collaboration technique d'Irving G. Ries

Interprétation :
Fred Astaire
Josh Barkley
Ginger Rogers
Dinah Barkley
Oscar Levant
Ezra Miller
Billie Burke
Millie Belney
Jacques François
Jacques Barredout
Gale Robbins
Shirlene
Clinton Sundberg
Bert Felsher
Carol Brewster
Gloria Amboy
Wilson Wood
Larry
Inez Cooper
Pamela Driscoll
Claire Carleton
Marie
George Zucco
juge dans “Young Sarah”
Betty O'Kelly, Pat Miller, Bobbie Brooks, Charles Van, Richard Winters, Mickey Martin, Dick Baron
jeunes fans
Mahlon Hamilton
portier
Lorraine Crawford
Cleon Fernby
Dee Turnell
danseuse blonde
Reginald Simpson
le mari
Hans Conried
le peintre
Sherry Hall
chauffeur

Frank Ferguson
M. Perkins
George Boyce
photographe de "Look"
Edward Kilroy
un spectateur
Nolan Leary
portier du théâtre
Joe Granby
duc de Morny dans "Young Sarah"
Esther Somers
mère de Sarah dans "Young Sarah"
Helen Eby-Rock
tante de Sarah dans "Young Sarah"
Joyce Mathews
Geneviève
Bob Purcell
une voix
Roberta Johnson
Henrietta
Mary Jo Ellis
Clementine dans "Young Sarah"
Max Willens
un employé

Jack Rice
caissier
Margaret Bert
Mary
Allen Wood
chauffeur de taxi
Alphonse Martell
juge dans "Young Sarah"
Wilbur Mack
invité
Lilian West
invitée
Forbes Murray
un spectateur
Bess Flowers
spectatrice
Bill Tannen
portier
John Albright, Butch Terrell, Mimi Doyle, Roger Moore, Wheaton Chambers, Jean Andren, Laura Treadwell, Larry Steers, Howard Mitchell, Marcel de la Brosse, Lois Austin, Betty Blythe

Numéros musicaux :
"Swing Trot",
dansé par Astaire et Rogers.
"You'd Be Hard to Replace", Astaire.
"Bouncin' the Blues",
dansé par Astaire et Rogers.
"My One and Only Highland Fling",
Astaire et Rogers,
dansé par Astaire et Rogers.
"A Weekend in the Country",
Astaire, Rogers, Levant.
"Shoes with Wings On",
Astaire, dansé par Astaire.
"They Can't Take That Away from Me" (George et Ira Gershwin),
Astaire, dansé par Astaire et Rogers.
"Manhattan Downbeat", Astaire,
dansé par Astaire et Rogers.
Fond Sonore :
"Angel", "This Heart of Mine".
les deux de Freed et Warren

Sortie :
11 avril 1949.
Durée :
109 minutes.

Avec Ginger Rogers, Jacques François et Billie Burke

Avec Ginger Rogers et Oscar Levant

Après une première triomphale ("Swing Trot"), Josh et Dinah Barkley se rendent à une réception donnée par Mme Belney, une richissime vieille dame, où Dinah rencontre Jacques Barredout, un dramaturge français venu travailler aux Etats-Unis. Celui-ci, qui n'aime pas la comédie musicale, conseille à Dinah de se consacrer plutôt à la tragédie. De retour à leur appartement, Dinah fait part à Josh des conseils de Barredout. Le couple se dispute, Josh prenant la défense de la comédie musicale, puis se réconcilie ("You'd Be Hard to Replace"). Tandis que le producteur du spectacle prévoit une doublure pour Dinah, Shirlene, les Barkley ne cessent de perfectionner leur numéro par d'incessantes répétitions ("Bouncin' the Blues").

Rencontrant dans une galerie de peinture Josh et Dinah, Mme Belney, toujours escortée de Barredout, les invite à la campagne pour le dimanche suivant. Une nouvelle représentation à succès ("My One and Only Highland Fling") et les voici en route pour la campagne ("A Weekend in the Country") où ils retrouvent Barredout. Tandis que Josh joue au golf, Barredout propose à Dinah le rôle principal de sa dernière pièce, "Young Sarah". Dinah hésite puis accepte, apprenant son texte en cachette de Josh. Lorsque celui-ci découvre le pot-aux-roses, le couple se dispute et Dinah quitte à la fois Josh et la revue.

Le spectacle continue cependant ("Shoes with Wings On") alors que commencent les répétitions de "Young Sarah". Dinah y tient le rôle de Sarah Bernhardt et connaît des débuts difficiles. Assistant en cachette aux répétitions, Josh lui téléphone tous les soirs des conseils pour améliorer son jeu en se faisant passer pour Barredout. Des progrès spectaculaires s'ensuivent. Un de leurs amis, Ezra, qui voudrait voir le couple se réconcilier, les invite séparément pour un gala de charité. Les Barkley se trouvent ainsi réunis pour un soir, le temps d'un numéro ("They Can't Take That Away from Me"), mais Dinah refuse de reprendre la vie commune.

La première de "Young Sarah" est un triomphe. De nouveau, Josh téléphone à Dinah en se faisant passer pour Barredout, mais celui-ci entre au même moment dans sa loge. Dinah comprend le stratagème de Josh et, pour se jouer de lui, lui fait croire qu'elle aime Barredout. Puis elle se rend à leur appartement pour démasquer le faux Barredout. Tous deux tombent dans les bras l'un de l'autre, Dinah décidant de revenir à la comédie musicale. A nous la musique, les sourires et le rythme, *conclut Josh, le couple enchaînant alors sur un* finale *dansé ("Manhattan Bownbeat").*

"My One and Only Highland Fling" avec Ginger Rogers

"Shoes with Wings On"

On ne change pas une équipe gagnante. Aussi Arthur Freed entendait-il profiter du succès de *Parade de Printemps* pour réunir de nouveau Charles Walters, réalisateur, Robert Alton, chorégraphe, Harry Stradling, opérateur, et le couple Fred Astaire-Judy Garland. Une brillante équipe pour illustrer un scénario de Betty Comden et Adolph Green, déjà responsables des sujets de *Good News (Vive l'Amour,* 1947) et *Take Me Out to the Ball Game (Match d'Amour,* 1949), et qui s'illustreront par la suite avec ceux de *On the Town (Un Jour à New York,* 1950), *Chantons sous la pluie* (1952), *Tous en scène* (1955), *Beau fixe sur New York* (1955) et *Bells are Ringing (Un Numéro du Tonnerre,* 1960), excusez du peu. Recrues de choix pour une production partie du bon pied mais rapidement handicapée par la défection plus ou moins volontaire de Judy Garland, remplacée *in extremis* par Ginger Rogers. Judy raconta plus tard avoir été cavalièrement renvoyée à la suite d'absences et de retards aux répétitions, alors qu'Oscar Levant donna une toute autre version des faits, Arthur Freed et Louis B. Mayer suppliant d'abord Judy de venir travailler, puis Charles Walters l'expulsant du plateau après que Ginger Rogers ait été engagée pour la remplacer. Toujours est-il que de dépressions nerveuses en cures de repos, de tranquillisants en euphorisants de toutes sortes, Judy s'avéra incapable de

"They Can't Take That Away From Me"

tenir le rôle de Dinah Barkley ainsi que l'a expliqué Charles Walters de façon très laconique : *"A la suite du succès d'*Easter Parade *le studio avait voulu rapidement faire tourner (à Fred et à Judy) autre chose ensemble. Mais Judy n'était plus en état et on a engagé Ginger Rogers pour la remplacer*[1]. Commercialement, l'affaire n'était pas mauvaise, la Metro jouant sur Fred et Ginger de nouveau réunis après exactement dix ans de séparation.

Entrons dans la danse évoque directement *La Grande Farandole,* Fred et Ginger y interprétant un couple de danseurs professionnels au sommet de la gloire ; la comparaison s'arrête cependant là, la rigueur du scénario aussi bien que la diversité et la qualité des numéros musicaux réduisant à peu de choses les arabesques trop étriquées du film de 1939.

Assez curieusement, Charles Walters se montre *a posteriori* très sévère pour un film qui, sans être réussi de bout en bout, n'est pas pour autant dénué d'intérêt. *Je n'aimais ni la musique ni les numéros de* "Barkleys", jugement péremptoire qui a le mérite de la franchise sinon de la lucidité. Car enfin, l'ensemble ne manque ni de variété, ni d'élégance, ni même d'humour. Très classique certes, et peu original, "Swing Trot" affirme cependant dès le générique la concomitance retrouvée de Fred et Ginger, d'autres numéros plus élaborés rendant par la suite hommage au couple en une série de réminiscences inspirées : danse répétée sur une scène en désordre, "Bouncin' the Blues" rappelle "I'm Putting All My Eggs in One Basket" *(En suivant la flotte)* mais surtout "I'll Be Hard to Handle" *(Roberta) ;* duo romantique et alangui, "You Can't Take That Away from Me" s'inscrit à la suite de "Night and Day" *(La Gaie Divorcée),* "Cheek to Cheek" *(Top Hat)* ou "Never Gonna Dance" *(Swing Time)* tout en évoquant directement la scène du ferry de *L'Entreprenant M. Petrov.* La présence de Judy Garland aurait sans doute davantage tiré "My One and Only Highland Fling" vers le burlesque alors que Fred et Ginger renouvellent ici une rivalité de fantaisie bien soutenue par un humour que trahissait déjà (dans un registre voisin) le "A Fine Romance" de *Swing Time.* Fred lui-même ajoute enfin, avec la complicité du fidèle Hermes Pan, un dernier clin d'œil vers *Swing Time* avec l'étonnant "Shoes with Wings On". Le danseur s'y mesure avec des paires de chaussures d'une rare virtuosité, de même que le *minstrel* de "Bojangles of Harlem" affrontait trois rivaux en ombres chinoises. Le trucage ne nuit nullement à la qualité de la chorégraphie et, ultime pirouette, Fred se débarrasse des chaussures ensorcelées tout comme il éliminait les *chorus boys* de "Top Hat, White Tie and Tails" dans *Top Hat.* Sans doute quelques chansons assez platement filmées ("You'd Be Hard to Replace" et "A Weekend in the Country") et les numéros musicaux dévolus au redoutable Oscar Levant alourdissent-ils le tout, mais Ginger Rogers récitant "La Marseillaise" en français ajoute un certain piquant à l'ensemble.

Entrons dans la danse, enfin, reprend et approfondit l'opposition entre classique et moderne qu'illustrait *L'Entreprenant M. Petrov.* Séduite par un écrivain français *(Vous ferez une remarquable tragédienne),* Dinah en arrive à mépriser le *musical (Je suis une tragédienne égarée dans la comédie musicale),* à y renoncer pour y revenir enfin, quelque peu déçue par la prétention des hommes de théâtre. Idée chère à Comden et Green, semble-t-il, que l'on retrouvera dans *Tous en scène,* jusque dans l'opposition entre le classique et le moderne, entre l'Europe et l'Amérique. Car tout comme la danse classique pour Petrov, le prestige de la tragédie est liée au sérieux guindé du Vieux Continent en opposition avec le dynamisme bariolé des rythmes américains. *A nous la musique, les sourires et le rythme,* chantent en substance Fred et Ginger dans le *finale* ("Manhattan Downbeat"), célébrant ainsi la suprématie d'un genre alors à son zénith.

(1) Propos de Charles Walters recueillis par Pierre Sauvage, "Positif", nº 144-145, novembre-décembre 1972.

"Swing Trot"

"Three Little Words"

Trois petits mots

Production :
Jack Cummings pour MGM
Réalisation :
Richard Thorpe
Scénario :
George Wells
Images :
(Technicolor)
Harry Jackson
Montage :
Ben Lewis
Direction artistique :
Cedric Gibbons et Urie McCleary
Costumes :
Helen Rose
Lyrics :
Bert Kalmar
Musique :
Harry Ruby
Direction musicale :
Andre Previn
Orchestration :
Leo Arnaud
Chorégraphie :
Hermes Pan

Interprétation :
Fred Astaire
Bert Kalmar
Red Skelton
Harry Ruby
Vera-Ellen
Jessie Brown Kalmar
Arlene Dahl
Eileen Percy Ruby
Keenan Wynn
Charlie Kope
Gale Robbins
Terry Lordel
Gloria DeHaven
Mme Carter DeHaven
Phil Regan
lui-même
Harry Shannon
Clanahan
Debbie Reynolds
Helen Kane
Carleton Carpenter
Dan Healy
Paul Harvey
Al Masters
George Metkovich
Al Schacht
Harry Mendoza
le Grand Mendoza
Pierre Watkin
Philip Goodman
Harry Barris
pianiste à la réception
Sid Taylor
Barker
Alex Gerry
Marty
Harry Ruby
un joueur de base-ball

Numéros musicaux :
"Where Did You Get That Girl ?" (Kalmar-Puck), Astaire et Ellen, dansé par Astaire et Ellen.
"She's Mine, All Mine", "Mr and Mrs Hoofer at Home", dansé par Astaire et Ellen.
"My Sunny Tennessee" (Kalmar-Ruby & Ruby), Astaire et Skelton.
"So Long-Oo-Long", Astaire et Skelton.
"Who's Sorry Now ?" (Kalmar-Ruby-Snyder), DeHaven.
"Come On, Papa" (Leslie-Ruby), Ellen, dansé par Ellen.
"Nevertheless", Astaire et Ellen, dansé par Astaire et Ellen.
"All Alone Monday", Robbins.
"You Smiled at Me", Dahl.
"I Wanna Be Loved by You" (Kalmar-Ruby-Stothart), Astaire et Reynolds.
"Up in the Clouds", "Thinking of You", Ellen, dansé par Astaire et Ellen.
"Hooray for Captain Spaulding", Skelton et Astaire.
"I Love You So Much ", Dahl.
"You Are My Lucky Star" (Freed-Brown), Regan.
"Three Little Words", Astaire, reprise chantée par Regan.

Vera-Ellen et Debbie Reynolds sont respectivement doublées pour les chansons par Anita Ellis et Helen Kane

Sortie :
12 juillet 1950.
Durée :
103 minutes.

Avec Red Skelton

Artiste de vaudeville, *à la fois prestidigitateur et danseur, Bert Kalmar doit abandonner la scène à la suite d'une fracture du genou. Il écrit des chansons, dont une avec un pianiste inconnu, Harry Ruby, en qui il reconnaît le fâcheux qui lui fit autrefois rater un numéro de prestidigitation. Après une explication orageuse, les deux hommes se lient d'amitié, et c'est alors le début d'une fructueuse collaboration. Tandis que Harry, incapable de se fixer, passe de femme en femme pour des aventures sentimentales qui ne se terminent pas toujours bien, Bert épouse son ancienne partenaire, Jessie Brown. Un jour cependant, Harry et Bert se fâchent après que le premier ait cru bon d'annuler une commande faite au second. Ce sont finalement leurs épouses respectives, Jessie et Eileen, qui les poussent à se réconcilier un peu plus tard. Ainsi retrouvent-ils leur amitié en composant une nouvelle chanson, "Three Little Words", sur un air que Harry proposait en vain à Bert depuis dix ans !*

KALMAR
AND
BROWN

“Where Did You Get That Girl ?” avec Vera-Ellen

"Thinking of You" avec Vera-Ellen

La Metro s'était fait une sorte de spécialité des biographies filmées consacrées à des compositeurs de musique dite *légère,* avec notamment *Till the Clouds Roll By (La Pluie qui chante,* 1946) pour Jerome Kern et *Words and Music (Ma Vie est une chanson,* 1948) pour Rodgers et Hart. Le tout à grand renfort de vedettes maison venues faire trois petits tours en musique avant de retourner en coulisse.

Rien de tel cependant avec *Trois petits mots.* Il s'agit certes de la biographie filmée des célèbres Kalmar et Ruby, mais Jack Cummings refusa la participation de l'habituelle galaxie des étoiles Metro, confiant l'essentiel des chansons et des danses à son carré de vedettes — Fred Astaire, Red Skelton, Vera-Ellen et Arlene Dahl. Ainsi l'ensemble gagne-t-il en intimisme ce qu'il perd en spectaculaire.

"Words *était un film qui sortait de l'ordinaire et, de tous mes films, c'est l'un de ceux que je préfère. J'aimerais pouvoir en revivre le tournage."*

Ainsi Astaire garde-t-il un souvenir particulièrement ému du film qui fut pourtant pour lui un peu improvisé. La Metro n'ayant rien à lui proposer immédiatement après *Entrons dans la danse,* Fred signa un contrat avec la Paramount pour un film dont le tournage fut repoussé à la suite de problèmes d'écriture. C'est alors seulement que Jack Cummings lui proposa le scénario de *Trois petits mots,* occasion pour lui de rendre hommage à deux *vaudevillians* qu'il avait côtoyés au cours de ses jeunes années. Bert Kalmar (né en 1884) avait débuté très jeune sur scène avec des numéros de magie, écrivant par la suite des chansons tant pour les autres que pour lui-même ; quant à Harry Ruby, de onze ans plus jeune que Kalmar, il devint *vaudevillian* après avoir renoncé à une carrière de joueur de base-ball professionnel, présentant sur scène un numéro comique où il avait pour partenaire Harry Cohn, futur patron de la Columbia.

Le film, qui suit à peu près fidèlement la biographie des deux artistes, s'ouvre sur la description des années de *vaudeville* de Kalmar, prestidigitateur et danseur, avec les deux numéros les plus dynamiques du film, "Where Did You Get That Girl ?" et "Mr and Mrs Hoofer at Home". Le premier met en scène Vera-Ellen en Fred en *top hat, white tie and tails* dans un duo plein d'entrain encore qu'assez peu original tandis que le second, tableau charmant décrivant la vie domestique d'un couple de danseurs, annonce par la fraîcheur des décors et des costumes et le charme limpide de la chorégraphie les beautés légèrement désuètes de *The Belle of New York (La Belle de New York).*

L'ensemble pâtit certes de la mise à l'écart de Kalmar-Astaire au tiers du film à la suite d'une blessure au genou. Blessure conforme à la réalité des faits, mais qui limite considérablement la partie chorégraphique du film. Ce sont donc les chansons du tandem qui occupent dès lors le devant de la scène, avec quelques pas de danse limités où Kalmar-Astaire accompagne sa partenaire pour des pas de deux sentimentaux mais guère inventifs ("Nevertheless" et "Thinking of You").

“Let’s Dance”

Maman est à la page

Production :
Robert Fellows
pour Paramount Pictures
Réalisation :
Norman Z. McLeod
Scénario :
Allan Scott et Dane Lussier,
d’après l’histoire “Little Boy Blue”
de Maurice Zolotow
Images :
(Technicolor)
George Barnes
Montage :
Ellsworth Hoagland
Direction artistique :
Hans Dreier et Roland Anderson
Costumes :
Edith Head
Lyrics et musique :
Frank Loesser
Direction musicale :
Robert Emmett Dolan
Orchestration :
Van Cleave
Arrangements vocaux :
Joseph J. Lilley
Chorégraphie :
Hermes Pan

Interprétation :
Betty Hutton
Kitty McNeil Everett
Fred Astaire
Don Elwood
Roland Young
Edmund Pohlwhistle
Ruth Warrick
Carola Everett
Lucile Watson
Serena Everett
Gregory Moffett
Richard “Richie” Everett VII
Barton McLane
Larry Channock
Sheppard Strudwick
Tim Bryant
Melville Cooper
Charles Wagstaffe
Harold Huber
Marcel
George Zucco
le juge McKenzie
Milton DeLugg
lui-même
Tommy Chambers
Tommy
Peggy Badey
Bubbles Malone
Virginia Toland
Elsie
James Burke
George, le Barman
Oliver Prickett
Dugan, le détective
Nana Bryant
Mme Bryant

Numéros musicaux :
“Can’t Stop Talking”,
Hutton et Astaire,
dansé par Astaire et Hutton.
“Piano Dance” (comprenant “Tiger Rag”), dansé par Astaire
“Jack and the Beanstalk”, Astaire.
“Oh, Them Dudes”, Astaire et Hutton, dansé par Astaire et Hutton.
“Why Fight the Feeling ?”, Hutton, reprise dansée par Astaire et Hutton.
“The Hyacinth”,
dansé par Astaire et Watson.
“Tunnel of Love”, Hutton et Astaire, dansé par Hutton et Astaire.

Sortie :
11 août 1950.
Durée :
111 minutes.

1944. Kitty McNeil et Don Elwood, un couple de danseurs, participent à la fin de la guerre à des tournées de théâtre aux armées. *Ils obtiennent un grand succès et Don propose à Kitty de l'épouser. Mais celle-ci est déjà mariée. Suite à une discussion orageuse, Kitty et Don décident de ne plus travailler ensemble. Quelques années plus tard, à New York, Don retrouve Kitty. Devenue veuve, elle a fui l'autorité tyrannique de sa belle-mère qui entend la séparer de son fils, Richard, avec lequel elle vit difficilement. Don lui propose de reprendre la danse. Ils se retrouvent ainsi réunis tandis que la belle-mère tente d'obtenir la garde de Richard par l'intermédiaire de ses hommes de loi. C'est finalement le mariage de Don et Kitty qui arrange tout, la belle-mère revenant du même coup à de meilleurs sentiments.*

Encore un film très mineur, insignifiant même, dont il n'y a, hélas, pas grand-chose à sauver, et surtout pas un scénario d'une niaiserie confondante. Ce furent d'ailleurs des problèmes de scénario qui retardèrent la mise en chantier du film, permettant à Fred de tourner entre-temps *Trois petits mots* pour la MGM.

L'anecdote privilégie ainsi les démêlés sentimentaux et familiaux d'une Betty Hutton tout aussi mal à l'aise que son partenaire, les tempéraments tant dramatiques que musicaux de l'un et de l'autre ne s'accordant finalement pas. Deux styles s'opposent ici, sans parvenir jamais à trouver un terrain d'entente, sinon dans l'amusant "Oh, Them Dudes" où, l'espace de quelques secondes, le couple retrouve la cocasserie du "A Couple of Swells" de *Parade de Printemps.* Fred témoigne dans ses mémoires d'une certaine indulgence pour le film (ne lui consacrant cependant qu'une vingtaine de lignes relativement laconiques), évoquant au passage le plaisir qu'il éprouva à travailler avec Betty Hutton.

"Quand on travaille avec Betty Hutton, tout le monde doit rester en alerte. Elle a tant de talent et de conscience professionnelle que si l'on ne fait pas attention à son travail, on a l'impression de ne rien faire soi-même et de lui laisser tout le travail."

Remarque quelque peu exagérée, le dynamisme de Fred se manifestant ici tout autant que celui de Betty Hutton, tant en solo dans le très inventif "Piano Dance" (le seul numéro entièrement satisfaisant) qu'en duo, à l'ouverture du film, où Fred et Betty dansent à Londres, devant des soldats, après un raid aérien ("Can't Stop Talking"). Là encore cependant une hirondelle ne fait pas le printemps et l'on sait ce que Fred lui-même pense de ses numéros réussis mais noyés dans un océan de platitude. Il saura d'ailleurs parfaitement reprendre la situation en main en réintégrant la MGM pour son film suivant, *Mariage Royal.*

"Tunnel of Love" avec Betty Hutton

"Piano Dance"

“Royal Wedding”

Mariage Royal

Production :
Arthur Freed pour la MGM
Réalisation :
Stanley Donen
Scénario :
Alan Jay Lerner
Images :
(Technicolor)
Robert Planck
Montage :
Albert Akst
Direction artistique :
Cedric Gibbons et Jack Martin Smith
Lyrics :
Alan Jay Lerner
Musique :
Burton Lane
Direction musicale :
Johnny Green
Orchestration :
Conrad Salinger et Skip Martin
Chorégraphie :
Nick Castle

Interprétation :
Fred Astaire
Tom Bowen
Jane Powell
Ellen Bowen
Peter Lawford
Lord John Brindale
Sarah Churchill
Anne Ashmond
Keenan Wynn
Irving et Edgar Klinger
Albert Sharpe
Jamie Ashmond
Viola Roache
Sarah Ashmond
Henri Letondal
le commissaire de bord
James Finlayson
le cocher
Jack Reilly
Pete Cumberly
John Hedloe
Billy
William Cabanne
Dick
Kerry O'Day
Linda
Pat Williams
Barbara
Alex Frazer
Chester
Francis Bethancourt
Charles Gordon
Mae Clarke
l'opératrice téléphonique

Numéros musicaux :
“Ev'ry Night at Seven”, Astaire, dansé par Astaire et Powell.
“Sunday Jumps”, dansé par Astaire.
“Open Your Eyes”, Powell, dansé par Astaire et Powell.
“The Happiest Day of My Life”, Powell.
“How Could You Believe Me When I Said I Love You When You Know I've Been a Liar All My Life”, Astaire et Powell, dansé par Astaire et Powell.
“Too Late Now”, Powell.
“You're All the World to Me”, Astaire, dansé par Astaire.
“I Left My Hat in Haiti”, Astaire, dansé par Astaire et Powell.
“What a Lovely Day for a Wedding”.

Sortie :
14 février 1951.
Durée :
93 minutes.

Tom et Ellen Bowen, frère et sœur et vedettes de Broadway, reçoivent un accueil triomphal pour la dernière de leur spectacle ("Ev'ry Night at Seven"). Leur impresario, Irving Klinger, leur a trouvé un engagement à Londres où l'on prépare activement le mariage de la princesse Elizabeth et du duc d'Edimbourg. Sur le bateau, Ellen fait la connaissance de John Brindale, un authentique lord anglais. Tandis que les jeunes gens marivaudent sur le pont, Tom, toujours soucieux d'améliorer son travail, répète dans la salle de gymnastique du navire ("Sunday Jumps"). Le commandant demande peu après à Tom et Ellen de participer à un gala de charité. Une tempête se préparant, leur danse ("Open Your Eyes") est joyeusement perturbée par le tangage du bateau.

A Londres, où Edgar Klinger, frère jumeau d'Irving, les accueille, Ellen retrouve John qui lui fait visiter le château de sa famille. Tom, de son côté, prépare leur spectacle et fait la connaissance d'Anne Ashmond, une danseuse de la rue, et s'attache bientôt à elle. *Un soir, Anne apprend à Tom qu'elle est fiancée à un Américain de Chicago, Hal Rayton, dont elle n'a plus de nouvelles depuis plusieurs mois.*

Peu avant la première du spectacle, Ellen avoue à John qu'elle l'aime ("The Happiest Day of My Life"). Le show *remporte un immense succès ("How Could You Believe Me...") et aussitôt, Ellen et John décident de se marier ("Too Late Now"). Le même soir, Tom dérobe une photographie de Anne à la devanture du théâtre et, une fois à son hôtel, fait une véritable déclaration d'amour à... la photographie ("You're All the World to Me"). Le lendemain, Edgar arrive avec les journaux ; la presse est aussi enthousiaste que le public. Tom en profite pour lui demander d'enquêter sur un certain Hal Rayton, de Chicago, et apprend que celui-ci est déjà marié.*

Un soir, après le spectacle ("I Left My Hat in Haiti"), Tom annonce à Anne que son fiancé *est marié. Nouvelle qui, loin de l'attrister la ravit puisque, dit-elle,* elle aime Tom et que Tom l'aime. *Elle lui propose aussitôt de l'épouser, mais Tom bat en retraite. Le mariage l'effraie, lui qui a voué toute sa vie au travail. De retour à l'hôtel, Tom et Ellen se confient leurs problèmes sentimentaux, tombant finalement d'accord : le mariage ne peut que briser leur carrière, ce qu'ils refusent. Arrive le jour du mariage royal. Toute la ville est en fête ("What a Lovely Day for a Wedding") et Edgar vient chercher Ellen et Tom pour assister à la parade. C'est là que tous deux réalisent combien ils aiment John et Anne. Ils se lancent dans la foule, les retrouvent l'un et l'autre, et se marient aussitôt.*

"Ev'ry Night at Seven" avec Jane Powell

"Sunday Jumps"

Comment ne pas songer ici à l'histoire de Fred et Adele Astaire, celle-ci rencontrant à Londres Lord Charles Cavendish qu'elle épousera quelques mois plus tard. Le parallèle s'impose donc entre les Astaire de 1928 et les Bowen de 1947, autorisant une sorte de *backstage musical* sentimental et légèrement nostalgique assez bien venu mais dont de multiples contretemps aurait pu dès le départ compromettre la réussite.

C'est Charles Walters qui, à l'origine, devait assurer la mise en scène, et June Allyson tenir le principal rôle féminin. Celle-ci, mariée à Dick Powell, annonça après une dizaine de jours de répétitions qu'elle renonçait au film, étant enceinte. Tandis que Charles Walters se retirait lui aussi pour aller diriger une autre production, la Metro proposa le scénario à Judy Garland qui accepta puis, tombant malade, dut renoncer à son tour. *"Je commençais à me demander si le film se ferait un jour. Une semaine plus tard, Arthur Freed me dit que Jane Powell était disponible. Ma réponse fut brève et immédiate : "Mettez-lui la main dessus, s'il vous plaît !"*

Quoique Janie ne fut pas danseuse de formation, je savais qu'elle s'acquitterait parfaitement de sa tâche. Elle surprit tout le monde par sa façon bien à elle de maîtriser les scènes de danse. Nous avions démarré !"

Il restait à trouver un metteur en scène et l'on choisit Stanley Donen, pour un cavalier-seul succédant à l'admirable *Un jour à New York*, co-réalisé par Gene Kelly. Donen avoua plus tard ne guère aimer *Mariage Royal* : *"Il ne fait pas partie de mes films préférés. Je suis gêné par l'aspect conventionnel... comment dire, "comédie musicale avec numéros sur scène". Certains sont excellents, "Ev'ry Night at Seven", "How Could You Believe Me..." en particulier. Oui, j'aime bien ces chansons, et aussi certaines danses, comme le ballet perturbé par le tangage et la danse de Astaire au plafond*[1]". Il est vrai qu'après la très grande liberté narrative et chorégraphique d'*Un jour à New York, Mariage Royal* marquait alors une sorte de retour au *musical* traditionnel démenti l'année suivante par l'exceptionnelle réussite de *Chantons sous la pluie*. Mais la sévérité de tels propos illustre surtout l'attitude généralement négative adoptée par Stanley Donen, devenu un cinéaste *sérieux*, à l'égard d'un genre qu'il juge sans doute trop *léger*[2]. Toujours est-il que, quoi qu'en dise aujourd'hui son réalisateur et sans être pour autant une *très* grande réussite, *Mariage Royal* ne manque pas de séduction, et particulièrement au niveau des numéros musicaux.

On peut en compter deux d'exceptionnels et quatre de remarquables, ce qui, tout bien pesé, témoigne d'un ensemble de fort bon aloi. Exceptionnel par l'aisance et l'invention de Fred Astaire, "Sunday Jumps" compte sans doute parmi ses numéros les plus mémorables. Accordant

"You're All the World to Me"

ses pas au rythme d'un métronome, le danseur explore l'espace d'une vaste salle de gymnastique, prenant pour partenaires divers objets (des extenseurs, des barres parallèles, un cheval d'arçon, des massues) et surtout un porte-manteau. Numéro d'autant plus étonnant qu'il repose sur la seule virtuosité de Astaire, atteignant pour le coup l'un des sommets de son art — et ce n'est pas une formule. Exceptionnel aussi, mais d'une qualité moins rare que "Sunday Jumps", "You're All the World to Me" permet à Fred, que l'on savait déjà plus léger que l'air, de défier totalement les lois de l'apesanteur et, un trucage aidant, de danser sur les murs et au plafond de sa chambre. *"Cette séquence a été tournée très vite. Tout était fondé sur le principe de ces attractions de foire, qui tournent et vous empêchent de tomber. La pièce tournait lentement, le plancher devenait le plafond. La caméra était à l'intérieur, et le chef-opérateur était attaché à l'un des murs. Ce fut surtout difficile pour Fred, qui devait travailler ses pas pendant que l'ensemble tournait. J'ai filmé cela en une demi-journée, après avoir beaucoup répété*[3]". "Ev'ry Night at Seven", "How Could You Believe Me..." et "I Left My Hat in Haiti", pour être des numéros de scène, et donc en quelque sorte extérieurs à l'anecdote, n'en font pas moins preuve d'une très grande diversité de ton et de façon. Le premier, certes peu original, ouvre le film et donne un aperçu du style très classique des Bowen que les numéros suivants (sur scène ou *off-stage*) ne cesseront d'enrichir. Ainsi "How Could You Believe Me", inspiré de "A couple of Swells", introduit dans leur jeu une coloration burlesque opposée à la luxuriance de "I Left My Hat in Haiti", *finale* minnellien et légèrement dramatisé. Citons enfin "Open Your Eyes", duo romantique très classique donné en spectacle par les Bowen et que le tangage du transatlantique perturbe avec cocasserie.

La principale faiblesse du film tient à l'interprétation de Sarah Churchill, petite fille du célèbre Winston mais comédienne assez falote et peu douée pour la danse. Sa rencontre avec Fred évoque celle de Fred et Ginger dans *Swing Time,* mais, remplaçant Moïra Shearer initialement pressentie, Sarah répond mal aux sollicitations chorégraphiques de son partenaire au cours d'une audition rapidement abrégée. Partageant la vedette avec Jane Powell (mais une sœur demeure une sœur, même au cinéma) et bien que se déclarant adversaire résolu du mariage, Fred pâtit, comme jadis dans *Une Demoiselle en détresse,* de l'absence d'une partenaire pour de vrais duos sentimentaux, et c'est dommage.

(1) Propos de Stanley Donen recueillis par Bertrand Tavernier et Daniel Pallas, "Les Cahiers du Cinéma", n° 143, mai 1963.
(2) Voir notamment ce qu'il en dit dans "Positif", n° 111, p. 42, et cette scandaleuse mise à mort du genre qu'est la seconde partie de *Movie Movie (Folie Folie).*
(3) Propos de Donen recueillis par Tavernier et Pallas, loc. cit.

“The Belle of New York”

La Belle de New York

Production :
Arthur Freed pour la MGM
Réalisation :
Charles Walters
Scénario :
Robert O’Brien et Irving Elinson,
d’après le musical
de Hugh Morton et Gustave Kerker
adapté par Chester Erskine
Images :
(Technicolor)
Robert Planck
Conseillers pour la couleur :
Henri Jaffa et James Gooch
Montage :
Albert Akst
Son :
Douglas Shearer
Direction artistique :
Cedrix Gibbons et
Jack Martin Smith
Décorateur de plateau :
Edwin B. Willis et Richard Pefferle
Costumes :
Helen Rose et Gile Steele
Maquillage :
William Tuttle
Lyrics :
Johnny Mercer
Musique :
Harry Warren
Direction musicale :
Adolph Deutsch
Orchestration :
Conrad Salinger et Maurice DePackh
Chorégraphie :
Robert Alton

Interprétation :
Fred Astaire
Charles Hill
Vera-Ellen
Angela Bonfils
Marjorie Main
Lettie Hill
Keenan Wynn
Max Ferris
Alice Pearce
Elsie Wilkins
Clinton Sundberg
Gilfred Spivak
Gale Robbins
Dixie “Deadshot” McCoy
Lisa Ferraday
Frenchie
Henry Slate
Clancy
Carol Brewster,
Meredith Leeds et Lyn Wilde
les “filles” de Frenchie
Roger Davis
Judkins
Buddy Roosevelt
cocher
Dick Wessel
clochard
Reginald Simpson
maître d’hôtel
Oliver Blake
M. Currier
Billy Griffith
M. Ives
Benny Rubin
Herman
Joe Neimeyer, Walter Ridge,
Donald Kerr, Sandy Marriott,
Joe Evans, Al Callagher,
Bud Benny, George Boyce,
Charles Cross
clochards
Suzy Greene, Dorinda Clifton,
Shirley Clickman, Judy Landon,
Maty Jane French, Mitzie Vehlein,
Pamela Drake, Cissy Marr,
Helen Kimbel, Betty Jean Onge,
Jean Corbett, Betty O’Kelly,
Beverly Thomas, Nova Dale,
Lola Kendrick, Jetsy Parker

Numéros musicaux :
“When I’m Out with the Belle
of New York”, chœurs,
reprise dansé par Astaire et Ellen.
isé“Bachelor Dinner Song”,
Astaire, dansé par Astaire.
“Let a Little Love
Come In” (Edens).
“Seeing’s Believing”, Astaire,
dansé par Astaire.
“Baby Doll”, Astaire,
dansé par Astaire et Ellen.
“Oops”, Astaire,
dansé par Astaire et Ellen.
“A Bride’s Wedding Day Song”
(“Thank You Mr Currier and Thank You
Me Ives”), Ellen,
dansé par Astaire et Ellen.
“Naughty but Nice”, Ellen,
dansé par Ellen,
reprise dansé par Pearce.
“I Wanna Be a Dancin’ Mann”,
Astaire, dansé par Astaire.

Sortie :
28 février 1952.
Durée :
82 minutes.

New York, à la fin du siècle dernier. Angela Bonfils, membre de la mission des Filles de la Justice *dont la vocation est le rachat des âmes égarées, fait l'admiration de tous les New-Yorkais par sa beauté et ses vertus ("When I'm Out with the Belle of New York"). Charles Hill, au contraire, enterre sa vie de joyeux célibataire en annonçant son mariage avec Dixie "Deadshot" McCoy, une plantureuse spécialiste du tir au pistolet ("Bachelor Dinner Song"). La fête est interrompue par la tante de Charlie, Mme Phineas Hill, que la vie dissolue de son neveu scandalise d'autant plus qu'elle dirige les* Filles de la Justice.

Ce même soir, Charlie aperçoit au coin d'une rue Angela et d'autres Filles de la Justice *incitant les pêcheurs à se repentir ("Let a Little Love Come in"). Il tombe instantanément amoureux de la jeune fille qui, ne le prenant pas au sérieux, lui explique que l'amour est un moment d'émotion pure où l'on se sent capable de marcher dans les airs. Et c'est précisément ce qui arrive à Charles : à peine Angela a-t-elle tourné les talons, qu'il monte, monte, monte, jusqu'en haut de l'arc de triomphe de Washington Square ("Seeing's Believing").*

Le lendemain, Charles se rend au siège des Filles de la Justice *où il promet à Angela de trouver un travail honnête pour être digne d'elle ("Baby Doll"). Le voici bientôt télégraphiste de la Western Union, puis balayeur municipal et enfin conducteur de trolley ("Oops"), son insouciance naturelle lui valant d'être vite congédié. Le charme et la sincérité de Charles séduisent malgré tout Angela, qui accepte de l'épouser. Les futurs mariés se font alors photographier par les célèbres Currier et Ives ("A Bride's Wedding Day Song" avec reprise de "When I'm Out with the Belle of New York").*

Tout à sa joie et cependant incorrigible, Charles s'enivre et laisse passer l'heure du mariage. Bien que très affecté, il renonce à revoir Angela et trouve un emploi de serveur chantant au Weber's Casino. *Angela, bien décidée à reconquérir Charles, cherche à le rendre jaloux en feignant de mener elle aussi la grande vie ("Naughty but Nice"). Ainsi, vêtue d'une robe vertigineusement décolletée, de longs gants noirs et d'un boa jaune canari, fait-elle une entrée très remarquée au* Weber *où Charles, après un numéro sur scène ("I Wanna Be a Dancin' Man"), lui reproche d'être tombée dans l'immoralité. Tout en poursuivant leur querelle dans la rue, tous deux s'envolent et marchent dans les airs où, en habit de mariage et réconciliés, ils esquissent quelques pas de danse (reprise de "When I'm Out with the Belle of New York").*

Adaptation d'un spectacle monté à Broadway en 1897 mais doté d'une partition entièrement originale due à Johnny Mercer pour les lyrics et Harry Warren pour la musique, *La Belle de New York* fut un retentissant échec commercial dont personne n'aime à se souvenir, ni Fred Astaire, ni Charles Walters, l'un et l'autre manifestant contre le film, très réussi au demeurant, une sévérité plus proche du ressentiment que de la lucidité critique.

Fred Astaire : "*L'histoire, telle qu'elle avait été imaginée, nous voyait (Vera-Ellen et moi) transportés par l'amour au point de nous envoler dans l'espace, tout simplement. J'avais un solo où je m'envolais jusqu'au sommet de l'arc de triomphe de Washington Square. Après de nombreux essais, force nous fut de constater que cela ne donnait rien, tant au plan de la photo que de l'histoire. Phyllis assista à l'avant-première et saisit la remarque d'une dame assise derrière elle, lorsqu'elle me vit marcher dans les airs : "Ce que ça peut être bête !"*"

Charles Walters : "*J'ai détesté ce film. Pour commencer, je ne pouvais pas supporter Vera-Ellen. Oui, techniquement elle savait danser, mais je bâille en le disant. Et quand il s'agissait de jouer une scène d'amour, ou de jouer n'importe quoi... Elle faisait des pliés pour se préparer pour une scène ! Le film avait été censé être mon premier à un moment donné. S'il l'avait été je crois que ma carrière aurait été beaucoup plus courte. Les scènes dans les airs allaient mais dès que ça redescendait sur terre... L'idée de départ était bonne, que lorsqu'on est amoureux c'est comme si on volait dans l'atmosphère, mais cela ne convenait pas à Fred Astaire car amoureux peut-il vraiment être... Et avec Vera-Ellen ça devenait absolument ridicule*[1]."

On peut certes reprocher bien des choses à Vera-Ellen, à commencer par son classicisme un peu mièvre, tout en soulignant ici que le maintien guindé et volontiers collet-monté du personnage lui sied à merveille, sans nuire pour autant à l'élégance de l'ensemble. L'aisance naturelle d'Astaire gagne au contraire à s'opposer à la raideur de sa partenaire, le film jouant sur le contraste entre un insouciant noceur et une salutiste puritaine. Toute l'intrigue tend ainsi à réduire le fossé qui les sépare, à jeter un pont entre les excès frivoles de l'un et les rigueurs morales de l'autre moins par l'intermédiaire de la danse (il n'y a guère ici qu'une seule et très discrète danse de séduction, "Baby Doll") que d'une alchimie amoureuse réduite à une marche ascensionnelle qui trouvera un aboutissement chorégraphique dans le numéro "Dancing in the Dark" de *Tous en scène.* Walters n'a pas tout à fait tort de mettre en doute la capacité d'Astaire à tomber amoureux, mais il oublie de préciser que l'amour s'inscrit ici dans une tradition résolument platonicienne, non-érotique et magique, un peu à la façon du numéro "You're All the World to Me" de *Mariage Royal,* qui reprend d'ailleurs un trucage assez similaire.

Une coloration semi-féerique baigne ainsi un film où la réalité n'a jamais cours, animant de véritables tableaux

Avec Vera-Ellen

"Oops" avec Vera-Ellen

Avec Marjorie Main et Vera-Ellen

"A Bride's Wedding Day Song" avec Vera-Ellen, page de droite

vivants, des vignettes qui se figent parfois dans une élégance fin de siècle dont tout souci paraît banni. Il n'y a pas ici de lutte entre le rêve et la réalité comme dans *Tous en scène,* mais rien qu'un monde bâti en marge de la réalité et où l'on ne croit vraiment ni à l'immoralité du noceur ni au rigorisme de l'ingénue, figures emblématiques avant tout destinées à donner la comédie, à animer un univers de convention semblable aux clichés de Currier et Ives que le film célèbre d'ailleurs avec splendeur. Rien ne justifie donc les numéros musicaux sinon l'arbitraire des sentiments qui transforment un *play boy* désœuvré et une timide demoiselle de charité en un couple de danseurs émérites et leur permet de marcher dans les airs. Il faut voir là moins une quelconque astuce destinée à *épater* le spectateur que l'aboutissement d'une entreprise où rien ne saurait surprendre, ni le passage de la marche à la danse, ni l'ascension vertigineuse d'un couple d'amoureux.

C'est la même élégance précaire d'un univers de porcelaine que l'on retrouve dans les numéros musicaux. La préciosité des décors, des costumes et de la photographie donne une exquise fragilité à "Baby Doll" et "Oops",où Fred et Vera-Ellen glissent non sans humour vers une félicité déjà extatique, et surtout "A Bride's Wedding Day Song", merveilleux chef d'œuvre d'élégance picturale et chorégraphique illustrant différentes saisons à la façon de Currier et Ives — badmington et balançoire au printemps, un été au bord de la mer, enfin patinage hivernal dans Central Park. Astaire, seul, donne toute la mesure de son formidable abattage, jamais vulgaire, dans le très enlevé "I Wanna Be a Dancin'Man" et dans "Bachelor Dinner Song" où, entouré de toutes ses conquêtes féminines passées, il annonce le non moins libertin "Too Bad" de *La Belle de Moscou* (1957).

(1) Propos de Walters recueillis par Sauvage, loc. cit.

“The Band Wagon”

Tous en scène

Production :
Arthur Freed pour la MGM
Producteur associé :
Roger Edens
Réalisation :
Vincente Minnelli
Scénario :
Betty Comden et Adolph Green
Images :
(Technicolor)
Harry Jackson
et (non crédité) George Folsey
Montage :
Albert Akst
Conseillers pour la couleur :
Henri Jaffa et Robert Brower
Direction artistique :
Cedric Gibbons et Preston Ames
Décorateurs de plateau :
Edwin B. Willis et Keogh Gleason
Costumes :
Mary Ann Nyberg
Lyrics :
Howard Dietz
Musique :
Arthur Schwartz
Direction musicale :
Adolph Deutsch
Orchestration :
Conrad Salinger, Skip Martin
et Alexander Courage
Chorégraphie :
Michael Kidd

Interprétation :
Fred Astaire
Tony Hunter
Cyd Charisse
Gabrielle Gerard
Oscar Levant
Lester Marton
Nanette Fabray
Lily Marton
Jack Buchanan
Jeffrey Cordova
James Mitchell
Paul Byrd
Robert Gist
Hal Benton
Thurston Hall
le colonel Tripp
Douglas Fowley
le commissaire-priseur
LeRoy Daniels
le cireur noir
Herbert Vigran et Emory Parnell
les deux hommes dans le train
Barbara Ruick, Steve Forrest
et Bess Flowers
trois voyageurs
Ernest Anderson
le porteur noir
Frank Scannel, Stu Wilson
et Roy Engel
les reporters
Donald Kerr
le photographe
Jack Tesler
Ivan
Dee Turnell
Barbara
Jimmy Thompson
Jimmy
John Lupton
Jack, le souffleur
George Sherwood, Stuart Holmes,
Harry Stanton, Madge Blake,
Marion Gray, Estelle Eterre
et Lilian Culver
les commanditaires
Bobby Watson
l'habilleur de Tony
Robert Burton
un fournisseur
Owen McGiveney
l'accessoiriste
Jack Stoney, Charles Regan,
Al Ferguson et Dick Alexander
machinistes
Henry Corden
le chef d'orchestre
Peggy Murray, Bert May,
Judy Landon, Elynne Ray,
Bill Foster, Shirley Lopez,
Ralph Beaumont et Lisa Baugher
danseurs de la troupe
Ted Jordan, Ann McCrea,
Robert R. Stebbins et Lyle Clark
le chorus dans la chambre d'hôtel
Sam Hearn
un agent

Sue Casey
la géante au Penny Arcade
Dick Sands, Julie Hedin, Ben Mozelle, Gwenn Fields, Mario Lamm, Eddie Simms, Glen Walters, Michael Economides, Curtis Jackson et George Economides
figurants au Penny Arcade
Wilson Wood
le tenancier du stand de boites de conserve
Al Hill
le tenancier du stand de tir
Paul Bradley
le serveur du bal dans le parc
Dee Hartford, Julie Newman, Myrna Hansen et Eden Hartford
filles du "Girl Hunt Ballet"
Jack Gargan
le portier de l'hôtel
Joe A. Brockman
le cocher
Smoki Whitfield
le chauffeur
Lotte Stein
la femme de ménage
Manuel Paris
un serveur
Wymer Gard et Fred Datig Jr.
les réceptionnistes à la soirée manquée
Betty Farrington
la postulante danseuse
Helen Dickson, Paul Power et Dulce Daye
clients dans le hall de l'hôtel
Sam Harris
spectateur du ballet classique
Matt Mattox
le danseur classique
et Ava Gardner
elle-même

Numéros musicaux :
"By Myself", Astaire.
"A Shine on Your Shoes", Astaire, dansé par Astaire et Daniels.
"That's Entertainment", Buchanan, Fabray, Levant et Astaire, reprise chantée au *finale* avec les mêmes plus Charisse.
"Beggar Waltz" ("Giselle"), dansé par Charisse,
"Dancing in the Dark", dansé par Astaire et Charisse.
"You and the Night and the Music", dansé par Astaire et Charisse.
"Something to Remember You By".
"High and Low",
"I Love Louisa", Astaire, Levant, Fabray.
"New Sun in the Sky", Charisse.
"I Guess I'll Have to Change My Plan", Astaire et Buchanan, dansé par Astaire et Buchanan.
"Louisiana Hayride", Fabray.
"Triplets", Astaire, Fabray, Buchanan.
"The Girl Hunt Ballet", texte écrit par Alan Jay Lerner, dit par Astaire, dansé par Astaire et Charisse.
Cyd Charisse est doublée pour les chansons par India Adams.
Sortie :
7 juillet 1953.
Durée :
111 minutes.

Une vente aux enchères, à la galerie Bolwinkle de Los Angeles. Personne ne se porte acquéreur du chapeau haut de forme, des gants blancs et de la canne de Tony Hunter, vedette de films musicaux aujourd'hui tombé dans l'oubli. Dans le train qui le ramène à New York après plusieurs années d'absence, Tony surprend une conversation entre deux voyageurs qui l'estiment fini. Une fois à destination, des journalistes attendent sur le quai de la gare, se précipitant vers... Ava Gardner qui descend du train.

Triste et seul, Tony remonte le quai ("By Myself") au bout duquel deux vieux amis, Lily et Lester Marton, l'accueillent avec effusion. Ils viennent d'écrire une comédie musicale qu'il jouera en vedette et que mettra en scène Jeffrey Cordova, l'actuelle coqueluche de Broadway, qui triomphe présentement avec "Œdipe Roi". Laissant ses amis à leur enthousiasme, Tony part retrouver ses anciens succès vers un Broadway qu'il reconnaît à peine. La nostalgie se transforme bientôt en une formidable joie de vivre, tandis qu'il se fait cirer les chaussures et qu'il joue aux machines à sous ("A Shine on Your Shoes").

Peu après, Lily, Lester et Tony rendent visite à Cordova dans les coulisses d'"Œdipe Roi". Les Marton lui présentent leur spectacle, une comédie musicale drôle et légère, dans laquelle il voit des réminiscences faustiennes qu'il entend exploiter. Bien qu'étonnés par la tournure que prennent les choses, Tony et ses amis s'enthousiasment pour le projet ("That's Entertainment"). Tous les quatre se rendent à un spectacle de ballets où se produit Gabrielle Gerard, une danseuse classique ("Beggar Waltz"). Cordova pense l'engager mais Tony se déclare réticent, Gabrielle lui paraissant décidément trop classique. Paul Byrd, chorégraphe et amant de Gabrielle, ne souhaite pas la voir abandonner la danse classique, même pour quelques mois. Cordova le convainc cependant. Tony jouera le rôle de Faust, Gabrielle sera Marguerite et quant à Mephisto, c'est Cordova lui-même qui l'incarnera, Byrd assurant la chorégraphie de l'ensemble.

La première rencontre de Gabrielle et Tony se passe mal : elle lui reproche d'être trop vieux et il la trouve prétentieuse et trop grande. Cordova réconcilie tout le monde et les répétitions commencent, non sans accrochages de toutes sortes. Tant et si bien que Tony décide d'abandonner le spectacle. Gabrielle est alors envoyée auprès de Tony pour le faire revenir sur sa décision. Le couple finit par s'entendre, part en promenade dans

"That's Entertainment" avec Jack Buchanan, Nanette Fabray et Oscar Levant

Central Park et sympathise ("Dancing in the Dark"). Les répétitions reprennent ("You and the Night and the Music") et la première est un désastre.

La troupe se console en organisant une petite fête ("Something to Remember You By" et "High and Low"). Tony se joint à eux et, avec Lily et Lester, improvise un numéro que toute la troupe reprend ("I Love Louisa"). Dans l'enthousiasme, Tony décide de repartir à zéro. Il vendra ses tableaux de maîtres pour financer un nouveau spectacle qui, cette fois, suivra fidèlement le livret d'origine. Beau joueur, Cordova accepte, mais Byrd refuse, méprisant la comédie musicale. Gabrielle, qui décide de suivre Tony, rompt avec Byrd.

La troupe rode le spectacle en tournée à Boston ("New Sun in the Sky"), Philadelphie ("I Guess I'll Have to Change My Plan"), Washington ("Louisiana Hayride") et Baltimore ("Triplets") avant de triompher enfin à l'Alcott Theatre de New York ("The Girl Hunt Ballet"). Après le spectacle, une fête est organisée en l'honneur de Tony où Gabrielle lui dit enfin qu'elle l'aime. Tout s'achève dans la joie et la bonne humeur (reprise de "That's Entertainment").

Peut-être est-ce là, avec *Chantons sous la pluie,* la comédie musicale la plus achevée aussi bien par les thèmes traités que par la qualité des numéros musicaux. Le titre du film reprend celui d'un spectacle interprété en 1931 par Fred et Adele Astaire sur la scène du New Amsterdam et dû à Howard Dietz et Arthur Schwartz. C'est à la demande d'Arthur Freed que Betty Comden et Adolph Green bâtirent une histoire autour de cinq chansons du spectacle de 1931 ("High an Low", "New Sun in the Sky", "I Love Louisa", "Dancing in the Dark" et "The Beggar Waltz"). Quelques-unes, toujours dues à Dietz et Schwartz, furent ajoutées ("Triplets" et "By Myself" tirées de "Between the Devil", "A Shine on Your Shoes" et "Louisiana Hayride" de "Flying Colors", "You and the Night and the Music" de "Revenge with Music"), d'autres encore étant créées pour la circonstance, notamment "That's Entertainement" et surtout le ballet "Girl Hunt", transposé par Roger Edens dans une tonalité nettement plus *jazz.*

"Toutes ces chansons avaient été écrites pour des shows et des revues à grand spectacle. Il était donc difficile de les introduire dans une histoire. Aussi, nous avons finalement décidé d'écrire un scénario dont l'intrigue serait située dans le milieu du spectacle. L'une des chansons, "By Myself", exprimait merveilleusement, dans cette perspective, l'état d'âme de ce comédien qui se croit fini[1]". L'intrigue évoque certes *Dancing Lady* et d'autres *backstage musicals* des années 30, mais l'entreprise se veut surtout une défense et illustration de la comédie musicale, son "Discours de la Méthode" en quelque sorte. La caméra se faufile dans les coulisses, surprend des machinistes à jouer aux cartes, lève le voile sur les répétitions harassantes, les pas de danse sans cesse repris et perfectionnés, les espoirs et les désespoirs d'une troupe toute entière vouée au spectacle.

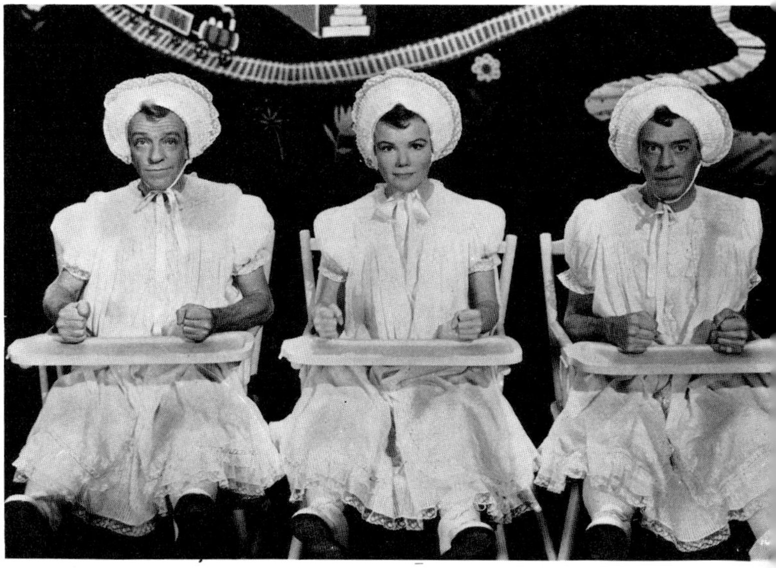

"Triplets" avec Nanette Fabray et Jack Buchanan

Avec Cyd Charisse et Jack Buchanan

"That's Entertainment" avec Nanette Fabray et Jack Buchanan

(1) Propos de Betty Comden, "Les Cahiers du Cinéma, n° 174, janvier 1966.

ARE YOU A
HOT
SHOT?
TRY YOUR SKILL
PHOTO
5
1610-1

ARE YOU A
HOT
SHOT?
OTOGRAPHS
HOTOMATIC 25¢
TRASH
1610-4

"A Shine on Your Shoes" avec Le Roy Daniels

Aussi peut-on aborder le film comme une véritable autobiographie artistique, Minnelli recourant à ses souvenirs de tournées chez Balaban et Katz pour mieux assurer une œuvre résolument *à clefs.* Ancienne vedette d'un film intitulé *Swinging Down to Panama,* Tony Hunter exécute sur scène un numéro en *top hat, white tie and tails,* évoquant directement un Fred Astaire encore juvénile en dépit de ses 54 ans, mais sévèrement touché quelques mois plus tôt par l'échec de *La Belle de New York* dont, sans être pour autant un *has been,* il éprouva quelque dépit. Les scénaristes Comden et Green brossent un amusant autoportrait avec le couple Lily et Lester Marton, et quant au personnage de Jeffrey Cordova, *"c'est un composé d'Orson Welles et de José Ferrer : l'un comme l'autre n'ont peur de rien. Welles est peut-être moins impétueux, il se laisse plus facilement apitoyer, mais c'est à peu près cela*[2]."

Fred Astaire retrouve Cyd Charisse pour cette fois un peu plus qu'une rencontre fugitive à la façon de *Ziegfeld Follies.* Elle est pour lui une partenaire idéale, ne rivalisant certes pas avec Ginger Rogers quant à la gouaille un peu vulgaire et au dynamisme bon enfant, mais témoignant en revanche d'une élégance dans le maintien et les mouvements parfaitement accordée à celle de son partenaire. Il y a d'abord entre eux exclusion réciproque de leurs styles chorégraphiques, l'insouciance spectaculaire de l'un s'opposant à la rigueur classique de l'autre sans qu'il y ait affrontement direct, puis découverte d'un terrain d'entente avec "Dancing in the Dark". C'est l'irréalité évanescente du numéro, inspiré des grands duos romantiques des années RKO ("Night and Day" surtout, par le passage insensible et aérien de la marche à la danse), qui abolit toute différence entre deux styles jusqu'ici antagonistes ("A Shine on Your Shoes" illustrant celui d'Astaire, "Beggar Waltz" celui de Charisse) et dont la fusion relève d'une subtile alchimie tant artistique que sentimentale. *"Il y a quelque chose de mystérieux et de fascinant dans ce pas légèrement traînant qui fait passer de légers frissons dans le dos. D'autres pas, encore plus aériens, suivent : le couple danse, simplement, doucement, comme d'autres font la causette. Sa robe blanche devient éclosion d'espoir, ses jambes mènent au bonheur. Nous avons compris ; ils ont compris. Ils s'aiment ; leur amour est immense, leur corps le crie. Ces silencieux hurlements érotiques sont les moments les plus graves et les plus éblouissants du cinéma*[3]."

Ce sommet de l'art astairien, où temps, lieu et mouvement se conjuguent en une envolée cosmique, témoigne d'une réalité mise en déroute et déjà à demi féerique, Minnelli élargissant la scène de son théâtre aux dimensions de l'univers. L'opposition entre classique et moderne, ballets en tutus et divertissements populaires, due à l'apport des scénaristes Comden et Green, s'efface ici pour mieux unir toutes les formes de spectacles, et jusqu'au spectacle de la vie.

Everything that happens in life
Can happen in a show,

chante-t-on dans "That's Entertainment", gommant toute barrière entre le spectacle et la vie. *La comédie musicale ne tend pas à s'intégrer à la vie quotidienne, comme l'ont cru naguère les laudateurs de* On the Town, *mais au contraire à la faire basculer dans un spectacle permanent et sans limite*[4].

Tout en privilégiant les numéros musicaux sur scène, Minnelli ne néglige pas pour autant ceux qui s'inscrivent dans une réalité aux apparences trompeuses. Ainsi "A Shine on Your Shoes" utilise-t-il au maximum les ressources d'Astaire, rappelant d'ailleurs par l'exploration dynamique et ludique d'un espace restreint (une *penny arcade* de la 42ème Rue) le "Drum Crazy" de *Parade de Printemps,* alors que "I Guess I'll Have to Change My Plan", lointaine réminiscence de *Top Hat,* ou "Triplets" valent surtout à titre de curiosités ou, plus justement peut-être, d'illustrations d'un travail *en progrès* aboutissant à la perfection triomphale du "Girl Hunt Ballet".

On sait que le numéro reprend les stéréotypes du film noir pour mieux les décaper. Le ballet, réglé comme tous les autres numéros par Michael Kidd, apparaît ici comme *plus qu'une parodie, même subtile : dernière concession à notre passé, il a le goût de ces amours fatales et de ces nuits blêmes dont rêvent tous les aventuriers passifs*[5]. Caricature plutôt que parodie d'ailleurs (un Mickey Spillane étant déjà la caricature d'un Raymond Chandler), par le choix d'un espace rigoureusement balisé, de personnages grossièrement campés, de situations juxtaposées pour leur seule valeur emblématique. L'omniprésence de la ville endormie, un solo de trompette qui déchire le silence, les passages à tabac sordides, les couloirs du métro où l'embuscade menace, les bars enfumés peuplés de louches chalands, autant d'éléments mythiques renforcés par la présence d'une Cyd Charisse bifront et doublement fatale. Le numéro procède par accumulation de décors et de personnages convenus, privilégiant les outils ordinaires de la série noire classique qu'épure une approche de la couleur et des décors résolument stylisée. Ce qui explique sans doute que l'on ait un peu vite annexé le numéro à un surréalisme mal défini, plus consciemment illustré dans *Ziegfeld Follies* et surtout *Yolanda et le voleur,* et dont Minnelli récuse ici toute influence. *"Il s'agissait de satiriser les auteurs américains de série noire, l'école de Mickey Spillane : nous avons repris tous les clichés du détective-superman contre lequel personne n'est de taille à lutter. Nous n'avions pas l'intention de faire un ballet surréaliste, mais il donne l'impression de l'être dans la mesure où nous faisions la parodie d'un genre littéraire un peu surréaliste*[6]". Il y a là un refus des recettes et des *a priori* qui fonde l'originalité de *Tous en scène* et lui confère une simplicité proche du génie que ne trahissaient ni *Ziegfeld Follies,* ni *Yolanda.*

(1) Propos de Betty Comden, "Les Cahiers du Cinéma",n°174, janvier 1966.
(2) Propos de Vincente Minnelli recueillis par Jean Domarchi et Charles Bitsch, "Les Cahiers du Cinéma", n°74, août-septembre 1957.
(3) Ado Kyrou, *Notes sur l'érotisme des films dansés,* "Positif", n°12, novembre-décembre 1954.
(4) Michael Henry, *L'Espace vital de la comédie musicale,* "Positif", n°144-145, novembre-décembre 1972.
(5) Etienne Chaumeton et Raymond Borde, "Panorama du film noir américain", Editions de Minuit, Paris, 1955, p. 138.
(6) Propos de Minnelli recueillis par Domarchi et Bitsch, loc. cit.

“Dancing in the Dark” avec Cyd Charisse

THE IDAHO KID
FEATURING PROVINS
FRI TUES
CLARK
ALL
OPEN
MIDNITE SHOW
EVERY SAT.
25¢
FIGHTS
TEPKER
JACKSON
OPERA
COMIC
COMMODORE
SAVAGE
ALL SEATS
EVENT
SAT.1

"The Girl Hunt Ballet" avec Cyd Charisse, ainsi que pages suivantes

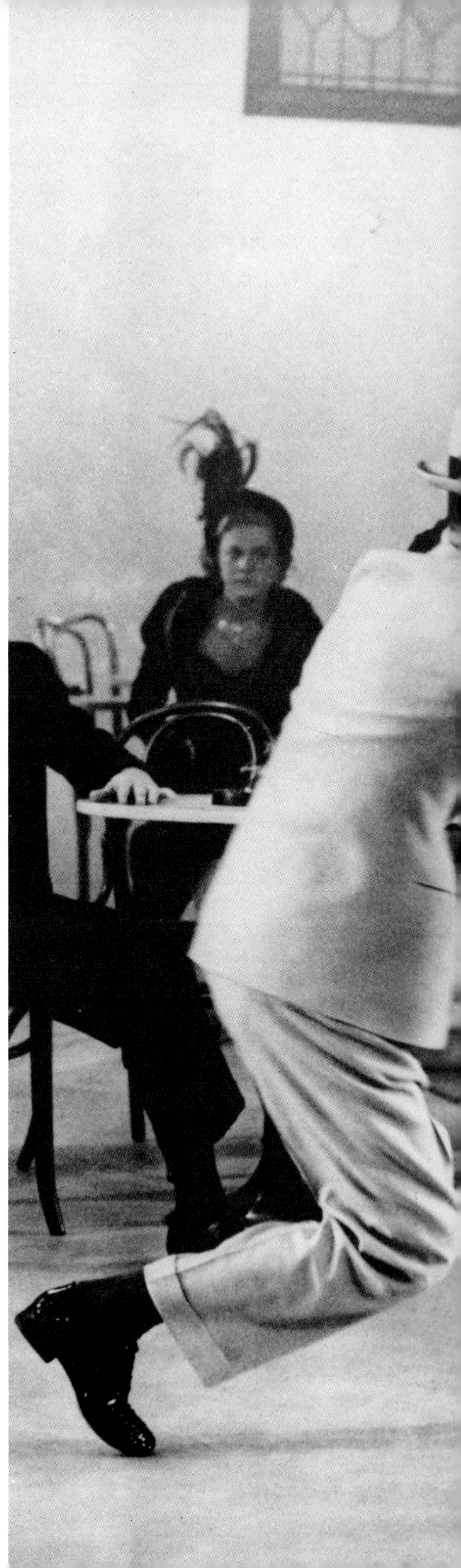

“Daddy Long Legs”

Papa longues jambes

Production :
Samuel G. Engel
pour la 20th Century Fox
Réalisation :
Jean Negulesco
Scénario :
Phœbe et Henry Ephron,
d'après le roman et la pièce
de Jean Webster
Images :
(Cinemascope-Deluxe)
Leon Shamroy
Montage :
William Reynolds
Direction artistique :
Lyle Wheeler et John DeCuir
Costumes :
Charles LeMaire, Kay Nelson
et Tom Keogh
Lyrics et musique :
Johnny Mercer
Musique du ballet :
Alex North
Direction musicale :
Alfred Newman
Orchestration :
Edward Powell, Skip Martin,
Earle Hagen, Bernard Mayers
et Billy May
Arrangements vocaux :
Ken Darby
Chorégraphie :
David Robel et Roland Petit

Interprétation :
Fred Astaire
Jervis Pendleton
Leslie Caron
Julie André
Terry Moore
Linda Pendleton
Thelma Ritter
Melissa Pritchard
Fred Clark
Griggs
Charlotte Austin
Sally McBride
Larry Keating
l'ambassadeur
Kathryn Givney
Gertrude Pendleton
Kelly Brown
Jimmy McBride
Ralph Dumke
M. Bronson
Kathryn Card
Mlle Carrington
Joseph Kearns
le guide
Ann Codee
Mme Sevanne
Damian O'Flynn
Larry Hamilton
Sara Shane
Pat Withers
David Hoffman
le bijoutier
Janice Carroll
une danseuse
avec l'orchestre de Ray Anthony

Numéros musicaux :
“History of the Beat”, Astaire,
dansé par Astaire.
“C-A-T Spells Cat”, Caron.
“Daddy Long Legs”,
“Welcome Egghead”,
“Daydream Sequence
Texas Millionaire-International
Playboy-Guardian Angel)”,
dansé par Astaire et Caron.
“Dream”,
dansé par Astaire et Caron.
“Sluefoot”,
dansé par Astaire et Caron.
“Something's Gotta Give”, Astaire,
dansé par Astaire et Caron.
“Dancing Through Life” ballet
(Paris-Hong Kong-Rio) (North),
dansé par Caron.

Pour la chanson “Texas Millionaire”
Fred Astaire est doublé par
Thurl Ravenscroft.

Sortie :
4 mai 1955.
Durée :
126 minutes.

Jervis Pendleton, riche homme d'affaires américain, préfère la batterie aux opérations en bourse ("History of the Beat"), ce que lui reproche sans ménagements Griggs, son homme de confiance. Jervis se rend en France pour participer aux travaux d'une commission financière. En chemin sa voiture s'embourbe et il trouve du secours dans une petite institution non loin de Soissons (sic), l'orphelinat Jeanne-d'Arc, où il rencontre une jeune fille, Julie André, orpheline elle-même, qui s'occupe des enfants et les éduque ("C-A-T Spells Cat").

Arrivé à Paris, Jervis confie à l'ambassadeur américain sa volonté d'adopter Julie. Mais celle-ci est mineure et l'ambassadeur explique à Jervis que, pour des raisons de convenance, l'adoption est impossible. Jervis sera le bienfaiteur de la jeune fille, promettant à l'ambassadeur de ne jamais révéler son identité à Julie qui ne le connaîtra que sous le nom de John Smith. *Jervis accepte et Julie débarque bientôt aux Etats-Unis non sans s'être interrogée sur l'identité de son protecteur qu'elle baptise* Papa Longues Jambes *("Daddy Long Legs"). Arrivant au Walston College, elle est accueillie par toutes les étudiantes ("Welcome Egghead") et partage une chambre avec la propre nièce de Jervis, Linda.*

S'adaptant à sa nouvelle vie, Julie écrit régulièrement à John Smith, *qui ne lui répond pas. Aussi l'imagine-t-elle tout à tour en millionnaire texan, en* play-boy *international et en ange gardien ("Daydream Sequence"). Deux années passent et Jervis, qui a oublié l'existence de sa protégée, apprend par Griggs et sa secrétaire, Melissa Pritchard, que Julie lui a écrit presque quotidiennement depuis son installation au Walston College. Intrigué, il veut revoir la jeune fille mais, tenu par sa promesse d'anonymat, prend prétexte d'une visite à sa nièce Linda.*

Le collège donne sa fête annuelle et Jervis retrouve Julie sans lui révéler toutefois que lui et John Smith *ne sont qu'une seule et même personne. Le couple esquisse quelques pas de danse dans le parc ("Dream") puis participe très activement au bal du collège ("Sluefoot"). Séduit par la jeune fille, Jervis l'invite en compagnie de Linda à venir passer un week-end à New York. Lorsque Julie arrive, elle est seule, Linda, malade, n'ayant pu l'accompagner. Jervis lui fait alors visiter New York et lui déclare son amour sur la terrasse de l'hôtel ("Something's Gotta Give").*

L'ambassadeur, de passage à New York, apercevant le couple dans une situation embarrassante, demande à Jervis de respecter ses engagements. La mort dans l'âme, il décide de rompre et de voyager pour oublier Julie. Au collège, Julie termine ses études et, profondément affligée, prépare ses bagages tout en imaginant le tour du monde de Jervis ("Dancing Through Life").

Lors de la cérémonie de remise des diplômes, Melissa Pritchard vient la chercher à l'insu de Jervis pour lui présenter enfin son bienfaiteur, le mystérieux John Smith. *Lorsqu'il apprend son arrivée, Jervis refuse de la voir mais, comprenant qu'il ne peut se passer d'elle, il la rejoint enfin et l'enlace pour quelques pas de danse (reprise de "Something's Gotta Give").*

"Day Dream Seauence: Texas Millionaire"

"History of the Beat"

Papa Longues Jambes s'inspire d'un roman de Jean Webster écrit en 1912, adapté pour la scène en 1914 et pour le cinéma en 1919 (avec Mary Pickford) et 1931. Au début des années 50, Darry F. Zanuck,, alors à la tête de la Fox, rêvait d'en faire une comédie musicale, et lorsque Fred Astaire se trouva libéré de son contrat à la Metro, il saisit l'opportunité et lui proposa le rôle principal avec Leslie Caron pour partenaire, une jeune danseuse française révélée par *Un Américain à Paris* et *Lili,* alors sous contrat à la Metro et que l'on *échangea* contre Susan Hayward. *L'histoire de* Papa Longues Jambes *était idéale pour notre différence d'âge,* explique Leslie Caron. *Il jouait le rôle d'un père, et moi celui d'une enfant dans un orphelinat*[1]. Les scénaristes Phoebe et Henry Ephron durent cependant aménager le roman de Webster, transposant une partie de l'histoire dans une France de pure convention. Les répétitions commencèrent en juillet 1954, rapidement interrompues par la maladie puis le décès de Phyllis. Le tournage proprement dit débuta en octobre et, de l'aveu même de Fred, le travail lui fut bénéfique, lui permettant de surmonter sa douleur.

"Pendant cette période la coupure du déjeuner était en général difficile pour moi car j'avais alors l'esprit libre de toute préoccupation professionnelle. Dave Robell, mon assistant pour la chorégraphie, restait avec moi et m'aidait en m'obligeant à garder l'esprit occupé par le travail. Tout le monde m'aida beaucoup au studio."

Bien qu'un peu trop long et manquant singulièrement de rythme, *Papa Longues Jambes* ne saurait pour autant décevoir. On y retrouve avec plaisir un Fred Astaire dilettante et éternel adolescent, davantage intéressé par le jazz et la musique légère que par les trente-quatre sociétés qu'il contrôle. Ce goût pour des rythmes modernes lui permet d'ouvrir le film avec un solo de batterie tout droit venu de *Une Demoiselle en détresse* et *Parade de Printemps,* qui laisse médusé le très sérieux Fred Clark ("History of the Beat"). Le choix de Leslie Caron, danseuse de formation classique, pour partenaire, lui permet d'opposer une fois encore l'ancien et le nouveau. Ainsi Fred a-t-il rompu la tradition familiale en confiant l'exécution de son portrait à un peintre abstrait, et Leslie Caron, s'imaginant par deux fois en danseuse classique ("Daydream Sequence" et "Dancing Through Life"), découvrira de nouveaux rythmes en arrivant aux Etats-Unis ("Welcome Egghead" et, plus tard, "Sluefoot"). *Melting-pot* chorégraphique qui tient à la fusion du style un peu guindé de Roland Petit et de celui moins contraint de Fred Astaire. Leslie Caron : *"Moi, j'avais toujours envie de faire du ballet classique. Roland mourait d'envie de travailler avec le grand Fred Astaire. D'habitude, Fred faisait la chorégraphie de ses numéros avec Hermes Pan, sans personne d'autre, mais pour cette occasion il a gracieusement accepté de travailler avec Roland Petit, et le numéro était d'ailleurs très joli*[2]*."*

"Daydream Sequence", divisé en trois parties, permet à Astaire de jouer à chaque fois sur des registres différents : pour "Texas Millionnaire", il donne libre cours à sa fantaisie en milliardaire affublé d'une paire de bottes mauves (!), dansant sur fond de billets de banque et de derricks au rythme d'une musique de *square dance* ; dans "International Playboy", tempes argentées et portant monocle, il dédaigne les femmes qui s'offrent à lui avec une aisance rappelant celle du voleur de "This Heart of Mine" (*Ziegfeld Follies) ;* "Guardian Angel" enfin, réminiscence de *Yolanda et le voleur,* où il danse avec Leslie Caron, marque un retour à un style plus classique où le danseur prend une dimension démiurgique qui lui est familière. L'autre grand ballet classique, "Dancing Through Life", peut-être un peu trop délibérément minnellien, donne l'avantage à Leslie Caron, Astaire demeurant à l'arrière-plan en simple figurant.

C'est cependant avec "Sluefoot" et "Something's Gotta Give" que Astaire donne toute sa mesure. Le premier lui permet de libérer une énergie encore débordante à cinquante-cinq ans : au Bal du Printemps du Walston College, il feint d'abord de ne pas savoir danser avant de s'insérer avec aisance dans un *sluefoot* aussi dynamique que le bal du collège de *Vive l'Amour,* animé en 1947 par Peter Lawford et June Allyson. Après le pas de deux esquissé dans "Dream", "Something's Gotta Give" glisse vers un duo romantique dénué ni de charme ni d'humour et rappelant non sans nostalgie les grands numéros sentimentaux des années RKO.

Il manque peu de choses à *Papa Longues Jambes* pour être un grand *musical* : un scénario plus reserré, une mise en scène plus aérienne et moins académique, et peut-être aussi l'irremplaçable infrastructure Metro. C'est qu'à la Fox de ces années-là, on sacrifiait moins à la comédie musicale qu'aux tout récents prestiges du cinémascope. Et là où Jean Negulesco s'applique en vain à donner quelque entrain à ses séquences non musicales, un George Cukor, celui des *Girls* bien entendu, eut apporté poésie et invention.

(1) Propos de Leslie Caron recueillis par Dominique Rabourdin, "Positif", n°180, avril 1976.
(2) Ibid.

“Daydream Sequence : Guardian Angel” avec Leslie Caron

“Something’s Gotta Give” avec Leslie Caron

“Funny Face”

Drôle de frimousse

Production :
Rogers Edens
pour Paramount Pictures
Réalisation :
Stanley Donen
Scénario :
Leonard Gershe
Images :
(Vistavision-Technicolor)
Ray June
Montage :
Frank Bracht
Direction artistique :
Hal Pereira et George W. Davis
Costumes :
Edith Head et Givenchy
Conseiller visuel :
Richard Avedon
Lyrics :
Ira Gershwin et Leonard Gershe
Musique :
George Gershwin et Rogers Edens
Direction musicale :
Adolph Deutsch
Orchestration :
Conrad Salinger, Van Cleave,
Skip Martin et Alexander Courage
Chorégraphie :
Eugene Loring

Interprétation :
Fred Astaire
Dick Avery
Audrey Hepburn
Jo Stockton
Kay Thompson
Maggie Prescott
Michel Auclair
Flostre
Robert Flemyng
Paul Duval
Dovima
Marion
Virginia Gibson
Babs
Suzy Parker et Sunny Harnett
danseuses dans le numéro “Think Pink !”
Ruta Lee
Lettie
Alex Gerry
Devitch
Jean DeVal
le coiffeur
Iphigenie Castiglioni
Armande
Baroness Van Heemstra
et Roger Edens
clients à la terrasse du café
Sue England
Laura
Karen Scott
Gigi
Diane DuBois
Mimi
Nesdon Booth
M. Baker

Numéros musicaux :
“Think Pink !” (Gershe-Edens), Thompson.
“How Long Has This Been Going On ?” (Gershwin-Gershwin), Hepburn.
“Funny Face” (Gershwin-Gershwin), Astaire, dansé par Astaire et Hepburn.
“Bonjour, Paris !” (Gershe-Edens), Astaire, Thompson et Hepburn.
“Basal Metabolism”, dansé par Hepburn.
“Let's Kiss and Make Up” (Gershwin-Gershwin), Astaire, dansé par Astaire.
“He Loves and She Loves” (Gershwin-Gershwin), Astaire, dansé par Astaire et Hepburn.
“On How to Be Lovely” (Gershe-Edens), Thompson et Hepburn, dansé par Thompson et Hepburn.
“Marche Funebre” (Edens).
“Clap Yo' Hands” (Gershwin-Gershwin), Astaire et Thompson, dansé par Astaire et Thompson.
“'S Wonderful”, Astaire et Hepburn, dansé par Astaire et Hepburn.

Sortie :
28 mars 1957.
Durée :
103 minutes.

Arrivant à son bureau de Quality Magazine, *le journal qui aide la femme américaine à être élégante, Maggie Presscott décide de frapper un grand coup et d'habiller toute l'Amérique en rose ("Think Pink !"). Et ce n'est pas tout : Maggie va s'attaquer aux femmes qui ne s'intéressent pas aux vêtements. Elle veut toucher les intellectuelles et donner un air intelligent à toutes les Américaines (sic). Aussi envoie-t-elle son photographe attitré, Dick Avery, faire une série de clichés dans une librairie de Greenwich Village tenue par une jeune fille mal fagotée, Jo Stockton.*

Une fois la séance de pose terminée, Dick aide la libraire à tout remettre en place. Celle-ci, très intellectuelle, rêve d'aller à Paris pour suivre les conférences du professeur Flostre, père de la philosophie empathique (re-sic). Dick voit au contraire Paris comme un lieu de plaisir et de vie facile. Avant de quitter la boutique, il donne un baiser à la jeune fille qui, une fois le photographe parti, chante sa peur des hommes et le désir secret de leur plaire ("How Long Has This Been Going On ?").

Là-dessus, pour mieux affirmer sa campagne de presse, Maggie Prescott décide de créer une Miss Quality qui sera habillée de la tête aux pieds par Paul Duval, un couturier parisien réputé. Dick propose Jo que l'on décide de transformer immédiatement en un mannequin modèle. Mais Jo se rebelle et se réfugie dans la chambre noire où Dick lui explique qu'elle est tout aussi belle qu'une autre malgré sa drôle de frimousse, *et qu'elle peut donc devenir mannequin et aller à Paris ("Funny Face").*

Toute l'équipe de Quality Magazine *débarque bientôt à Paris et découvre la ville ("Bonjour, Paris !"). Tandis que l'on commence à préparer présentation de mode, Jo rencontre des empathacalistes dans les caves de St-Germain-des-Prés où elle explique à Dick que ses conceptions de l'existence sont périmées, la danse notamment, et lui fait la démonstration d'une nouvelle forme d'expression corporelle ("Basal Metabolism"). Dick raccompagne Jo à son hôtel, cherchant à gagner son amitié ("Let's Kiss and Make Up").*

Dick, pour préparer la présentation, prend des photos de Jo à travers Paris et dans la proche campagne. C'est là qu'elle lui avoue son amour ("He Loves and She Loves"). La date de la présentation approchant, Maggie donne à Jo ses derniers conseils ("On How to Be Lovely"). Jo rencontre enfin le professeur Flostre, et c'est avec le plus grand mal que Dick l'arrache à ses entretiens philosophiques pour l'amener à la présentation qui, prenant un tour catastrophique, est reportée.

Le lendemain de l'incident, Jo a disparu. Maggie et Dick, déguisés en empathicalistes (re-sic), partent à sa recherche et aboutissent chez Flostre où ils improvisent un numéro fort peu philosophique ("Clap Yo' Hands"). Puis Dick assomme Flostre qui, à peine revenu à lui, tente de séduire Jo. Cruellement déçue par son idole qu'elle imaginait détaché de toute contrainte terrestre, elle l'assomme à son tour, s'enfuit et arrive juste à temps pour la présentation qui obtient un triomphe. Dick cependant, décidé à ne plus revoir la jeune fille, est en route pour l'aéroport. Pris de remords, il fait demi-tour et retrouve Jo partie à sa rencontre ("'S Wonderful").

"Clap Yo' Hands" avec Kay Thompson

"Funny Face" avec Audrey Hepburn

C'est une curieuse aventure que la génèse de *Drôle de Frimousse.* Tout commence avec une nouvelle écrite par Leonard Gershe, "Wedding Day", destinée à devenir une comédie musicale et dont la Metro détenait les droits. Le producteur Roger Edens, sous contrat à la Metro, eut l'idée d'utiliser l'histoire de Gershe en y introduisant des chansons écrites par les frères Gershwin en 1927 pour leur spectacle "Funny Face", monté à Broadway avec Fred et Adele Astaire, plus quelques autres de sa composition. Edens souhaitait que Stanley Donen assure la mise en scène du film et que Fred Astaire et Audrey Hepburn l'interprètent. Ceux-ci étaient alors sous contrat à la Paramount, Donen sous contrat à la Metro ; quant aux droits de la partition musicale, la Warner Bros les possédait. L'affaire se fit malgré tout, sous le parrainage de la Paramount qui, au passage, dut racheter les droits musicaux à la Metro, la Warner les lui ayant entre-temps cédés.

Hétérogénéité de conception dont rend bien compte un film qui ne correspond déjà plus tout à fait au style Metro de l'âge d'or et où la prétention de Stanley Donen, soucieux d'apporter au genre un vernis de respectabilité, pousse sa pointe. Donen reconnaît ainsi volontiers préférer *Drôle de Frimousse* à toutes ses autres comédies musicales : "*J'adore ce film. De toutes les comédies musicales que j'ai tournées, ce n'est peut-être pas la meilleure, mais celle que j'aime le plus*[1]". Rien d'étonnant donc à ce qu'abondent ici des trouvailles visuelles à la limite de l'effet que l'auteur d'*Arabesque* paraît affectionner tout particulièrement. Coloration sophistiquée que le sujet justifie d'ailleurs pleinement, l'univers de la mode et de la haute couture (déjà visité par Astaire dans *Roberta*) exigeant une telle approche. Aussi l'apport du photographe Richard Avedon (qui inspira le personnage de Dick Avery) aura-t-il été déterminant. *"Il collabora (...) très étroitement à tout ce qui concerne l'aspect photographique, l'emploi des filtres, le travail sur la couleur. (...) Je crois que la photographie de* Drôle de Frimousse *était superbe et techniquement extraordinaire. Et les trucages, l'emploi des filtres n'étaient pas gratuits. Cela s'adaptait parfaitement au sujet, qui était à la fois léger et important, drôle et grave. C'était en quelque sorte l'histoire de la lutte entre la simplicité et la sophistication*[2]*."*

C'est encore l'opposition entre l'intellectualisme, représenté par les ridicules empathicalistes de la Vieille Europe, et le divertissement volontiers frivole (le monde de la haute couture et des photographes de mode) que repose *Drôle de Frimousse.* On est là très près de *L'Entreprenant M. Petrov, Entrons dans la Danse* et *Tous en scène,* non sans que l'extrême sophistication du traitement ne vienne remettre en cause la suprématie du divertissement. Aussi ressent-on comme une gêne devant un spectacle trop soigneusement élaboré et d'où toute spontanéité paraît absente, tant Donen met d'ostentation à lui donner des alibis culturels et intellectuels pour bien faire comprendre que lui, cinéaste intelligent et sérieux, ne se laisse pas prendre aux naïvetés d'un genre qu'il juge mineur et, pour tout dire, indigne de son talent.

C'est une fois encore à Fred Astaire que l'on doit le meilleur du film, avec surtout "Let's Kiss and Make Up", magnifique solo où il paraît apprivoiser les objets (un chapeau, un parapluie et un imperméable).

"Un matin, arrivant au studio en imperméable, j'improvisai devant une glace et les mouvements du vêtement me parurent harmonieux. Je continuai quelques temps tandis que mon ami Walter Ruick improvisait au piano une musique de type espagnol qui me donna l'idée d'enlever mon imperméable pour l'utiliser à la façon d'une cape de toréador."

Autre numéro réussi, "Clap Yo'Hands" permet à Fred Astaire et Kay Thompson de faire assaut d'invention et de cocasserie, mais "Funny Face", encore que d'une suprême élégance, et surtout "He Loves and She Loves" pâtissent d'afféteries esthétiques qui en réduisent quelque peu l'efficacité. On eut aimé pour le coup moins de *brillant* mais plus d'émotion — ou d'humour, comme dans "On How to Be Lovely" où, en l'absence de Fred, Audrey Hepburn et Kay Thompson se déchaînent. L'utilisation du *split screen* nuit enfin au numéro "Bonjour, Paris !", comme il avait précédemment nui à *Beau Fixe sur New York,* sans en ôter pourtant tout le dynamisme.

C'est à Donen lui-même que revient le mot de la fin : *"Je n'ai pas revu* Drôle de Frimousse *depuis longtemps et je pense que si je le revoyais, je détesterais ce film. Je trouverais peut-être des choses intéressantes, les danses de Fred Astaire, les chansons de Gershwyn et Audrey qui n'a jamais été aussi rayonnante et aussi belle. Il y a beaucoup de choses très jolies, mais je les place à côté de ma contribution, de mon apport. Je sais que j'aurais pu faire beaucoup mieux*[3]". On ne saurait mieux dire.

(1) Propos de Donen recueillis par Tavernier et Pallas, loc. cit.
(2) Ibid.
(3) *Talking in the sun,* propos de Stanley Donen recueillis par Colo et Bertrand Tavernier, "Positif", nº 111, décembre 1969.

"He Loves and She Loves" avec Audrey Hepburn

"Silk Stockings"

La Belle de Moscou

Production :
Arthur Freed pour la MGM
Réalisation :
Rouben Mamoulian
Scénario :
Leonard Gershe et Leonard Spigelgass, d'après le musical
de George S. Kaufman, Leueen McGrath et Abe Burrows
inspire du "Ninotchka"
de Melchior Lengyal
et du scénario de Billy Wilder, Charles Brackett et Walter Reisch pour le film d'Ernst Lubitsch
Images :
(Cinemascope-Metrocolor)
Robert Bronner
Montage :
Harold F. Kress
Conseiller pour la couleur :
Charles K. Hagedon
Direction artistique :
William A. Horning et Randall Duell
Décorateurs de plateau :
Edwin B. Willis et Hugh Hunt
Costumes :
Helen Rose
Lyrics et musique :
Cole Porter
Direction musicale :
Andre Previn
Orchestration :
Conrad Salinger, Skip Martin et Al Woodbury
Arrangements vocaux :
Robert Tucker
Chorégraphie :
Eugene Loring
et Hermes Pan (pour tous les numéros de Fred Astaire)

Interprétation :
Fred Astaire
Steve Canfield
Cyd Charisse
Nina Yoshenko
Janis Paige
Peggy Dayton
Peter Lorre
Brankov
Jules Munshin
Bibinski
George Tobias
Vassili Markovitch
Joseph Buloff
Ivanov
Wim Sonneveld
Peter Ilyitch Boroff
Barie Chase
Fifi
Betty Uitti
Suzette
Tybee Afra
Gabrielle
Ivan Triesault
l'officiel soviétique
Belita
Vera, la ballerine moscovite

Numéros musicaux :
"Too Bad", Lorre, Munshin, Buloff, Astaire, Uitti, Chase et Afra.
"Paris Loves Lovers", Astaire, Charisse.
"Stereophonic Sound", Paige et Astaire, dansé par Paige et Astaire.
"It's a Chemical Reaction, That's All", Charisse.
"All of You", Astaire, dansé par Astaire et Charisse.
"Satin and Silk", Paige.
"Silk Stockings", dansé par Charisse.
"Without Love", Charisse.
"Fated to Be Mated", Astaire, dansé par Astaire et Charisse.
"Josephine", Paige.
"Siberia", Lorre, Munshin et Buloff.
"The Red Blues", Sonneveld, dansé par Charisse.
"The Ritz Roll and Rock", Astaire, dansé par Astaire.
Fond sonore :
"I've Got You Under My Skin", "Close", "You'd Be So Nice to Come Home To", "You Can Do No Wrong".

Cyd Charisse est doublée pour les chansons par Carol Richards.

Sortie :
20 mai 1957.
Durée :
117 minutes.

Le producteur américain Steve Canfield ayant commandé une partition au compositeur russe Peter Boroff, le gouvernement soviétique dépêche à Paris trois commissaires politiques, Brankov, Ivanov et Bibinski, pour ramener le musicien à Moscou. Celui-ci ne souhaite guère rentrer au bercail et, grâce à Canfield, les trois émissaires s'abandonnent à leur tour aux plaisirs de la vie parisienne ("Too Bad").

Moscou envoie en renfort un commissaire jugé irréprochable, la camarade Nina Yoshenko, dite Ninotchka, marxiste orthodoxe qui ne cache pas son mépris pour la civilisation capitaliste. Canfield, qui prépare une adaptation de "Guerre et Paix" interprétée par la star nautique Peggy Dayton ("Stereophonic Sound"), reprend avec Ninotchka la tactique qui a si bien neutralisé les trois autres commissaires. Il échoue d'abord puis, la douceur du printemps aidant, il lui fait découvrir les charmes de Paris ("Paris Loves Lovers"). Une idylle s'ébauche peu à peu et, bien qu'elle tente de résister à l'amour par pur réflexe matérialiste ("It's a Chemical Reaction, That's All"), Ninotchka finit par succomber aux séductions de Steve ("All of You").

Peggy propose bientôt à Steve de transformer "Guerre et Paix" en une comédie musicale à grand spectacle. Il suffit pour cela d'aménager la partition, de lui donner plus de rythme, d'y ajouter quelques chansons, puis de convaincre Boroff de l'utilité de ces changements ("Satin and Silk").

Lors de son premier rendez-vous avec Steve, Ninotchka préfère le moelleux de la soie au tissu grossier de ses vêtements habituels ("Silk Stockings"), le champagne à toute autre boisson et l'amour de Steve à tout autre amour ("Without Love"). Le couple s'abandonne au plus parfait bonheur en dansant à travers les plateaux inoccupés d'un studio désert ("Fated to Be Mated") lorsque Ninotchka, assistant au tournage d'une séquence de bal napoléonien transformé en un vulgaire musical *("Josephine"), s'indigne de voir traiter ainsi un chef-d'œuvre national et rompt avec Steve, ramenant tout son monde à Moscou.*

Brankov, Ivanov et Bibinski, qui, avant de quitter Paris, craignaient d'être envoyés en Sibérie ("Siberia"), sont finalement blanchis par Ninotchka qui s'affaire à des tâches absorbantes pour oublier Steve. Tout le monde a la nostalgie de la vie parisienne, jusqu'à Boroff conquis par les rythmes modernes ("Red Blues").

Quelques mois plus tard, les trois commissaires reviennent à Paris pour y vendre des films de propagande. Ils retrouvent Steve qui les aide à ouvrir un cabaret russe. Une lettre anonyme dénonce à Moscou la vie dissolue qu'ils mènent. C'est de nouveau Ninotchka qui est dépêchée pour mettre un terme aux excès capitalistes du joyeux trio. Elle découvre ainsi le cabaret où Steve passe en vedette ("The Ritz Roll'n Rock"). La retrouvant dans sa loge, il lui explique quelle ruse il a dû employer pour la faire revenir à Paris (la lettre anonyme rédigée par lui), et à quel point il est décidé à l'épouser. Aussi déchire-t-elle aussitôt son horaire d'avion pour la Russie devenu inutile.

"Too Bad", avec Barrie Chase, Peter Lorre, Joseph Bulott, Tybee Afra, Jules Manshin et Betty Uitti

On connaît l'origine de *La Belle de Moscou,* remake du *Ninotchka* de Lubitsch via Broadway où fut monté en 1955 une version musicale avec Hildegarde Neff, Don Ameche et des chansons de Cole Porter. Lorsqu'il fut question d'adapter le spectacle à l'écran, Arthur Freed décida de conserver l'essentiel de l'histoire et des chansons originales, confiant l'adaptation à Leonard Gershe (scénariste de *Drôle de Frimousse*) et Leonard Spigelgass et la mise en scène à Rouben Mamoulian. Celui-ci, qui n'avait plus tourné après l'échec en 1947 de *Summer Holiday (Belle Jeunesse)* pour se consacrer au théâtre, et notamment à la mise en scène du célèbre *musical* "Oklahoma", décida d'entrée de jeu de privilégier les numéros dansés, leur attribuant ainsi une fonction narrative véritablement dynamique. "*Je disposais des deux meilleurs danseurs du monde, et ce qui me passionna fut de donner à la danse une importance plus grande qu'à l'action proprement dite, qui n'était qu'une reprise de* Ninotchka. *La progression psychologique et dramatique n'existait que dans les ballets. C'est en dansant que les personnages prenaient conscience de telle ou telle chose, et les ballets n'étaient pas du tout conçus comme des moments de simple spectacle*[1]."

Le scénario de Gershe et Spigelgass reprend pour l'essentiel celui de *Ninotchka* mais transforme l'aristocrate français en un producteur américain, l'époque justifiant davantage une aimable tension entre capitalisme et communisme qu'une opposition trop datée entre aristocratie et prolétariat. Un tel recadrage permettait du même coup à Mamoulian d'égratigner au passage, notamment à travers le personnage de Peggy Dayton star nautique à la Esther Williams, un Hollywood qui ne fut pas toujours tendre avec lui. C'est ainsi que le numéro "Stereophonic Sound", très enlevé au demeurant, illustre à la fois l'ébouriffante vulgarité d'une star inculte (reprise et amplifiée avec "Satin Silk" et surtout "Josephine", l'un et l'autre oscillant dangereusement sur la corde raide du scabreux), ignorant tout de Tolstoï et entendant transformer "Guerre et Paix" en comédie musicale, et l'enthousiasme infantile d'Hollywood pour les innovations techniques de toutes sortes, le cinémascope d'abord (format que détestait Mamoulian et qui lui fut imposé), mais aussi le son stéréophonique et surtout la couleur et ses nouveaux procédés. Le tout s'inscrivant dans un système peu respectueux du travail des créateurs que l'on taille et rogne tout à loisir, *une pratique courante en Amérique* précise d'ailleurs Steve.

L'anticommunisme du film ne dépasse guère la gentillesse satirique de quelques répliques colorées (ainsi Peter Lorre, devenu propriétaire d'un cabaret russe, lançant : "*Nous sommes devenus des capitalistes pourris, et si tout va bien, nous deviendrons plus pourris encore que nous n'avons jamais rêvé l'être" ;* ou George Tobias, en officiel russe sans doute habitué aux purges staliniennes, cherchant désespérément un exemplaire du "Who's Still Who"), l'essentiel tenant là encore à une opposition entre

"The Ritz Roll and Rock"

"Stereophonie Sound" avec Janice Paige

un univers certes futile et inconsistant, mais joyeux et décontracté (celui de la comédie musicale), et un monde rigide et triste (*"Je n'ai pas souri depuis trente ans"* avoue Jules Munshin), volontiers menaçant, les numéros "Too Bad" et "Siberia" en témoignent. La charge demeure cependant bon enfant, et si l'on brocarde au passage les théories d'un Kamachev ("It's a Chemical Reaction, That's All"), c'est pour mieux permettre à Fred Astaire de les mettre en déroute en vantant les quatre points cardinaux des charmes de Cyd Charisse entraînée malgré elle dans une danse de séduction aux arabesques impeccables ("All of You").

C'est avec la collaboration du fidèle Hermes Pan que Fred mit au point ses numéros dansés, Eugene Loring travaillant avec la seule Cyd Charisse après les désaccords intervenus sur le plateau de *Drôle de Frimousse.* Hermes Pan : *"Nous réglâmes les numéros deux mois environ avant le début du tournage, Freed nous fixant des délais impératifs mais ne rechignant pas si un fignolage nécessitait une semaine supplémentaire. Je préparai les maquettes avec Angie Blue, mon assistante, avant de les peaufiner avec Cyd et Fred. Il s'inquiétait immanquablement de sa taille... Je m'arrangeais pour qu'on ne la discernât pas trop sur la toile blanche. Dans* "Fated to Be Mated", *la séquence au studio de Paris où ils passent ensemble de décor en décor, elle rebondissait sur une pile de tonneaux et il accepta — une de ses hantises ! — de la* lever *une fraction de seconde. Le couple, inégalable et aérien, fonctionna au-delà de mes anticipations pourtant optimistes*[2]". Le numéro "Fated to Be Mated" combine ainsi sur le mode ludique le duo sentimental de "All of You" et la mélodie délicatement romantique de "Without You", le couple jouant avec l'espace comme Cyd, seule cette fois, le fera dans "Red Blues".

Astaire enfin, ne bénéficiant d'aucun grand solo, en commanda un à Cole Porter. *"J'eus l'idée d'un numéro exploitant l'engouement d'alors pour le rock and roll. J'en parlai à Cole Porter, lui demandant de composer une chanson pour illustrer ce thème. Naturellement Cole s'en tira à la perfection et le morceau, qu'il intitula* "The Ritz Roll'n Rock", *correspondait parfaitement à ce que je désirais. Je montai ce numéro avec l'aide de Hermes Pan et cela combla un vide qui m'inquiétait beaucoup. J'avais bien besoin d'au moins un solo comique".* Numéro très dynamique ponctué d'incidentes burlesques, où Astaire tente d'unir avec humour un passé légendaire, tout en *top hat, white tie and tails,* au rythme de ces temps nouveaux qui vont le forcer, lui et ses coreligionnaires, les Gene Kelly, les Donald O'Connor, les Ann Miller, les Mitzi Gaynor, les Marge et Gower Champion et tant d'autres, à une retraite prématurée ou à des reconversions plus ou moins difficiles.

(1) *Mamoulian parle,* propos recueillis par Jean Douchet et Bertrand Tavernier, "Positif", n°64-65, rentrée 1964.
(2) Cité par Jean-Claude Missiaen, "Cyd Charisse", Henri Veyrier, Paris, 1979, p. 67.

Avec Cyd Charisse

“On the Beach”

Le dernier rivage

Production :
Stanley Kramer
pour les Artistes Associés
Réalisation :
Stanley Kramer
Scénario :
John Paxton et James Lee Barrett, d'après le roman de Nevil Shute
Images :
Giuseppe Rotunno
Images de la course automobile :
Daniel Fapp.
Montage :
Frederick Knudtson
Direction artistique :
Fernando Carrere
Costumes :
Fontana Sisters et Joe King
Effets spéciaux :
Lee Zavitz
Conseillers techniques :
Amiral Charles A. Lockwood
et Lt.-Comm. A.A. Norris-Smith

Son :
Hans Wetzel
Musique :
Ernest Gold
Chanson “Waltzing Mathilda”
de Marie Cowan et A.B. Patterson

Interprétation :
Gregory Peck
Capt. Dwight Towers
Ava Gardner
Moira Davidson
Fred Astaire
Julian Osborn
Anthony Perkins
Lt. Peter Holmes
Donna Anderson
Mary Holmes
John Tate
Amiral Bridie
Lola Brooks
Lt. Hosgood
Guy Dolman
Farrel
John Mellon
Yeoman Swain
Harp McGuire
Sundstrom
Lou Vernon
Davidson
Ken Wayne
Benson
Richard Meikle
Davis
Grant Taylor
Morgan
Peter Williams
professeur Jorgenson
Jim Barrett
Chrysler
John Casson
capitaine de l'Armée du Salut

Sortie :
2 décembre 1959.
Durée :
134 minutes.

1964. Une guerre atomique a ravagé l'hémisphère nord de la planète dont toute vie a disparu. Un sous-marin, le Sawfish, *commandé par le capitaine Dwight Towers, arrive en vue des côtes australiennes. L'Australie n'a pas encore été atteinte par les radiations mortelles, mais ce n'est là qu'un sursis. Invité par un jeune officier de marine, Peter Holmes, Towers fait la connaissance d'une femme très belle, Moïra Davidson, dont il s'éprend. Peu après, Towers est chargé d'une mission de reconnaissance le long des côtes américaines. Il s'agit de localiser des signaux incompréhensibles captés par radio. Holmes participe au voyage, ainsi que Julian Osborne, un savant à la conscience torturée. L'équipage découvre une Amérique déserte, et quant aux mystérieux signaux, c'est un store battu par le vent qui les produit.*

Le Sawfish *retourne en Australie où, dans l'attente du pire, le gouvernement offre à la population d'échapper à une longue et horrible agonie en absorbant des pillules mortelles. Julian, grand amateur d'automobiles, participe à une hallucinante course à la mort qu'il gagne avant de se suicider. Après avoir donné à leur bébé une dose mortelle, Peter Holmes et sa femme se suicident à leur tour. L'équipage du* Sawfish *décide de rentrer aux Etats-Unis pour mourir et, de la plage, Moïra assiste à l'immersion du sous-marin partant pour son dernier voyage. Il ne reste bientôt plus qu'une banderole flottant au vent dans une rue de Melbourne et portant une inscription ironique et désespérée :* Il est encore temps... Frère.

C'est toujours la même chose avec Stanley Kramer : donnez-lui un volumineux scénario illustrant quelque ambitieux sujet, une brouettée de vedettes, un respectable métrage de pellicule, et il vous troussera un pensum interminable, lourd et appliqué, plus près du mélodrame maladroit que de la polémique corrosive. Ce fut le cas pour la médecine *(Not As a Stranger/Pour que vivent les hommes),* la guerre *(The Pride and the Passion/Orgueil et Passion),* le racisme *(The Defiant Ones/La Chaîne* et *Guess Who's Coming to Dinner/Devine qui vient dîner),* le nazisme *(Judgment at Nuremberg/Jugement à Nuremberg),* ou encore le péril atomique comme ici, tout cela non sans talent parfois, mais toujours avec une bonne conscience démonstrative qui élude les vrais problèmes et gâche les sujets les plus forts. Ce type de *grands sujets,* qu'affectionne aussi un Otto Preminger, court toujours le risque de voir ses bonnes intentions noyautées par des exigences commerciales qui transforment le produit fini en un film parfaitement insipide, à l'émotion préfabriquée et peu convaincante. Qui croirait à la fin prochaine de ces stars tout droit sorties d'un magasin d'accessoires hollywoodien et visiblement mal à l'aise dans la peau de personnages stéréotypés ? On retrouve là le militaire viril, tourmenté et conscient de ses responsabilités (c'est Gregory Peck), qui laisse deviner sous une dure écorce un cœur sensible battant pour une femme mûre, désaxée et alcoolique (Ava Gardner, toutes proportions gardées, à mi-chemin de *The Barefoot Contessa/La Comtesse aux pieds nus* et de *Cassandra Crossing/Le Pont de Cassandra)* ; le jeune officier un peu naïf (Perkins alors en pleine gloire), sa femme et leur enfant ; enfin, le savant bourrelé de remords et lui aussi alcoolique qu'interprète Fred Astaire, pour la première fois distribué dans un rôle non musical. L'idée n'était pas mauvaise de l'utiliser ainsi à contre-emploi, mais encore fallait-il le dispenser de ces niaiseries pseudo-humanistes qu'il débite avec une louable application. L'ensemble demeure donc très en-deçà d'un sujet qu'exploiteront par la suite, et avec infiniment plus de bonheur, Lumet dans *Fail Safe/Point limite* et surtout Kubrick avec son grinçant et dévastateur *Dr Strangelove/Dr Folamour.* Reste à signaler tout de même la très belle photographie en scope noir et blanc de Giuseppe Rotunno et une course d'automobiles assez dynamique, remportée par un Fred Astaire pour une fois inattendu.

Avec Gregory Peck et Ava Gardner

Avec Gregory Peck

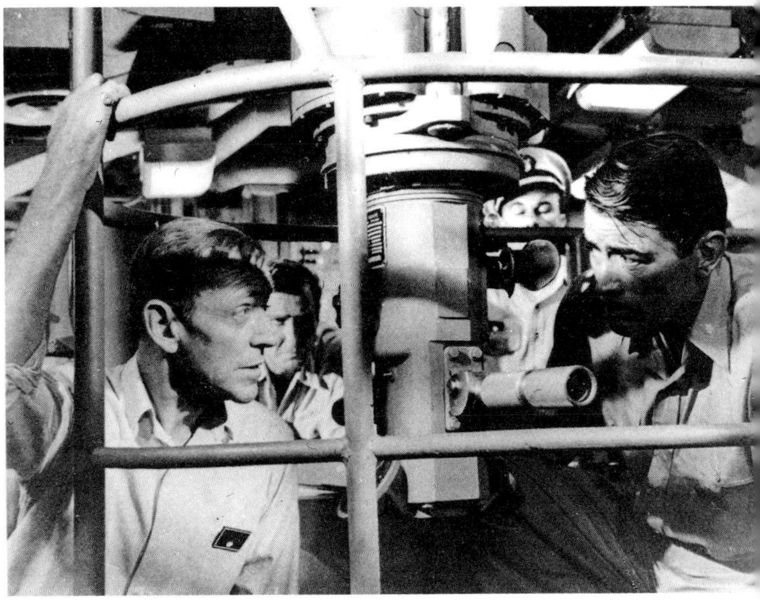

"The Pleasure of His Company"

Mon séducteur de père

Production :
William Perlberg
pour Paramount Pictures
Réalisation :
George Seaton
Scénario :
Samuel Taylor, d'après la pièce
de Cornelia Otis Skinner
et Samuel Taylor
Images :
(Technicolor)
Robert Burks
Conseiller pour la couleur :
Richard Mueller
Montage :
Alma Macrorie
Direction artistique :
Hal Pereira et Tambi Larsen
Décorateurs de plateau :
Sam Comer et Frank R. McKelvy

Costumes :
Edith Head
Son :
Hugo Grenzbach et Charles Grenzbach
Musique :
Alfred Newman
Orchestration :
Herbert Spencer
Chanson "Lover" de Rogers et Hart
chantée par Fred Astaire
Chorégraphie :
Fred Astaire et Hermes Pan

Interprétation :
Fred Astaire
Biddeford "Pogo" Poole
Debbie Reynolds
Jessica Poole
Lili Palmer
Kate Dougherty
Tab Hunter
Roger Henderson
Gary Merrill
Jim Dougherty
Charlie Ruggles
Mackenzie Savage
Harold Fong
Toy
Elvira Allman
Mme Mooney
Edith Head
la styliste

Sortie :
26 mai 1961.
Durée :
115 minutes.

Après quelque quinze ans d'absence, Biddeford "Poggo" Poole, un riche et séduisant play-boy, *revient à San Francisco pour le mariage de sa fille Jessica. Celle-ci est immédiatement séduite par la personnalité haute en couleur de son père alors que sa mère, Katherine, remariée à un riche industriel, James Dougherty, voit son retour d'un très mauvais œil. Très à l'aise, "Pogo" prend en main les problèmes domestiques, revoit l'organisation du mariage et accompagne Jessica pour une excursion en ville où il s'amuse à faire passer pour un benêt le fiancé de la jeune fille, Roger Henderson, un fermier un peu lourdaud. Ainsi "Pogo" éblouit-il Jessica par son aisance, son élégance et sa décontraction, au contraire de Roger, qui apparaît à ses yeux d'autant plus balourd et grossier. Enchanté par le tour que prennent les événements, "Pogo" s'efforce de faire échouer le mariage de Jessica et de séparer Kate d'avec son second mari. Le jour où, en visite au ranch de Roger, "Pogo" s'y foule le bras, Jessica a une explication orageuse avec son fiancé et décide de rompre. Elle annonce au surplus son intention d'accompagner son père autour du monde pour l'aider dans ses vieux jours. De tels propos ne sont pas faits pour plaire au sémillant "Pogo" qui tente avec succès de réconcilier les fiancés. Le mariage a lieu puis "Pogo" quitte San Francisco en emportant un portrait de Jessica enfant et... le maître d'hôtel chinois de Kate.*

Où Fred Astaire passe de la prétentieuse et bavarde gravité du *Dernier Rivage* à la dentelle rose d'une comédie légère. Adaptant une pièce de Cornelia Otis Skinner montée à Broadway en 1958, le film lui permet de composer un personnage assez semblable à ceux qu'il interpréta dans les années 30 et 40. Quoi que légèrement vieillissant, ce qui ajoute à son charme, il est encore ce dandy insouciant, au sourire enjôleur et à la démarche souple. Rien d'étonnant à ce qu'il éblouisse aujoud'hui sa fille comme le Fred de la RKO éblouissait les spectatrices d'alors par l'aisance de ses manières et la grâce de ses mouvements. Il joue certes les pères fugueurs, mais c'est en trahissant un furieux appétit de vivre et des élans parfaitement contrôlés de feu-follet épicurien. Il traverse le film comme un météore, bouleversant le temps de quelques semaines un univers confortablement bourgeois, un peu comme il perturbait la tranquillité douillette du Thackeray Club au début de *Top Hat.* Bien qu'il ne danse pratiquement pas et qu'il ne chante qu'une chanson ("Lover", la seule chanson de Rodgers et Hart qu'il ait jamais interprétée sur scène ou à l'écran), il mène l'action avec une vivacité qui contraste singulièrement avec la mollesse de la mise en scène et du reste de la distribution. George Seaton, capable de bien faire *(Apartment for Peggy/L'Amour sous les toits, The Big Lift/La Ville écartelée* ou *Anything Can Happen/Tout peut arriver)* mais peut-être contaminé par la gentillesse maladroite de Tab Hunter et Debbie Reynolds, promène une caméra paresseuse dans les habituels décors faussement luxueux de la Paramount et réduit Gary Merrill et Charlie Ruggles aux rôles d'utilités ; quant aux dialogues, assez brillants parfois, ils renforcent la théâtralité de l'ensemble. Là encore, un George Cukor eut donné quelque entrain à cette comédie trop languissante pour divertir vraiment.

"The Notorious Lanlady"

L'inquiétante dame en noir

Production :
Fred Kohlmar
pour Columbia Pictures
Réalisation :
Richard Quine
Scénario :
Larry Gelbart et Blake Edwards,
d'après un roman
de Margery Sharp
Images :
Arthur Arling
Montage :
Charles Nelson
Direction artistique :
Cary Odell
Décorateur de plateau :
Louis Diage
Costumes :
Kim Novak
Effets spéciaux :
David Koehler
Musique :
George Dunning
Orchestration :
Arthur Morton

Chanson :
"A Foggy Day",
de Gershwin et Gershwin,
(version instrumentale)
et des extraits de
"The Pirates of Penzance",
de Gilbert et Sullivan

Interprétation :
Kim Novak
Carlye Hardwick
Jack Lemmon
Bill Gridley
Fred Astaire
Franklin Ambruster
Lionel Jeffries
inspecteur Oliphant
Estelle Winwood
Mme Dunhill
Maxwell Reed
Miles Hardwick
Philippa Bevans
Mme Brown
Henry Daniell
le prêtre
Ronald Long
le coroner
Doris Lloyd
Lady Fallott
Richard Peel
Dillings
Frederick Worlock
le colonel
Carter DeHaven Sr.
le vieil homme
Florence Wyatt
la secrétaire d'Ambruster
Dick Crockett
Carstairs
Scott Davey
Henry
Jack Livesey
le consul
Tom Dillon
adjoint du coroner
Benno Schneider
un homme
Cecil Weston
une femme

Sortie :
27 juin 1962.
Durée :
123 minutes.

Récemment arrivé à Londres, un jeune diplomate américain, William Gridley, loue un appartement dont la propriétaire est une ravissante Américaine, Carlye Hardwicke. Le lendemain matin, William apprend par son supérieur, Franklyn Ambruster, que la police suspecte Carlye d'avoir assassiné son mari. Celui-ci a en effet disparu depuis plusieurs semaines sans laisser de traces. Bien que refusant d'admettre une telle accusation, William accepte d'espionner discrètement sa logeuse pour le compte d'Ambruster. Une nuit qu'il entend du bruit dans la chambre de Carlye, William la découvre un revolver à la main, le cadavre de son mari étendu à ses pieds. Arrêtée puis jugée, elle est innocentée par le témoignage d'Agatha Brown, l'infirmière qui s'occupe de Mme Dunhill, une vieille dame handicapée voisine des Harwicke. Témoin de toute la scène, l'infirmière révèle que Carlye, malmenée par son mari, l'a tué en état de légitime défense. Mais ce qu'elle ne précise pas en revanche, c'est que Hardwicke est devenu furieux en apprenant que Carlye a placé chez un prêteur sur gages un chandelier où sont cachés des bijoux volés. Aussi, peu après la fin du procès, Mme Brown assassine-t-elle le prêteur sur gages pour s'emparer du chandelier. Carlye et William, comprenant toute l'affaire, partent à sa poursuite. Ils arrivent ainsi dans une station balnéaire où se repose Mme Dunhill qui a elle aussi assisté à la mort du mari et connaît donc l'existence des bijoux; aussi Mme Brown tente-t-elle de l'assassiner à son tour en poussant son fauteuil roulant jusqu'au bord d'une falaise. William la sauve de justesse tandis que Carlye assomme Mme Brown et qu'arrive en hélicoptère la police accompagnée d'Ambruster.

Avec Jack Lemmon

Le projet de Richard Quine et de son complice Blake Edwards était de retrouver le charme de ces comédies policières hitchcockiennes où se côtoient humour et drame, le tout rehaussé d'un zeste non-sensique sans doute dû à Larry Gelbart, collaborateur de Sid Caesar, Woody Allen et autres joyeux drilles d'Outre-Atlantique. *"J'étais tenté par l'idée de mêler l'humour anglais, et d'intégrer l'absurde dans la réalité. Blake et moi, nous nous livrâmes à quelques* private jokes *à propos d'Alfred Hitchcock, lui rendant hommage par ce biais. Mais je n'eus pas assez de temps pour préparer le scénario, ce qui explique les faiblesses du film*[1]". Sans doute l'ensemble déçoit-il quelque peu, Richard Quine ayant souvent été mieux inspiré, tant pour la comédie (musicale : *My Sister Eileen/Ma Sœur est du Tonnerre,* ou non : *Bell, Book and Candle/L'Adorable voisine* ou *Paris When It Sizzles/Paris qui pétille)* que le drame policier (l'excellent *Pushover/Du Plomb pour l'inspecteur),* encore que la conjugaison d'éléments disparates et peu originaux en eux-mêmes distille un charme certain et assez prenant. Les obscurités d'un scénario particulièrement abracadabrant, la beauté des images en noir et blanc, l'élégance et la finesse de tous les interprètes, la reconstitution en studio d'un Londres plus vrai que nature, la chanson de Gershwin "A foggy Day", chantée par Astaire dans *Une Demoiselle en détresse* et que l'on entend ici en fond sonore, tout concourt à donner au film la fragile beauté d'un objet en équilibre instable. On sait que le moindre faux pas, et il n'en manque pas dans ce film inégal, peut tout remettre en question, et c'est cette précarité même qui lui donne tout son prix. Astaire campe en melon noir et imperméable blanc un diplomate américain d'allure très britannique, aussi à l'aise dans les interminables couloirs de l'ambassade que dans le brouillard de la nuit londonienne. Rôle secondaire certes, mais où il affirme une fois encore son sens du *timing* et de la réplique, rendant des points à une Kim Novak adorablement innocente et même à un Jack Lemmon pourtant rompu aux subtilités des comédies les plus diverses.

(1) Propos de Richard Quine recueillis par Berrtrand Tavernier et Yves Boisset, "Les Cahiers du Cinéma, nº 134, août 1962.

"Finian's Rainbow"

La vallée du bonheur

Production :
Joseph Landon
pour Warner Bros.-Seven Arts
Réalisation :
Francis Ford Coppola
Scénario :
E.Y. Harburg et Fred Saidy,
d'après leur musical
Images :
(Panavision-Technicolor)
Philip Lathrop
Montage :
Melvin Shapiro
Son :
M.A. Merrick et Dan Wallin
Direction artistique :
Hilyard M. Brown
Décorateur de plateau :
William L. Kuehl
Costumes :
Dorothy Jeakins
Lyrics :
E.Y. Harburg
Musique :
Burton Lane
Direction musicale :
Ray Heindorf
Chorégraphie :
Hermes Pan

Interprétation :
Fred Astaire
Finian McLonergan

Petula Clark
Sharon McLonergan

Tommy Steele
Og

Don Francks
Woody Mahoney

Keenan Wynn
Rawkins

Al Freeman Jr.
Howard

Barbara Hancock
Susan

Ronald Colby
Buzz Collins

Dolph Sweet
le sherif

Wright King
le district attorney

Louis Silas
Henry

Brenda Arnau
la métayère

Avon Long, Roy Glenn
et Jester Hairston
les chanteurs noirs

Numéros musicaux :
"This Time of the Year".

"How Are Things in Glocca Morra ?",
Clark.

"Look to the Rainbow,
Clark et Astaire,
dansé par Astaire.

"If This Isn't Love",
Francks, Clark et Astaire,
dansé par Astaire.

"Something Sort of Grandish",
Steel et Clark.

"That Great Come-and-Get-It Day",
Francks et Clark.

"Old Devil Moon",
Francks et Clark.

"When the Idle Poor Become
the Idle Rich", Astaire,
dansé par Astaire.

"When I'm Not Near the Girl
I Love", Steele.

"Rain Dance", dansé par Hancock.

"The Begat", Wynn, Long,
Glenn, Hairston.

Sortie :
9 octobre 1968.
Durée :
145 minutes.

Un vieil émigrant irlandais, Finian McLonergan, et sa fille Sharon, parcourent les Etats-Unis en tous sens à la recherche d'une mystérieuse Rainbow Valley dans le Missitucky.

La Rainbow Valley existe bel et bien, et un sénateur nostalgique du Sud glorieux, Rawkins, entend d'ailleurs se l'approprier à la suite d'arriérés d'impôts que Susan, une jeune muette, ne peut payer. Les villageois se rebellent contre la tyrannie fiscale tandis que l'on annonce l'arrivée de Woody Mahoney, le frère de Susan, avec une importante somme d'argent ("This Time of the Year"). Finian et Sharon arrivent à leur tour en vue de la vallée ("How Are Things in Glocca Morra"). Finian aide Woody à payer sa dette et, en retour, demande quelques arpents de terre, qui lui sont aussitôt accordés. Entraînés par Finian, Sharon et Woody, tous les villageois chantent et dansent de joie ("Look to the Rainbow").

La nuit venue, Finian enterre dans un petit bois son trésor — une vasque d'or volée aux farfadets irlandais. Mais à peine a-t-il terminé sa besogne qu'un lutin lui apparaît. C'est Og, qui lui reproche son forfait ; depuis le vol de la vasque, de grands tourments se sont abattus sur les farfadets irlandais qui ont perdu leurs pouvoirs. Partie à la recherche de son père, Sharon rencontre dans le bois Woody, qui la séduit ("Old Devil Moon").

Woody cependant, est revenu dans la Rainbow Valley avec l'espoir d'ouvrir une manufacture de tabac. Il pense s'associer avec son ami Howard qui tente de mettre au point un plant de tabac au menthol. Mais il n'a pas un sou ; aussi décide-t-il de quitter la vallée pour trouver des sources de financement. L'annonce du départ de Woody met Sharon au désespoir. Elle découvre Og caché dans un puits ("Something Sort of Grandish") et Finian lui promet qu'elle sera fiancée à Woody le soir même. La fête a lieu comme prévu, avec la participation de tous les villageois ("If This Isn't Love").

Rawkins arrive bientôt pour s'emparer des terres de Finian. Celui-ci refuse de les céder et, devant les propos racistes du sénateur, Sharon lui souhaite de devenir noir. Ce qui se produit instantanément, Rawkins courant aussitôt se réfugier dans les bois. Un télégramme arrive, annonçant aux villageois qu'un crédit leur est accordé pour acheter des outils et apporter la richesse à la vallée ("That Great Come-and-Get It Day"). On leur livre le matériel ("When the Idle Poor Become the Idle Rich"), mais le procureur mène une enquête pour retrouver le sénateur Rawkins et accuse Sharon de sorcellerie.

Dansant dans le bois ("Rain Dance"), Susan voit surgir de terre la vasque d'or volée aux farfadets. Elle s'en empare tandis que le sénateur, errant à travers bois, rencontre un trio de chanteurs noirs qui l'engagent ("The Begat"). Ils viennent chanter pour un mariage, celui de Sharon et Woody que le procureur, le shérif et ses policiers interrompent brutalement. Ceux-ci donnent un délai d'une nuit à Sharon pour ramener le sénateur à son état normal.

Pendant ce temps, Og aperçoit Susan dans la forêt et en tombe amoureux ("When I'm Not Near the Girl I Love"). Il comprend que c'est le pouvoir magique de la vasque d'or qui a provoqué la transformation du sénateur. Il la cherche fébrilement dans tout le bois quand un nouveau miracle se produit : Susan se met à parler — ainsi que le souhaitait Og. Il ne reste plus qu'un vœu avant que la vasque se transforme en cendres... et le sénateur redevient blanc ! Tout le monde se réconcilie, Woody épouse Sharon et Finian quitte la vallée pour quelque autre aventure (reprise de "How Are Things in Glocca Morra ?").

Le retour de Fred Astaire à l'écran après six ans d'absence et, bonheur supplémentaire, pour une nouvelle comédie musicale, qui sera aussi sa dernière. Il est hélas loin le temps du noir et blanc des années 30 ou des couleurs naïves et délicates de la Metro, et il faut vite déchanter. *La Vallée du Bonheur* ressemble en tous points à ces fades super-productions des années 60, les *Sound of Music (La Mélodie du Bonheur), Star!* et autres *Funny Girl.* Beaucoup de prétention donc, mais peu de talent, pour une entreprise insignifiante qui cherche à remettre au goût du jour un spectacle monté en 1947 à Broadway. Ses auteurs (qui furent *black-listés* par la suite) y avaient glissé à l'époque quelques idées subversives prenant notamment pour cible le système économique américain, que l'adaptation cinématographique élimine sans phrases.

On découvre là un Astaire inhabituel, mal rasé, arborant un accoutrement négligé, quittant délibérément le devant de la scène pour une retraite pastorale et tranquille. C'est avec élégance qu'il porte cependant ses presque soixante-dix ans, esquissant sans effort quelques paresseuses arabesques indignes de son talent. Ainsi le numéro "If This Isn't Love" ne lui permet-il pas d'échapper à la niaiserie ambiante, au contraire de "Look to the Rainbow" et "When the Idle Poor Become the Idle Rich" où il s'exprime avec plus de liberté et donc de spontanéité ; dans l'un, il entraîne Petula Clark et tous les villageois à sa suite pour un numéro au débraillé bon enfant, tandis que dans l'autre c'est avec esprit qu'il détaille un solo bien venu à défaut d'être brillant. L'art du danseur témoigne toujours

"If This Isn't Love ?" avec Barbara Hancock

de la même aisance, mais la faiblesse du livret, de la distribution et de la mise en scène ne correspond guère aux canons d'un genre qui ne souffre pas la médiocrité.

C'est bien là que le bât blesse, Coppola n'ayant guère pu maîtriser une entreprise hasardeuse dès l'origine. Nombreux furent les conflits et les dissensions, la Warner imposant d'entrée un temps de répétition et de tournage trop court, refusant au cinéaste de travailler plus d'une semaine en extérieur, choisissant enfin des interprètes qui ne lui convenaient pas, notamment Don Francks jugé incapable et Tommy Steele qui n'en fit qu'à sa tête. Astaire lui-même insista pour que la chorégraphie fût confiée à Hermes Pan, ce qui déplut fort à un Coppola soucieux d'imposer ses propres idées quant à la mise au point des numéros musicaux. Le scénario, jugé inutilisable, dut être enfin complètement réécrit par le cinéaste sans que celui-ci réussisse pour autant à éviter l'échec quasiment inéluctable qui s'en suivit. Il est vrai qu'une fois toutes les difficultés de pré-production et de tournage surmontées, les débris de l'entreprise ne pouvaient guère résister à une mise en scène prétentieuse et mégalomaniaque, bien caractéristique des débuts de Coppola (voir ainsi *You're a Big Boy Now/Big Boy*). Le cinéaste, que l'on a connu par la suite plus rigoureux, s'y affirme incapable de filmer un numéro musical sans recourir aux plus grossiers effets de caméra, et l'on se prend à regretter la platitude des mises en scène de Mark Sandrich ou George Stevens tout au service du danseur. Ne reste à sauver de l'entreprise que la composition haute en couleurs, c'est le cas de le dire, d'un Keenan Wynn qui parvient seul à donner une dimension vraiment fantastique *et* fantaisiste à l'ensemble.

"Midas Run"

Inédit en France

Production :
Raymond Stross
pour Selmur Pictures
Réalisation :
Alf Kjellin
Scénario :
James Buchanan et Ronald Austin,
d'après une histoire
de Berne Giler
Images :
Ken Higgins
Montage :
Frederick Steinkamp
Direction artistique :
Arthur Lawson et Ezio Cescotti
Décorateur de plateau :
Massimo Tavazzi
Costumes :
Franco Antonelli
Son :
Ben Winkler

Musique :
Elmer Bernstein.
Chanson du générique
composée par Bernstein et Black,
chantée par Anne Heywood

Interprétation :
Fred Astaire
John Pedley
Anne Heywood
Sylvia Giroux
Richard Crenna
Mike Warden
Roddy McDowall
Wister
Ralph Richardson
Henshaw
Cesar Romero
Dodero
Adolfo Celi
Aldo Ferranti
Maurice Denham
Crittenden
John LeMesurier
Wells
Fred Astaire Jr.
le co-pilote
Jacques Sernas
Giroux
Karl Otto Alberty
Dietrich
George Hartman
Pfeiffer
Caroline de Fonseca
Mme Pfeiffer
Stanley Baugh
le pilote
Bruce Beeby
Gordon
Robert Henderson
le Doyen

Sortie :
7 mai 1969.
Durée :
106 minutes.

Officier des services secrets britanniques, John Pedley éprouve un certain dépit à n'avoir jamais été anobli. Aussi décide-t-il de terminer sa carrière sur un coup d'éclat en s'emparant de 350 lingots d'or transportés par avion de Zurich en Tanzanie via l'Italie. Il prend contact avec un écrivain américain, Mike Warden, ancien professeur d'université licencié à cause de ses idées pacifistes (on est en 1969, la guerre du Vietnam bat son plein). Pedley l'envoie à Venise, prenant prétexte d'une rencontre avec un éditeur, et le présente à une ravissante jeune Française, Sylvia Giroux, qui le persuade de participer au vol. Pedley dirige l'opération; Mike et Sylvia engagent un certain Dietrich, ancien pilote de la Luftwafe, pour forcer l'avion transportant l'or à atterrir, et un ancien général fasciste, Aldo Ferranti, pour écouler le butin, une fois le coup fait. Les choses se compliquent lorsque Henshaw, le supérieur de Pedley, le charge de la protection des lingots. Le coup réussit cependant parfaitement, l'avion atterrissant à l'endroit prévu. Une fois l'or transbordé dans trois camions, Pedley, qui cherche en fait à capturer Ferranti pour prouver son efficacité professionnelle, en récupère deux. Cherchant à s'échapper avec le troisième camion, Mike et Sylvia sont arrêtés par la police italienne, puis libérés à la suite d'une intervention de Pedley qui les présente comme deux de ses agents. Ils rendent finalement l'or contre la moitié de la prime d'assurance tandis que Pedley est anobli par la reine.

Film de série B, inédit en France, que rien ne distingue d'un quelconque téléfilm. Le réalisateur Alf Kjellin vient précisément du petit écran et tout ici témoigne d'une incroyable platitude, aussi bien la mise en scène, volontairement indigente, que l'interprétation, convenable sans plus. Astaire, comme à son habitude, fait preuve d'une aisance souriante, sans pour autant s'intéresser à une histoire dont il se soucie comme d'une guigne. Banal et linéaire, le scénario renvoie à la tradition du hold-up impossible en n'en renouvelant ni le fond, ni la forme. Unique petite originalité : l'utilisation de complices pittoresques, dont l'un est un ancien pilote de guerre nazi et l'autre un ex-général fasciste. Idée reprise par Don Siegel pour *Rough Cut (Le Lion sort ses griffes),* qui présente curieusement plus d'un point commun avec ce *Midas Run.* La médiocrité de l'un et de l'autre devrait cependant inciter les cinéastes à plus de prudence : une bonne idée ne fait pas un bon film.

Ci-contre, avec Ralph Richardson
Ci-dessous, avec Richard Crenna et Anne Heywood

“That’s Entertainment”

Il était une fois Hollywood

Conception, production et réalisation :
Jack Haley Jr. pour la MGM
Images additionnelles (Metrocolor) :
Gene Polito, Ernst Laszlo, Russell Metty, Ennio Guarnieri et Allan Green
Montage :
Bud Friedgen et David E. Blewitt
Musique additionnelle :
Henry Mancini.

Narration :
Fred Astaire, Bing Crosby, Gene Kelly, Peter Lawford, Liza Minnelli, Donald O’Connor, Debbie Reynolds, Mickey Rooney, Frank Sinatra, James Stewart, Elizabeth Taylor.

Extraits de :
The Hollywood Review, de Charles F. Riesner ;
Speak Easely, de Edward Sedgwick ;
Little Nellie Kelly, de Norman Taurog ;
Singin’ in the Rain, de Gene Kelly et Stanley Donen ;
Broadway Melody, d’Harry Beaumont ;
Rosalie, de W.S. Van Dyke ;
Rose-Marie, de W.S. Van Dyke ;
The Great Ziegfeld, de Robert Z. Leonard ;
Broadway Melody of 1940, de Norman Taurog ;
It Happened in Brooklyn, de Richard Whorf ;
Cynthia, de Robert Z. Leonard ;
Thousand Cheers, de George Sidney ;
Take Me Out To the Ball Game, de Busby Berkeley ;
Words and Music, de Norman Taurog ;
Good News, de Charles Walters ;
Two Weeks with Love, de Roy Rowland ;
A Date with Judy, de Richard Thorpe ;
The Harvey Girls, de George Sidney ;
Free and Easy, d’Edward Sedgwick ;
Reckless, de Victor Fleming ;
Suzy, de George Fitzmaurice ;
Born to Dance, de Roy del Ruth ;
Idiots Delight, de Clarence Brown ;
Broadway Melody of 1938, de Roy del Ruth ;
Babes in Arms, de Busby Berkeley ;
Babes on Broadway, de Busby Berkeley ;
Strike Up the Band, de Busby Berkeley ;
Ziegfeld Follies, de Vincente Minnelli ;
The Barkleys of Broadway, de Charles Walters ;
Dancing Lady, de Robert Z. Leonard ;
The Band Wagon, de Vincente Minnelli ;
Royal Wedding, de Stanley Donen ;
Pagan Love Song, de Robert Alton ;
Three Little Words, de Richard Thorpe ;
Small Town Girls, de Leslie Kardos ;
The Toast of New Orleans, de Norman Taurog ;
Show Boat, de George Sidney ;
The Pirate, de Vincente Minnelli ;
On The Town, de Gene Kelly et Stanley Donen ;
Anchors Aweigh, de George Sidney ;
In the Good Old Summertime, de Robert Z. Leonard ;
La Fiesta San Barbara (c.m.) ;
Every Sunday (c.m.) ;
The Wizard of Oz, de Victor Fleming ;
Meet Me in St. Louis, de Vincente Minnelli ;
Summer Stock, de Charles Walters ;
Going Hollywood, de Raoul Walsh ;
High Society, de Charles Walters ;
Hit the Deck, de Roy Rowland ;
Gigi, de Vincente Minnelli ;
Million Dollar Mermaid, de Mervyn LeRoy ;
Bathing Beauty, de George Sidney ;
Living a Big Way, de Gregory La Cava ;
Seven Brides for Seven Brothers, de Stanley Donen ;
An American in Paris, de Vincente Minnelli.

Ainsi que des **flashes** de *Boom Town, Chained, Gone with the Wind, Honky Tonk, I Love Melvin, Mutiny on the Bounty, Neptune’s Daughter, On an Island with You, San Francisco, Test Pilot, Thrill of a Romance, This Time for Keeps, Starlite Days at the Lido, See If, Pirate Party of Catalina, Easter Parade.*

Sortie :
12 avril 1974.
Durée :
128 minutes.

Gene Kelly et Fred Astaire

Un monstre pour cinéphiles avertis, *hommage de la Metro Goldwyn Mayer à sa propre légende*[1]. Un véritable festival de comédies musicales, le studio ayant plus qu'aucun autre sacrifié au genre. Le tout présenté par quelques acteurs et actrices maison un peu sur le retour, empâtés pour la plupart, quelques-uns grisonnants ou dégarnis. Celui qui se tire le mieux de l'affaire, on le devine, c'est encore Freddie *himself,* le plus mince et le plus élégant du lot, en dépit de (ou peut-être grâce à) ses soixante-quinze ans qui sont autant de printemps pour un soleil qui n'a pas fini de briller — celui d'Austerlitz bien sûr, merci Robert Benayoun. Astaire donc, dont Gene Kelly évoque la carrière du seul point de vue Metro puisque telle est la règle du jeu. Regrettons de ne pas revoir au passage quelques beaux *production numbers* des années 30, sans toutefois bouder notre plaisir. Le survol de la galaxie astairienne est certes cavalier, tous les numéros sans exception étant sérieusement amputés, mais de *Dancing Lady* ("Oh Eigh, the Gang's All Here") à *Tous en scène* (trois extraits, pas moins : "By Myself", "Dancing in the Dark" et "I Guess I'll Have to Change My Plan"), un tel florilège confirme l'incontestable suprématie du *danseur du dessus* (du panier). On y retrouve pêle-mêle des bribes de *Broadway Melody* ("Begin the Beguine"), *Ziegfeld Follies* ("The Babbit and the Bromide", avec Kelly), *Entrons dans la Danse* ("They Can't Take Away from Me" et "Shoes with Wings On"), *Mariage Royal* ("Sunday Jumps" et "You're All the World to Me"), *Trois petits mots* ("I Wanna Be Loved by You") et un flash de *Parade de Printemps* ("A Couple of Swells"). Et, curiosité toute relative, on y aperçoit également Fred aux côtés de Judy Garland et non loin d'Errol Flynn et Clark Gable, à l'occasion de l'un de ces dîners *all stars* dont la MGM avait le secret dans les années 40. Enfin, introduit par Debbie Reynolds, apparaît en personne un Astaire d'une étonnante verdeur, qui déambule non sans nostalgie le long du train de *Tous en scène,* aujourd'hui à l'abandon. Il rend la politesse à Gene Kelly en évoquant sa carrière puis passe le relais à Liza Minnelli qu'il aurait pu faire sauter sur ses genoux à l'époque de *Tous en scène.*

(1) Max Tessier, "Ecran 75", n° 33, février 1975.

"The Towering Inferno"

La tour infernale

Production :
Irwin Allen
pour la 20th Century Fox
et Warner Bros.-Seven Arts
Réalisation :
John Guillermin
et Irwin Allen (scènes d'action)
Scénario :
Stirling Silliphant,
d'après "The Tower"
de Richard Stern
et "The Glass Inferno"
de Thomas N. Scortia
et Frank M. Robinson
Images :
(Panavision-DeLuxe) :
Fred Koenekamp
et Joseph Biroc (scènes d'action)
Effets photographiques spéciaux :
Bill Abbott
Conseillers techniques :
Peter Lucarelli et Jack Cavallere
Coordination des cascades :
Paul Stader
Montage :
Harold F. Kress et Carl Kress

Direction artistique :
William Creber (production designer)
et Ward Preston (art director)
Décorateur de plateau :
Raphael Bretton

Son :
John Bonner, Theodore Soderberg
et Herman Lewis
Musique :
John Williams
Chanson
"We May Never Love Like This Again",
de Al Kasha et Joel Hirschhorn,
chanté par Maureen McGovern

Interprétation :
Steve McQuenn
Michael O'Hallorhan
Paul Newman
Doug Roberts
William Holden
James Duncan
Faye Dunaway
Susan Franklin
Fred Astaire
Harlee Claiborne
Susan Blakely
Patty Simmons
Richard Chamberlain
Roger Simmons
Jennifer Jones
Liselotte Mueller
O.J. Simpson
Jernigan
Robert Vaughn
le sénateur Parker
Robert Wagner
Dan Bigelow
Susan Flannery
Lorrie
Sheila Mathews
Paula Ramsay
Norman Burton
Will Giddings
Jack Collins
le maire Ramsay
Don Gordon
Kappy
Felton Perry
Scott
Gregory Sierra
Carlos
Ernie Orsatti
Mark
Carol McEvoy
Mme Albright
Michael Loockinland et Carlena Gower
les enfants Albright
Norman Hicks et Thomas Karnahan
les pilotes
Olan Soule, Ross Elliott,
Paul Coni, Erik Nelson,
Art Balinger.

Sortie :
10 décembre 1974.
Durée :
164 minutes.

Doug Roberts arrive à San Francisco pour l'inauguration de la Tour de Verre, le plus grand building du monde, haut de 138 étages, dont il a conçu les plans et l'architecture. Rencontrant James Duncan, le responsable de la construction, il apprend que le système de sécurité n'est pas encore au point et que Roger Simmons, le gendre de Duncan, a utilisé des matériaux de médiocre qualité pour réduire les frais. Parallèlement, Jernigan, le chef de la sécurité, remarque des défaillances dans l'équipement video et une inexplicable hausse de température dans une partie du bâtiment. Le soir venu, alors que la fête bat son plein, Roberts et Jernigan découvrent un feu au quatre-vingtième étage. Duncan refuse d'interrompre la réception pour un incident qu'il juge mineur jusqu'à ce que le chef des pompiers, O'Hallorhan, lui donne l'ordre d'évacuer la partie supérieure de la tour. Comme les escaliers sont bloqués et qu'il ne reste plus qu'un seul ascenseur en fonctionnement, les invités doivent patienter avant d'être évacués, cédant parfois à la panique en dépit des appels au calme que prodigue Susan Franklin, la maîtresse de Roberts. Le dernier ascenseur est rapidement mis hors service ; quelques invités isolés et cernés par les flammes périssent tandis qu'un hélicoptère explose en tentant de se poser sur la terrasse du bâtiment. Un groupe est évacué par l'ascenseur extérieur qu'une explosion endommage et bloque au bord du vide. O'Hallorhan parvient à arrimer la cabine à un hélicoptère qui la dépose à terre sans dommage. Pendant ce temps, d'autres invités sont évacués par un filin relié à un immeuble voisin. Le temps manquant, O'Hallorhan et Roberts décident d'une solution plus radicale en faisant sauter les réservoirs d'eau placés au sommet de la tour. Le feu est ainsi rapidement circonscrit, les survivants secourus et O'Hallorhan explique à Roberts que de telles catastrophes se reproduiront tant que la sécurité sera sacrifiée à la rentabilité.

La vogue du film-catastrophe, démarrée en 1969, avec *Airport,* s'est affirmée en 1972 avec *The Poseidon Adventure (L'Aventure du Poseïdon),* jusqu'à cette *Tour Infernale,* via l'intéressant *Airport 75 (747 en Péril),* qui marque à la fois, et sans jeu de mot, le sommet et le point d'aboutissement de la série, les films suivants (notamment *The Swarm/L'Inévitable Catastrophe, Beyond the Poseidon Adventure/Les Derniers Secrets du Poseïdon* et *When Time Ran Out/Le Jour de la fin du monde,* trois productions d'Irwin Allen, il est intéressant de le souligner) témoignant surtout de la dégénérescence du genre.

On retrouve là une structure sans surprise, respectant un lieu unique, des personnages stéréotypés et une intrigue linéaire où l'action prend rapidement le pas sur les inévitables complications psycho-sentimentales, et c'est tant mieux. Les séquences d'action l'emportent donc, réglées par Allen lui-même, toutes d'une efficacité d'autant plus remarquable que 20th Century Fox et Warner Bros ont mis là leurs efforts (et leur caisse : 14 millions de dollars, chiffre rarement atteint à l'époque) en commun, la détermination et la volonté toute puissante d'un producteur démiurgique faisant le reste. Ce qui explique la force d'un tout où les destins individuels croisent habilement l'aventure collective, sans qu'il y ait jamais hiatus ni rupture, l'intelligence du scénario de Stirling Silliphant ménageant action et suspense tout en donnant une indispensable unité au long (huit mois de tournage) travail des deux équipes de réalisation et des quatre équipes de caméramen..

L'ensemble n'échappe pas pour autant aux clichés quant aux personnages principaux, tous réduits à une typologie facilement identifiable (le pompier, l'architecte, le maire, le sénateur, l'escroc, le promoteur), et adopte une progression dramatique parfaitement attendue. Le promoteur William Holden (tout droit venu de *Executive Suite/La Tour des Ambitieux* réalisé par Robert Wise en 1954) trouve une sorte de rédemption dans l'épreuve du feu, le méchant Richard Chamberlain meurt au contraire tué par sa lâcheté, Steve McQueen et Paul Newman, héros positifs, rivalisent de courage et de lucidité. Quant à Fred Astaire, escroc au charme intact, il perdra cette fois la Yolanda d'un amour lui aussi rédempteur, Jennifer Jones disparaissant avant la fin du film. Le personnage lui sied d'ailleurs admirablement, manifestant un cynisme légèrement distant tempéré par une délicate faiblesse sentimentale, une élégance de bon ton et un humour gentiment moqueur.

“That’s Entertainment, Part 2”

Hollywood... Hollywood !

Production :
Saul Chaplin
et Daniel Melnick
pour la MGM
Réalisation des nouvelles séquences :
Gene Kelly
Narration :
Leonard Gershe
Images :
(Panavision-Metrocolor) :
George Folsey
Montage :
Bud Friedgen et David Blewitt
Décors :
John DeCuir
Animation :
Hanna-Barbera
Costumes :
Filipo
Nouveaux lyrics :
Howard Dietz et Saul Chaplin
Arrangements et direction musicale : Nelson Riddle
Générique d’ouverture :
Saul Bass
Son :
Bill Edmondson

Interprétation :
Fred Astaire et Gene Kelly
pour les nouvelles séquences.

Extraits de :
The Band Wagon,
de Vincente Minelli ;
For Me and My Gal,
de Busby Berkeley ;
Lady Be Good,
de Norman Z. McLeod ;
Broadway Melody of 1936,
de Roy del Ruth ;
Two-Faced Woman,
de George Cukor ;
The Belle of New York,
de Charles Walters ;
Lili,
de Charles Walters ;
The Pirate,
de Vincente Minnelli ;
Kiss Me Kate,
de George Sidney ;
Silk Stockings,
de Rouben Mamoulian ;
Seven Brides for Seven Brothers,
de Stanley Donen ;
Words and Music,
de Norman Taurog ;
Lovely to Look At,
de Mervyn LeRoy ;
Easter Parade,
de Charles Walters ;
Going Hollywood,
de Raoul Walsh ;
Listen, Darling,
de Edwin L. Marin ;
Cabin in the Sky,
de Vincente Minnelli ;
Born to Dance,
de Roy del Ruth ;
New Moon,
de Robert Z. Leonard ;
Hollywood Party,
de Richard Boleslawski ;
Girl Crazy,
de Norman Taurog ;
Singin’ in the Rain,
de Gene Kelly et Stanley Donen ;
An American in Paris,
de Vincente Minelli ;
Meet Me in St. Louis,
de Vincente Minnelli ;
Love Me or Leave Me,
de Charles Vidor ;
The Tender Trap,
de Charles Walters ;
Till the Clouds Roll By,
de Richard Whorf ;
Anchors Aweigh,
de George Sidney ;
It Happened in Brooklyn,
de Richard Whorf ;
High Society,
de Charles Walters ;
The Merry Widow,
d’Ernst Libitsch (1934) ;
The Merry Widow,
de Curtis Bernhardt (1952) ;
Invitation to the Dance,
de Gene Kelly ;
Small Town Girl,
de Leslie Kardos ;
Annie Get Your Gun,
de George Sidney ;
It’s Always Fair Weather,
de Gene Kelly et Stanley Donen ;
Gigi,
de Vincente Minnelli ;
The Barkleys of Broadway,
de Charles Walters ;
Easy to Love,
de Charles Walters.

Ainsi que des **flashes** de :
Bud Abbott and Lou Costello in Hollywood, Adam’s Rib, A Day at the Races, A Night at the Opera, A Tale of Two Cities, Bombshell, Boom Town, Boys Town, China Seas, Dancing Lady, David Copperfield, Dinner at Eight, Gone with the Wind, Laurel & Hardy’s Laughing Twenties, Ninotchka, Pat and Mike, The Philadelphia Story, Private Lives, Saratoga, Strange Cargo, Tarzan the Ape-Man, The Thin Man, Two Girls and a Sailor, White Cargo, Without Love, Ziegfeld Girl.

Extraits :
de *Traveltaks* de Fitzpatrick
et montage de films
de Laurel et Hardy.

Sortie :
13 avril 1976.
Durée :
128 minutes.

Forts du succès mondial de la première partie, les responsables de la Metro se sont dit que le vieux lion Leo, de plus en plus fatigué, méritait bien un second hommage, aussi luxueux que le précédent. Plutôt que d'interviewer quelques vieilles gloires, la MGM a confié cette fois à Fred Astaire et Gene Kelly le soin de mener la danse, sans doute pour rappeler "The Babbit and the Bromide" qui figurait d'ailleurs dans le premier opus. Bref, les deux compères assurent tant bien que mal quelques séquences de transition pas vraiment utiles, le commentaire suffisant largement, mais pas non plus désagréables. Une fois encore, face à Kelly, de treize ans son cadet pourtant, Fred y fait preuve d'une agilité confondante. Ni l'un ni l'autre ne prennent le moindre risque, ce que l'on ne leur reprochera pas, limitant leurs interventions à des chansons et à quelques pas de danse abandonnés aussitôt qu'esquissés. On peut déplorer davantage la platitude du travail de Kelly metteur en scène, puisqu'il est crédité au générique comme réalisateur des nouvelles séquences. Le tout, qui émoustille la curiosité sans parvenir à la satisfaire, ne vise en fait qu'à introduire quelques sommets des *musicals* MGM, du moins ce qu'il en reste après le passage de Jack Haley Jr., cet Attila de la cinémathèque Metro. Et, à voir ce que l'on nous propose cette fois, il semble rester bien peu de choses. Un monteur, sans doute charcutier de formation, a découpé en tranches pas très fines essentiellement deux films interprétés par Astaire, *Parade de Printemps* (trois séquences : "Steppin' Out with My Baby", "Easter Parade" et "A Couple of Swells") et *Tous en scène* (trois séquences également : "Triplets" et les deux parties de "That's Entertainment"), auxquels s'ajoutent pour faire bonne mesure quelques maigres extraits de *La Belle de New York* ("I Wanna Be a Dancin' Man"), *Entrons dans la Danse* ("Bouncin' the Blues") et *La Belle de Moscou* ("All of You") et un flash de *Dancing Lady.* On est tout de même loin de la relative diversité du film précédent et le filon, c'est l'évidence, tire à sa fin. Il n'y aura pas de troisième partie, ce qui veut tout dire.

“The Amazing Dobermans”

Inédit en France

Production :
David Chudnow
Producteur exécutif :
Dan Reynolds
Réalisation :
Byron Chudnow
Scénario :
Michael Kraike, William Goldstein et Richard Chapman, d’après une histoire de Michael Kraike et William Goldstein
Images :
(C.G.I. Color)
Jack Adams
Montage :
James Potter
Musique :
Alan Silvestri.

Interprétation :
Fred Astaire
Daniel Hughes
James Franciscus
Lucky Vincent
Barbara Eden
Justine Pirot
Jack Carter
Solly Kramer
Billy Barty
le clown
Parley Baer
le propriétaire du cirque

Sortie :
24 novembre 1976.
Durée :
96 minutes.

A la suite d’une partie de poker, un flambeur, Lucky Vincent, a contracté une dette importante envers le gangster Solly Kramer. Celui-ci lance aussitôt deux de ses hommes à ses trousses. Roué de coups par les deux malfrats, Lucky est tiré d’affaire par l’arrivée providentielle de cinq dobermans obéissant à leur maître, un ancien pickpocket nommé Daniel Hughes. Toujours en fuite, Lucky trouve refuge dans un cirque où, exerçant divers petits métiers, il tombe bientôt amoureux de Justine, l’écuyère. Tandis que Lucky propose à Daniel de monter un numéro avec les dobermans, Solly Kramer et ses hommes envisagent de dérober la recette du cirque avec la complicité de Lucky. Celui-ci, qui est en fait un agent du département de Justice, persuade Daniel de l’aider à prendre la bande en flagrant délit. Le jour dit, Solly enlève Justine pour rendre Lucky plus “coopérant”. Le hold-up a donc lieu comme prévu mais Daniel et ses dobermans le font échouer puis Lucky, aidé d’un seul chien, délivre Justine.

Petite bande fauchée plus médiocre encore que la plus anodine des séries télévisées. On le regrette d’autant plus que le scénario offrait la possibilité de multiples rebondissements et de scènes d’action spectaculaires ; mais il fallait pour le coup un cinéaste autrement plus inspiré qu’un quelconque Byron Chudnow. Celui-ci reprend en fait purement et simplement le principe de base d’un précédent film intitulé *The Doberman’s Gang (Le Gang des Dobermans,* du même Chudnow, 1972) à ceci près que, de voleurs, les chiens deviennent ici gendarmes. Tout cela traîne en longueur pour aboutir à un faux morceau de bravoure décevant en forme de dénouement bâclé. Le seul intérêt de l’entreprise tient encore une fois à la présence de Fred Astaire dans un rôle de repris de justice mystique, citant des versets de la Bible à ses dobermans (sic). Lui seul témoigne d’un peu d’humour tout au long de ce pensum à réserver aux seuls cynophiles inconditionnels.

"Un Taxi Mauve"

Production :
Rizzoli Film (Rome),
Sofracima et TF 1 (Paris),
en association avec
National Film Studios of Ireland

Réalisation :
Yves Boisset

Scénario :
Yves Boisset et Michel Déon,
d'après le roman
de Michel Déon

Images :
(Eastmancolor) :
Tonino Delli Colli

Décors :
Arrigo Equini, Franco Fumagalli
et Peter James

Son :
Bernard Aubouy

Montage :
Albert Jurgenson

Musique :
Philippe Sarde,
interprétée par les "Chiftains",
et une sonate de Schubert
interprétée par Roger Woodward

Interprétation :
Charlotte Rampling
Sharon
Philippe Noiret
Philippe Marchal
Agostina Belli
Anne
Peter Ustinov
Taubelman
Fred Astaire
le docteur Scully
Edward Albert Jr.
Jerry
Mairin O'Sullivan
Mme Colleen
John Molloy
Jack Lynch
Martin Dempsey
l'officier de police
Jack Watson
Sean
David Kelly et Nycall Buggy
les "petites fées"
Loan Do Huu
Mme Li
Eamoun Morrissey
l'interne de l'hôpital

Sortie :
25 mai 1977.

Durée :
120 minutes.

Avec Philippe Noiret

C'est à bord d'un taxi mauve que le docteur Seamus Scully sillonne les routes du sud de l'Irlande. Scully compte ainsi autant d'amis que de patients, comme ce Philippe Marchal, un Français réfugié en Irlande pour on ne sait quelles raisons. Avare en confidences, Philippe passe le plus clair de son temps à chasser en compagnie de Jerry Kean, jeune Américain de bonne famille exilé des Etats-Unis après quelques "bêtises" dont il s'est rendu coupable. Jerry a une sœur, Sharon, belle et lointaine épouse d'un Prince de Hanovre, qui débarque un beau matin, faisant ainsi la connaissance de Philippe. Non loin de là s'élève un manoir délabré, Dun Moiran, *habité par un géant rabelaisien au passé mystérieux, Taubelman, et sa fille Anne. Qui est donc Anne, enfermée dans un mutisme absolu ? Anne, qui fascine Jerry, bientôt amoureux d'elle. Sharon, qui entretient une étrange relation amoureuse avec Philippe, quitte l'Irlande tandis que Jerry s'enfuit avec Anne. Fou de douleur, Taubelman met le feu à son château avant que Anne ne revienne vers lui. C'est alors qu'accompagné de Jerry et du docteur Scully, Philippe quitte à son tour l'Irlande.*

Rien ne semblait devoir rapprocher Yves Boisset, situé *à gauche,* et Michel Déon, classé *à droite.* Et, de fait, le cinéma efficace et carré du premier est à peu près aux antipodes de l'écriture tendre et désenchantée, attirée par l'exil et la mort, du second. Tout l'échec du film vient précisément de ce que Boisset a été incapable de retrouver le ton doux-amer, feutré, comme à mi-voix du roman, limitant l'entreprise à une adaptation plate et mélodramatique. Ainsi tous les personnages apparaissent-ils singulièrement caricaturaux, du géant Taubelman au jeune Jerry Kean, qui se brûle les ailes aux premiers feux de la vie. Plutôt que de saisir la fragilité (plus ou moins dissimulée) de ces personnages hors du commun, Boisset a préféré laisser la bride sur le cou à ses interprètes qui, reconnaissons-le, réussissent parfois à sauver la mise. Pourtant, si le jeu tout en subtilités de Philippe Noiret ou l'extraordinaire sensualité animale de Charlotte Rampling parviennent à donner le change, la fadeur d'Edward Albert ou le cabotinage grandiose mais gratuit de Peter Ustinov, détruisant l'homogénéité de l'ensemble, sanctionnent du même coup l'échec d'un cinéaste quelque peu dépassé et qui, à aucun moment, ne parvient à saisir l'essence de son modèle littéraire. Tout se passe comme si quelques vedettes internationales (à la fois trop vedettes et trop internationales) nous donnaient la comédie devant de belles toiles peintes, sans se soucier de nous faire partager leurs sentiments ou leurs passions. Fred Astaire apparaît ici, comme dans *La Vallée du Bonheur,* en costume de répétition, témoignant une fois encore de cette élégance détendue qu'il affichait volontiers *off screen.* Avec une casquette Prince de Galles, un costume campagnard mais de belle coupe, et une écharpe négligemment nouée autour du cou, il tient un rôle secondaire, assez indifférent à toute l'agitation environnante. Il semble qu'en fait, cinéphile impénitent, Yves Boisset ait saisi l'occasion de travailler avec l'un de ceux qui représentent à ses yeux le cinéma américain par excellence. Astaire n'est d'ailleurs pas là le moins crédible, au contraire, et c'est avec aisance qu'il se glisse dans la peau d'un médecin débonnaire qui lui ressemble comme un frère.

Avec Philippe Noiret

Annexes

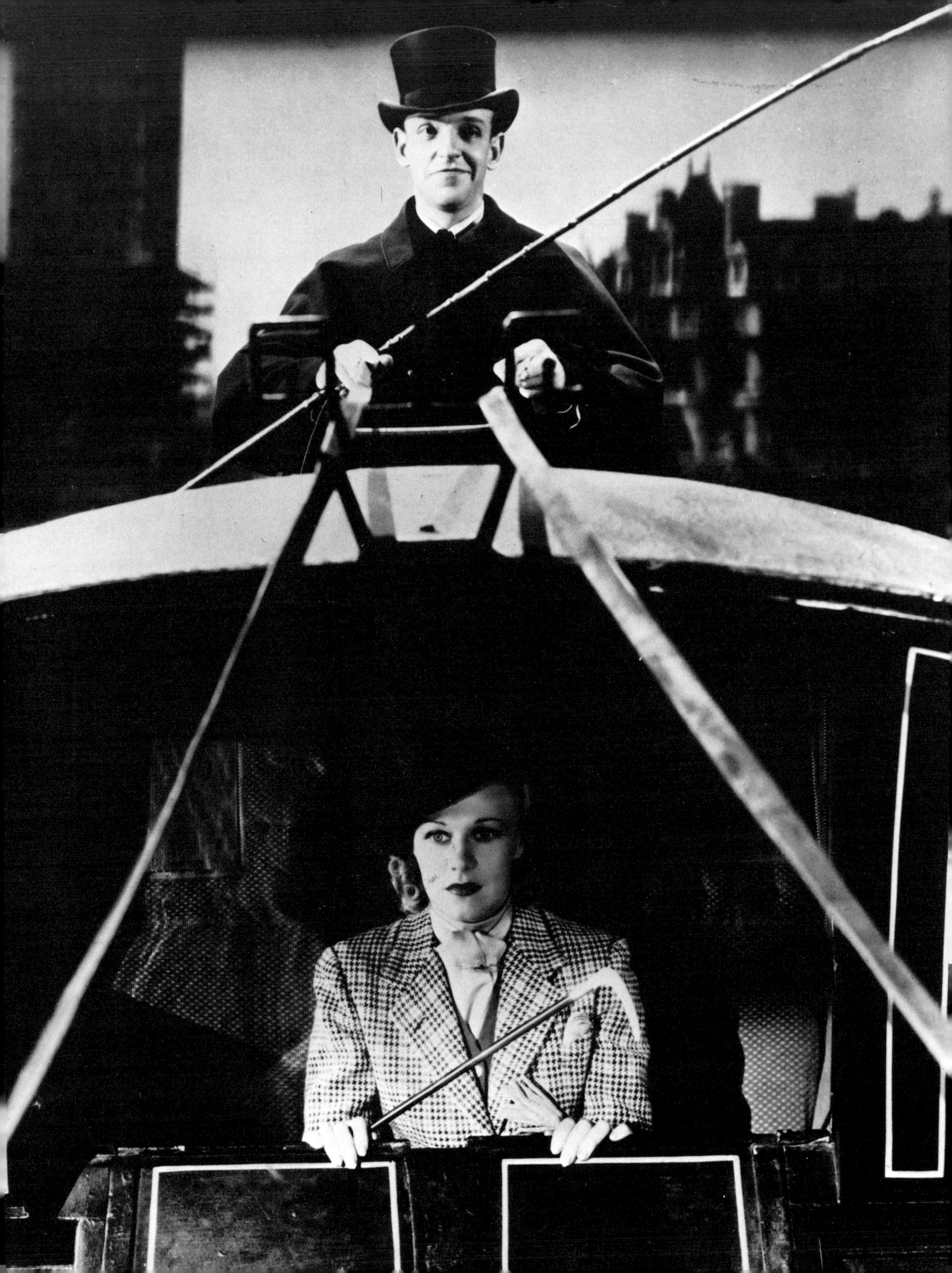

1917

Over the Top

Production : Lee et Jake Shubert.
Lyrics : Charles J. Manning, Matthew Woodward.
Musique : Sigmund Romberg, Herman Timberg.
Sketches : Philip Bartholomae, Harold Atteridge.
Mise en scène : Joseph Herbert.
Chorégraphie : Allan K. Foster.
Décors : P. Dodd Ackerman.
Direction musicale : Franck Tours.

Interprétation :
Justine Johnstone, Mary Eaton,
T.Roy Barnes (remplacé par Ed Wynn),
Craig Campbell, Ted Lorraine, Joe Laurie,
Fred et Adele Astaire, Vivian et Dagmar Oakland,
Betty Pierce.

Numéros musicaux :
"Frocks and Frills", V. Oakland, dansé par les Astaire.
"My Rainbow Girl", Johnstone, Campbell.
"The Girl for Me", les sœurs Oakland, Lorraine.
"Posterland", Johnstone.
"Oh, Galatea" (lyrics de Bartholomae), Campbell, dansé par Johnstone et Lorraine.
"That Airship of Mine", Lorraine.
"Greenwich Village Belle", les sœurs Oakland, Lorraine.
"Over the Top", Lorraine.
"Golden Pheasant" (lyrics de Woodward), Campbell.
"Algerian Girl", V. Oakland.
"Where is the Language to Tell ?", les Astaire.
"Justine Johnstone Rag" (musique en participation avec Frank Carter, lyrics de Manning), les Astaire, les sœurs Oakland, Pierce, Lorraine.
"A Bit of Airy Camouflage", Barnes.

Première le 28 novembre 1917 au 44th Teatre de New York (78 représentations).

"Top Hat" avec Ginger Rogers

1918

The Passing Show of 1918

Production : Lee et Jake Shubert.
Lyrics et sketches : Harold Atteridge.
Musique : Sigmund Romberg, Jean Schwartz.
Mise en scène : J.-C. Huffman.
Chorégraphie : Jack Mason.
Décors : Watson Barratt.
Costumes : Cora McGeachy.
Direction musicale : Charles Previn.

Interprétation :
Frank Fay, Willie et Eugene Howard,
Charles Ruggles, George Hassell, Sam White,
Lou Clayton, Nita Naldi, Fred et Adele Astaire,
Dave Dreyer, Jessie Reed, Nell Carrington,
Osabel Lowe, Virginia Fox Brooks, Arthur Albro,
Dorsha, Edith Pierce, Aileen Rooney,
Emily Miles, Olga Roller.

Numéros musicaux :
"I Can't Make My Feet Behave", A. Astaire.
"Won't You Buy a War Stamp ?" (musique de Ray Perkins), Lowe, Ruggles.
"My Baby-Talk Lady", Fay, Ruggles, Lowe.
"Go West Young Girl" (musique de Russell Tarbox), Brooks.
"Trombone Jazz", White, Clayton.
"Oh, Those Vampire Girls", Albro.
"Squab Farm", Fred Astaire.
"The Shimmy Sisters", Pierce, Rooney, Fay.
"I'll Make an Angel Out of You", Fay, Lowe.
"Serenade", les frères Howard.
"Bring On the Girls", les Astaire, Miles Carrington, Clayton, White.
"Twit, Twit, Twit", les Astaire.
"My Holiday Girl", Ruggles.
"Quicq Service", les Astaire.
"Galli Curci Rag", les frères Howard.
"Smiles" (Callahan-Kortlander), Carrington.
"The Duchess of Devonshire", Roller.
"Dress, Dress, Dress", Roller.

Première le 25 juillet 1918 au Wintcr Garden de New York (125 représentations).

1919

Apple Blossoms

Production : Charles Dillingham.
Livret et lyrics : William LeBaron.
Musique : Fritz Kreisler, Victor Jacobi.
Mise en scène : Fred C. Latham.
Chorégraphie : Edward Royce.
Décors : Joseph Urban.
Direction musicale : William Daly.

Interprétation :
John Charles Thomas, Wilda Bennett, Roy Atwell, Fred et Adele Astaire, Rena Parker, Percival Knight, Juanita Fletcher, Alan Fagan, Harrison Brockband, Florence Shirley.

Numéros musicaux :
"Brothers", Fletcher.
"Who Can Tell ?", Bennett.
"On the Banks of the Bronx", Parker, Knight, dansé par les Astaire.
"I'll Be True to You", Bennett.
"Nancy's Farewell", Bennett.
"Marriage Knot", Parker, Atwell.
"When the Wedding Bells Are Ringing", Bennett, Fagan.
"Little Girls, Goodbye", Thomas.
"Are You Free ?", Bennett, Thomas.
"Phillip's Story", Thomas.
"Star of Love", Bennett.
"A Girl, a Man, a Night, a Dance", Shirley, dansé par les Astaire.
"I'm in Love" Thomas.
"The Second Violin", Shirley, Fletcher, Parker, Knight, Brockbank.

Première le 7 octobre 1919 au Globe Theatre de New York (256 représentations).

1921

The Love Letter

Production : Charles Dillingham.
Livret et lyrics : William LeBaron.
Musique : Victor Jacobi.
Mise en scène et chorégraphie : Edward Royce.
Décors : Joseph Urban.
Direction musicale : William Daly.

Interprétation :
John Charles Thomas, Carolyn Thomson, Alice Brady, Marjorie Gateson, Fred et Adele Astaire, Will West, Bessie Franklin, Jane Carroll.

Numéros musicaux :
"To the Girl You Dancc With",
"Any Girl", Gateson.
"I'll Say I Love", les Astaire.
"I'll Return for You", Thomas, Thomson.
"First Love", Thomson.
"The Only Girl", Thomas.
"Scandal Town", Gateson, West.
"We Were in Love", Thomas, Thomson.
"Upside Down", les Astaire.
"Canzonetta", Thomson.
"Rainbow", Carroll.
"You're Mine", Carroll.
"Man, Man, Man", Gateson.
"Dreaming", les Astaire.
"My Heart Beats for You", Thomas.
"Twiddle Your Thumbs", composée et interprétée par Will West.

Première le 4 octobre 1921 au Globe Theatre de New York (31 représentations).

1922

For Goodness Sake

Production : Alex A. Aarons.
Lyrics : Arthur Jackson.
Musique : William Daly, Paul Lannin.
Livret : Fred Jackson.
Mise en scène : Priestley Morrison.
Chorégraphie : Allan K. Foster.
Décors : P. Dodd Ackerman.
Direction musicale : William Daly.

Interprétation :
John E. Hazzard, Marjorie Gateson, Charles Judels, Vinton Freedley, Helen Ford, Fred et Adele Astaire.

Numéros musicaux :
"All to Myself" (Gershwin-Gershwin), les Astaire.
"Someone" (Gershwin-Gershwin), Ford, Freedley.
"Tra-La-La" (Gershwin-Gershwin), Gateson, Hazzard.
"When You're in Rome", Fred Astaire, Gateson, Judels.
"Every Day", Ford, Freedley.
"Twilight" ;
"The Greatest Team of All", Ford, Freedley, Judels.
"Oh Gee, oh Gosh", les Astaire.
"In the Days of Wild Romance", Hazzard.
"When Somebody Cares", Ford, Freedley.
"French Pastry Walk", Judels, F. Astaire, Freedley.
"The Whichness of the Whatness", les Astaire.

Première le 20 février 1922 au Lyric Theatre de New York (103 représentations).

1922

The Bunch and Judy

Production : Charles Dillingham.
Lyrics : Anne Caldwell.
Musique : Jerome Kern.
Livret : Anne Caldwell et Hugh Ford.
Mise en scène : Fred G. Latham.
Chorégraphie : non crédité.
Décors : Gates et Morange.
Direction musicale : Victor Baravalle.

Interprétation :
Fred et Adele Astaire, Johnny Dooley, Ray Dooley, Grace Hayes, Roberta Beatty, Philip Tonge, les Brown Brothers, Carl McBride, Augustus Minton, Patricia Clark.

Numéros musicaux :
"Silenzio", McBride, Beatty.
"The Naughty Nobleman", Minton.
"Pale Venetian Moon", les Astaire.
"Peach Girl", les Astaire.
"Morning Glory", A. Astaire.
"Lovely Lassie", Beatty.
"Every Day in Every Way", les Astaire.
"Times Square", A. Astaire, R. Dooley, Clark, J. Dooley, F. Astaire.
"How Do You Do, Katinka ?", les Astaire.
"Have-You-Forgotten-Me-Blues", Hayes.

Première le 28 novembre 1922 au Globe Theatre de New York (65 représentations).

1923

Stop Flirting (For Goodness Sake)

Production : Alfred Butt.
Mise en scène : Felix Edwardes.
Chorégraphie : Gus Sohlke.
Décors : Phil Harker.
Direction musicale : Jacques Heuvel.

Interprétation :
Fred et Adele Astaire, Jack Melford, Mimi Crawford, Marjorie Gordon, Henry Kendall, George de Warfaz.

Nouveaux numéros musicaux :
"I'll Build a Stairway to Paradise" (DeSylva, Gershwin-Gershwin), Gordon, Melford, Crawford, Kendall, les Astaire.
"The Best of Everything" (DeSylva, Jackson-Gershwin), Kendall, Crawford.
"It's Great to Be in Love" (DeSylva, Jackson-Gershwin), A. Astaire, Crawford, Gordon.

"It's Great to Be in Love" (DeSylva, Jackson-Gershwin), A. Astaire, Crawford, Gordon.

Première le 30 mai 1923 au Shaftesbury Theatre de Londres (418 représentations).

1924

Lady, Be Good !

Production : Alex A. Aarons et Vinton Freedley.
Lyrics : Ira Gershwin.
Musique : George Gershwin.
Livret : Guy Bolton et Fred Thompson.
Mise en scène : Felix Edwardes.
Décors : Norman Bel Geddes.
Direction musicale : Paul Lannin.
Orchestrations : Stephen Jones.

Interprétation :
Fred et Adele Astaire, Walter Catlett, Alan Edwards, Cliff Edwards, Gerald Oliver Smith, Kathlene Martin, Patricia Clark, Phil Ohman et Vic Arden (duo au piano).

Numéros musicaux :
"Hang on to Me", les Astaire.
"A Wonderful Party",
"The End of a String",
"We're Here Because", Clark, Smith.
"So Am I", A. Astaire, A. Edwards.
"Fascinating Rythm", les Astaire, C. Edwards.
"Oh, Lady Be Good !", Catlett.
"Weather Man" ;
"Rainy Afternoon Girls" ;
"The Half of It, Dearie, Blues", Martin, F. Astaire.
"Juanita", A. Astaire.
"Little Jazz Bird", C. Edwards.
"Carnival Time" ; "Swiss Miss", les Astaire.

Première le 1er décembre 1924 au Liberty Theatre de New York (330 représentations).

1926

Lady, Be Good !

Production : Alfred Butt, avec Alex Aarons et Vinton Freedley.
Mise en scène : Felix Edwardes.
Chorégraphie : Max Scheck.
Décors : Joseph et Phil Harker.
Direction musicale : Jacques Heuvel.

"Swing Time" : "Waltz in Swing Time"

"Maman est à la page" : "Tunnel of Love"

"Amanda": "I Used to Be Colour Blind"

"Dancing Lady": "Heigh-Ho, the Gang's All Here"

Interprétation :
Fred et Adele Astaire, William Kent, Buddy Lee, George Vollaire, Ewart Scott, Sylvia Leslie, Glori Beaumont, Irene Russell.

Nouveaux numéros musicaux :
"Buy a Little Button"
"Linger in the Lobby".
"I'd Rather Charleston" (lyrics de Desmond Carter), les Astaire.

Première le 14 avril 1926 à l'Empire Theatre de Londres (326 représentations).

1927

Funny Face

Production : Alex A. Aarons et Vinton Freedley.
Lyrics : Ira Gershwin.
Musique : George Gershwin.
Livret : Fred Thompson et Paul Gerard Smith.
Mise en scène : Edgar McGregor.
Chorégraphie : Bobby Connolly.
Décors : John Wenger.
Costumes : Kiviette.
Direction musicale : Alfred Newman.
Direction des chœurs : Frank Black.

Interprétation :
Fred et Adele Astaire, William Kent, Victor Moore, Allen Kearns, Betty Compton, le Ritz Quartette, Gertrude McDonald, Dorothy Jordan, Phil Ohman et Vic Arden (duo au piano).

Numéros musicaux :
"Birthday Party", Compton, McDonald.
"Once", Kent, Compton.
"Funny Face", les Astaire.
"High Hat", F. Astaire.
"He Loves and She Loves", A. Astaire, Kearns.
"Let's Kiss and Make Up", les Astaire.
"In the Swim".
"S'Wonderful", A. Astaire, Kearns.
"Telle the Doc", Kent.
"My One and Only", F. Astaire, McDonald, Compton.
"Sing a Little Song", le Ritz Quartette avec Ohman et Arden.
"Blue Hullabaloo", Compton et McDonald.
"The Babbitt and the Bromide", les Astaire.

Première le 22 novembre 1927 à l'Alvin Theatre de New York (250 représentations).

1928

Funny Face

Production : Alfred Butt et Lee Ephraim, avec Alex A. Aarons et Vinton Freedley.
Mise en scène : Felix Edwardes.
Chorégraphie : Bobby Connolly.
Décors : Joseph et Phil Harker.
Direction musicale : Julian Jones.

Interprétation :
Fred et Adele Astaire, Leslie Henson, Bernard Clifton, Rita Page, Sydney Howard, Eileen Hatton, Jacques Frey et Mario Braggiotti (duo au piano).

Nouveaux numéros musicaux :
"Look at the Damn Thing Now", Henson, Page.
"Imagination", A. Astaire, Clifton.

Première le 8 novembre 1928 au Prince's Theatre de Londres (263 représentations).

1930

Smiles

Production : Florenz Ziegfeld.
Lyrics : Clifford Grey, Harold Adamson, Ring Lardner.
Musique : Vincent Yousmans.
Livret et mise en scène : William Anthony McGuire.
Chorégraphie : Ned Wayburn.
Décors : Joseph Urban.
Costumes : John Harkrider.
Direction musicale : Frank Tours.

Interprétation :
Marilyn Miller, Fred et Adele Astaire, Tom Howard, Eddie Foy Jr., Paul Gregory, Larry Adler, Claire Dodd, Georgia Caine, Edward Raquello, Kathryn Hereford, Adrian Rosley, Bob Hope, Virginia Bruce, les jumeaux Aber.

Numéros musicaux :
"Blue Bowery" (Adamson), les jumeaux Aber.
"Say, Young Man of Manhattan" (Adamson et Grey), Fred Astaire.
"Rally Round Me" (Lardner), Miller.
"Hotcha Ma Chotch" (Adamson et Grey), A. Astaire, Foy.
"Time on My Hands" (Adamson, Mack Gordon), Gregory.
"What Can I Say ?" (Lardner), Miller.
"Be Good to Me" (Lardner), les Astaire.
"Chinese Party" (Lardner).
"Clever These Chinese" (Adamson et Grey), Hereford, Foy.

"Anyway, We Had Fun" (Lardner), Miller, les Astaire.
"Something to Sing About" (Lardner).
"Here's a Day to Be Happy" (Lardner), Gregory.
"If I Were You, Love" (Lardner), les Astaire.
"I'm Glad I Waited" (Adamson et Grey), Miller, F. Astaire.
"La Marseilles" (Adamson et Grey), Miller.
"Why Ain't I Home ?" (Lardner), Foy.
"Dancing Wedding" (Lardner).

Première le 18 novembre 1930 au Ziegfeld Theatre de New York (63 représentations).

1931

The Band Wagon

Production : Max Gordon.
Lyrics : Howard Dietz.
Musique : Arthur Schwartz.
Sketches : George S. Kaufman, Howard Dietz.
Mise en scène : Hassard Short.
Chorégraphie : Albertina Rasch.
Décors : Albert Johnston.
Costumes : Kiviette, Constance Ripley.
Direction musicale : Al Goodman.
Orchestrations : Robert Russell Bennett.

Interprétation :
Fred et Adele Astaire, Frank Morgan, Helen Broderick, Tilly Losch, Philip Loeb, John Barker, Roberta Robinson, Francis Pierlot, Jay Wilson, Peter Chambers.

Numéros musicaux :
"Sweet Music", les Astaire.
"High and Low", Robinson, Barker.
"When the Rain Goes Pitter-Patter", Morgan, Borderick.
"The Flag", Losch.
"For Dead Old Nectar",
"A Nice Place to Visit", Broderick.
"Hoops", les Astaire.
"Confession",
"New Sun in the Sky", F. Astaire.
"Miserable with You", A. Astaire, Morgan.
"I Love Louisa", les Astaire.
"Again", Loeb, Wilson, Chambers.
"Dancing in the Dark", Barker, dansé par Losch.
"Nanette", Morgan, Loeb, Pierlot, Chambers.
"Where Can He Be ?", Broderick.
"The Beggar Waltz", dansé par F. Astaire, Losch.
"White Heat", les Astaire.

Première le 3 juin 1931 au New Amsterdam Theatre de New York (260 représentations).

1932

Gay Divorce

Production : Dwight Deere Wiman et Tom Weatherly.
Lyrics et musique : Cole Porter.
Livret : Dwight Taylor.
Mise en scène : Howard Lindsay.
Chorégraphie : Carl Randall, Barbara Newberry.
Décors : Jo Mielziner.
Costumes : Raymond Sovey.
Direction musicale : Gene Salzer.
Orchestrations : Hans Spialek, Robert Russell Bennett.

Interprétation :
Fred Astaire, Claire Luce, Luella Gear, G.P. Huntley, Betty Starbuck, Erik Rhodes, Erik Blore, Roland Bottomley.

Numéros musicaux :
"After You, Who ?", Astaire.
"Why Marry Them ?", Starbuck.
"Salt Air", Huntley, Starbuck.
"I Still Love the Red, White and Blue", Gear.
"Night and Day", Astaire, Luce.
"How's Your Romance ?", Rhodes.
"What's Will Become of Our England", Blore.
"I've Got You on My Mind", Astaire, Luce.
"Mister and Missus Fitch", Gear.
"You're in Love", Astaire, Luce, Rhodes.

Première le 29 novembre 1932 au Ethel Barrymore Theatre de New York (248 représentations).

1933

Gay Divorce

Production : Lee Ephraim.
Mise en scène : Felix Edwardes.
Chorégraphie : Carl Randall, Barbara Newberry.
Décors : Joseph et Phil Harker.
Direction musicale : Percival Mackey.

Interprétation :
Fred Astaire, Claire Luce, Olive Blakeney, Claud Allister, Eric Blore, Joan Gardner, Erik Rhodes, Fred Hearne.

Nouveaux numéros musicaux :
"Never Say No", Gardner.
"Where Would You Get Your Coat ?", Blakeney.
"Waiters Versus Waitresses", Blore.
"I Love Only You", Rhodes.

Première le 2 novembre 1933 au Palace Theatre de Londres (108 représentations).

Numéros chorégraphies par Fred Astaire

1923
Pour Noel Coward et Gertrude Lawrence
("You Were Meant for Me")
et Noel Coward seul ("Sentiment"), dans le spectacle
"London Calling!"
présenté au Duke of York Theatre de Londres.

1925
Pour Marilyn Miller ("The Wedding Knell"),
dans le spectacle "Sunny"
présenté au New Amsterdam Theatre de New York.

1930
Pour Ginger Rogers et Allen Kearns
("Embraceable You"),
dans le spectacle "Girl Crazy"
présenté à l'Alvin Theatre de New York.

Radio

12 août 1935
Your Hit Parade
Série d'émissions de variétés musicales
avec Fred Astaire et l'orchestre de Lennie Hayton.
Proposées par les cigarettes Lucky Strike.
NBC.

15 septembre 1936
The Packard Hour
Série d'émissions de variétés avec Fred Astaire,
Charles Butterworth et l'orchestre de Johnny Green.
Proposées par la Packard Motor Car Company.
NBC.

4 mai 1947
The Animal Kingdom
Pièce de Philip Barry, adaptée par Arthur Arent.
Théâtre Guild of the Air.
Réalisation : Homer Fickett.
Avec Fred Astaire, Wendy Barrie, Roger Pryor, Carol Goodner, Carl Frank, Bill Adams, Maria Manton, Cathleen Cordell, Chester Stratton.
ABC.

"Parade de Printemps" :
"Steppin' Out With my Baby"

Télévision

3 avril 1955
The Toast of The Town

Emission de variétés animée par Ed Sullivan, avec Fred Astaire, le trio Will Mastin, Sammy Davis Jr., Dorothy Dandridge, Julius La Rosa, Jackie Miles, Joan Rhodes.
CBS.

1er décembre 1957
Imp on a Cobweb Leash

Ecrit par Jameson Brewer et John Keasler.
General Electric Theatre.
Producteur : William Frye, MCA-Revue Productions.
Réalisation : Robert B. Sinclair.
Proposé par General Electric.
Avec Fred Astaire, Joan Tetzel, Rhys Williams, Joyce Meadows, Howard Smith, Margaret Irving, Walter Woolf King.
CBS.

17 octobre 1958
An Evening With Fred Astaire

Producteur exécutif : Fred Astaire, Ava Productions Inc.
Production-réalisation : Bud Yorkin.
Chorégraphie : Hermes Pan, **assisté de** Gino Malerba, David Robel et Pat Denise.
Direction musicale : David Rose.
Direction artistique : Edward Stephenson.
Costumes : Ray Aghayan.
Proposé par Chrysler Corp.
Avec Fred Astaire, Barrie Chase et le quartet Jonah Jones.

Numéros musicaux : "Svengali", Astaire.
"Change Partners", Astaire, Chase.
"Prop Dance", Astaire.
"Baubles, Bangles and Beads",
"Mack to the Knife", le quartet Jones.
"Man with the Blues", Astaire, Chase.
"Old McDonald",
"St. James Infermery", Astaire, Chase.
Pot-pourri comprenant : "Oh, Lady Be Good",
"Cheek to Cheek", "A Fine Romance",
"They Can't Take That Away from Me", "Nice Work if You Can Get It",
"A Foggy Day", "I Won't Dance",
"Something's Gotta Give", "Night an Day",
"Top Hat, White Tie and Tails", Astaire.
"Isn't This a Lovely Day ?", Astaire.
NBC.

3 septembre 1959
Man on a Bicycle

Ecrit par : Jameson Brewer et Victor Canning.
General Electric Theatre.
Production : William Frye, MCA-Revue Productions.
Réalisation : Herschel Daugherty.
Proposé par General Electric.
Avec Fred Astaire, Roxanne Berard, Ann Codee, Linda Watkins, Stanley Adams, David Hoffman, Jan Arvan.
CBS.

4 novembre 1959
Another Evening With Fred Astaire

Producteur exécutif : Fred Astaire, Ava Productions Inc.
Production-réalisation : Bud Yorkin.
Chorégraphie : Hermes Pan, assisté de Gino Malerba, David RRobel et Pat Denise.
Direction musicale : David Rose.
Direction des chœurs : Bill Thompson.
Direction artistique : Edward Stephenson.
Costumes : Ray Aghayan et Jean Louis.
Proposé par Chrysler Corp.
Avec Fred Astaire, Barrie Chase, le quartet Jonah Jones, l'ensemble Bill Thompson.

Numéros musicaux :
"The Afterbeat", Astaire.
"That Face", Astaire, Chase.
"Drum Solo Dance", Astaire.
"Girl in Calico", "When the Saints Go Marching In",
"Night Train", le quartet Jones.
"My Baby", Astaire, Chase avec la voix de Ken Nordine.
"Waltzing Matilda".
"Sophisticated Lady", Astaire Chase.
Pot-pourri comprenant : "Fascinating Rhythm",
"Dancing in the Dark", "The Way You Look Tonight",
"Dearly Beloved", "Steppin' Out With My Baby",
"Let's Face the Music and Dance", "The Carioca",
"The Carioca", "The Continantal",
"One for My Baby", "By Myself", Astaire.
NBC.

28 septembre 1960
Astaire Time

Production: Fred Astaire, Ava Productions Inc.
Réalisation: Greg Garrison.
Chorégraphe-producteur associé: Hermes Pan.
Coordination de la production: Gil Rodin.
Direction musicale: David Rose.
Direction artistique: Edward Stephenson.
Costumes: Grady Hunt et Jean Louis.
Proposé par Chrysler Corp.
Avec Fred Astaire, Barrie Chase,
l'orchestre de Count Basie,
Joe Williams, Ruth and Jane Earl.

Numéros musicaux:
"Romeo and Juliet Overture", Astaire, Chase.
"Miss Otis Regrets", Astaire.
"Not Now", orchestre Count Basie.
"Sweet Georgia Brown", Astaire, orch. Count Basie.
"Valse Triste", Chase.
"We Have to Dance". "The Sheik of Arabia", Astaire, Earl.
"It's a Wonderful World", Williams, orch. Count Basie.
"Blues", Astaire, Chase, Williams, orch. Count Basie.
Pot-pourri comprenant:
"Thank You So Much, Mrs Lowsborough – Goodby", "Funny Face", "I Love Louisa", "Flying Down to Rio", "I'm Putting All My Eggs in One Baskett", "They All Laughed", "Lovely to Look At", "Let's Call the Whole Thing Off", "Easter Parade", "A Shine on Your Shoes", Astaire.
NBC.

10 octobre 1961 - 12 septembre 1963
Fred Astaire présente durant deux ans le
Fred Astaire's Première Theatre (Alcoa Première)
et apparaît dans cinq émissions.
Série proposée par Aluminium Corp. of America (Alcoa) et produite par ABC-Revue Productions.

13 février 1962
Mr. Easy

Ecrit par Jameson Brewer, Matt Taylor et Claude Binyon.
Réalisation: John Newland.
Avec Fred Astaire, Joanna Barnes, David White, George Petrie, Harold Fong, Fredd Wayne, Howard Wendell.

"Tous en scène":
"I Guess I'll Have to Change my Plan"

10 juillet 1962
Moment of Decision

Ecrit par Larry Marcus, Peter Tewksbury et James Leighton.
Réalisation : John Newland.
Avec Fred Astaire, Maureen O'Sullivan, Harry Townes, Oliver McGowan, Cathleen Cordell, Connie Gilchrist, Katherine Henryck.

11octobre 1962
Guest in the House

Ecrit par James Dunn et Philip McDonald.
Réalisation : Ted Post.
Avec Fred Astaire, Lloyd Bochner, Philip Abbott, Susan Gordon, Phyllis Avery.

1er novembre 1962
Mister Lucifer

Ecrit par Alfred Bestler.
Réalisation : Alan Crosland Jr.
Avec Fred Astaire, Elizabeth Montgomery, Frank Aletter, George Petrie, Joyce Bulifant.

27 décembre 1962
Blues for a Hanging

Ecrit par John et Ward Hawkins.
Réalisation : Bernard Girard.
Avec Fred Astaire, Janis Paige, Richard Shannon, Lurene Tuttle, Lory Patrick, Tyler McDuff, Shelly Manne, Robert H. Harris.
ABC.

2 octobre 1964
Think Pretty

Ecrit par Gary Marshall, Jerry Belson, Bill Persky et Sam Denoff.
Bob Hope's Chrysler Theatre.
Production : Richard Lewis.
Réalisation : Jack Arnold.
Musique : Tommy Wolf.
Chorégraphie : Hermes Pan.
Proposé par Chrysler Corp.
Avec Fred Astaire, Barrie Chase, Roger Perry, Louis Nye, Reta Shaw, Londa Foster, Marilyn Wayne, Jack Bernardi.
NBC.

22, 23, 29 et 30 novembre 1965
Dr Kildare

Ecrit par William Fay.
Production : Douglas Benton.
Réalisation : Herschel Daugherty.
Episodes : **Fathers and Daughters, A Gift of Love, The Tent Dwellers** et **Going Home.**
Avec Fred Astaire, Richard Chamberlain, Raymond Massey, Laura Devon, Audrey Totter, Spring Byington, Norman Fell, Harry Morgan.
NBC.

1966
Hollywood Palace

Emissions de variétés animées par Fred Astaire et présentées le 22 janvier (invités : Barrie Chase, Mickey Rooney, Petula Clark, Bobby Van, etc.), le 12 mars (invités : Ethel Merman, Jack Jones, Marcel Marceau, etc.), et le 30 avril (invités : Barrie Chase, Herb Halpert et le Tijuana Brass, Louis Nye, Helen O'Connell, les Muppets, etc.).
Direction musicale pour les trois émissions : Mitchell Ayres.
ABC.

7 février 1968
The Fred Astaire Show

Production : Fred Astaire et Gil Rodin.
Réalisation : Robert Scheerer.
Chorégraphie : Herbert Ross.
Direction musicale : Neal Hefti.
Coordination musicale : Betty Walberg et Jospeh Lipman.
Direction artistique : James Trittipo.
Costumes : Bob Mackie.
Proposé par Foundation for Commercial Banks.
Avec Fred Astaire, Barrie Chase, Sergio Mendes et le groupe Brasil '66, Simon et Garfunkel, etc.

Numéros musicaux : "I'he a Shooting Box in Scotland", "I Love to Quarrel with You", "Look to the Rainbow", "When the Idle Poor Become the Idle Rich", "Top Hat, White Tie and Tails", Astaire.
"Oh, You Beautiful Doll", "The Look of Love", "Limehouse Blues", "Chinatown, My Chinatown", Astaire, Chase.
"Pinky's Dilemma", Simon et Garfunkel, Astaire.
NBC.

1969 - 1970

It Takes a Thief (en France : Opération Vol)

Série écrite par Glen A. Larsen.
Production : Glen A. Larsen.
Producteur exécutif-réalisateur : Jack Arnold.
Fred Astaire tient le rôle d'Alistair Mundy, père du héros, dans quatre épisodes de la série.

16 octobre 1969
The Great Casino Capper

Avec Robert Wagner, Fred Astaire, Adolfo Celi, Edward Binns, Francesco Mule, Gérard Herter, Françoise Prévost.

6 novembre 1969
Three Virgins of Rome

Avec Robert Wagner, Fred Astaire, Victor Buono, Edmund Purdom, Karin Dor, Massimo Serato.

4 décembre 1969
The Second Time Around

Avec Robert Wagner, Fred Astaire, Malachi Throne, Adolfo Celi, Edward Binns, Alice Ghostley, Martin Kosleck.

9 mars 1970
An Evening with Alistair Mundy

Avec Robert Wagner, Fred Astaire, Edward Binns, Francesco Mule, Lynn Kellogg, Logan Ramsey.
ABC.

10 novembre 1970
The Dick Cavett Show
ABC.

17 novembre 1970
The Over-The-Hill Gang Rides Again

Ecrit par Richard Carr.
Movie of the Week.
Producteurs exécutifs : Aaron Spelling et Danny Thomas.
Réalisation : George McCowan.
Musique : David Raksin.
Avec Walter Brennan, Fred Astaire, Edgar Buchanan, Andy Devine, Chill Wills, Paul Richards, Lana Wood.
ABC.

13 décembre 1970
Santa Claus is Coming to Town

Ecrit par Romeo Muller.
Production-réalisation : Arthur Rankin Jr. et Jules Bass.
Musique : Maury Laws.
Lyrics : Jules Bass.
Chanson du générique composée par : J. Fred Coots :
Lyrics de Haven Gillespie.
Narration : Fred Astaire.
Avec les voix de Fred Astaire *(S.D. Kluger),*
Mickey Rooney *(Kris Kringle),*
Keenan Wynn *(Winter Warlock),* Paul Frees *(le maire),*
Joan Gardner *(Tanta Kringle),* Robie Lester *(Jessica),*
Dina Lynn, Andrea Sacino, Greg Thomas,
Gary White et le chœur des Westminster Children.
ABC.

13 octobre 1971
The Dick Cavett Show
ABC.

17 janvier 1972
'S Wonderful 'S Marvelous 'S Gershwin

Bell System Family Theatre.
Producteur exécutif : Joseph Cates.
Ecrit, produit et co-réalisé par Martin Charnin.
Co-réalisation : Walter C. Miller.
Chorégraphie : Alan Johnson.
Direction musicale : Elliot Lawrence.
Arrangement des danses : John Morris.
Proposé par American Telephone and Telegraph Co.
Avec Jack Lemmon, Fred Astaire, Ethel Merman, Leslie Uggams, Peter Nero, Linda Bennett, Larry Kert, Robert Guillaume, Alan Johnson.
NBC.

9 septembre 1972
Make Mine Red, White and Blue

Ecrit par Ed Haas et Jack Lloyd.
Producteurs exécutifs : David L. Wolper et Warren V. Bush.
Production : Bill Hobin et George Sunga.
Réalisation : Bill Hobin.
Direction musicale : David Rose.
Proposé par Timex.
Avec Fred Astaire, les 5th Dimension, Michele Lee, Bob Crane, Jan Arvan, Irvin Charone, Jason Johnson, Iron Eyes Cody, Jimmy Joyce Singers, les ballets Tom Hansen.
NBC.

25 novembre 1975
The Academy Presents Oscar's Greatest Music

Ecrit par Robert Arthur.
Production-réalisation : Richard Patterson pour The Academy of Motion Picture Arts and Science.
Emission présentée par Jack Lemmon, avec (dans des extraits de leurs films) Frank Sinatra, Judy Garland, Liza Minnelli, Mae West, Rock Hudson, Burt Lancaster, Kirk Douglas, Maurice Chevalier, Sammy Davis Jr., Angela Lansbury, Eddie Fisher, Fred Astaire et Ginger Rogers, Mitzi Gaynor, Louis Armstrong, Isaac Hayes, Bob Hope.
ABC.

3 décembre 1975
Merry Christmas, Fred, From the Crosbys

Ecrit par Buz Kohan.
Producteurs exécutifs : Gary Smith et Dwight Hemion.
Production : Gary Smith pour Smith et Hemion Company.
Réalisation : Dwight Hemion.
Direction musicale : Ian Fraser.
Chorégraphie : Peter Gennaro.
Direction des chœurs : Milt Anderson.
Emission animée par Bing Crosby et sa famille (Kathryn, Harry, Mary-Frances et Nathaniel), avec Fred Astaire, the Young Americans, Joe Bushkin, Bob Hope.
CBS.

6 avril 1977
The Easter Bunny is Comin' to Town

Ecrit par Romeo Muller.
Production-réalisation : Arthur Rankin Jr. et Jules Bass.
Musique : Maury Laws.
Lyrics : Jules Bass.
Direction musicale : Bernard Hoffer.
Narration : Fred Astaire.
Avec les voix de Skip Hinnant *(Sunny),* Robert McFadden *(Chugs),* Ron Marshall *(Hallelujah Jones),* James Spies *(King Bruce),* Meg Sargent *(Lilly Longtooth),* Allen Swift, Jill Choder, Ray Owens, Karen Dahle, Michael McGovern, Laura Dean, George Brennan, Gia Anderson, Stacey Carey.
ABC.

3 avril 1978
Academy Awards

Fred Astaire participe à la cérémonie de la remise des Oscars.
Emission produite par Howard W. Koch pour The Academy of Motion Picture Arts and Sciences et réalisée par Marty Pasetta.
Maître de cérémonie : Bob Hope.
ABC.

9 avril 1978
A Family Upside Down

Ecrit par Gerald Di Pego.
NBC World Premiere Movie.
Production : Ross Hunter-Jacques Mapes.
Réalisation : David Lowell Rich.
Images : Joseph Biroc.
Musique : Henry Mancini.
Avec Fred Astaire *(Ted Long),* Helen Hayes *(Emma Long),* Efrem Zimbalist Jr. *(Mike),* Pat Crowley *(Carol),* Brad Rearden *(le petit-fils),* Patty Duke Astin *(Wendy),* Ford Rainey *(Case),* Lanna Saunders *(l'infirmière Lovell),* Karl Held *(Al),* Miko Taka *(Mme Taka),* Kim Hamilton *(Paula).*
NBC.

Participations Diverses

1964
Paris When it Sizzles (Deux Têtes Folles)

de Richard Quine, avec William Holden, Audrey Hepburn, Tony Curtis, etc.
On y entend la voix de Fred Astaire.

1973
Imagine

de John Lennon et Yoko Ono.
Fred Astaire y apparaît aux côtés de Jack Palance, Dick Cavett et George Harrison dans une séquence dirigée par Jonas Mekas.

"La Grande Farandole": "Hello, Hello, Who's Your Lady Friend?"

"Papa longues jambes": "Daydream Sequence: International Playboy"

"L'Amour vient en dansant" : "Wedding Cake Walk"

"L'Amour chante et danse" : "I Can't Tell a Lie"

Discographie

Ont été utilisées, pour plus de commodité, les abréviations suivantes : E. Col. pour English Columbia, WRC pour World Record Club, M — E pour Monmouth — Evergreen, Br. pour Brunswick et Voc. pour Vocalisation. Les 78 et 45 tours apparaissent en romains ; les 33 tours en italiques.

1923
The Whichness of the Whatness
Oh, Gee ! Oh, Gosh !
avec Adele Astaire
HMV B 1719/*WRC 125 ; M—E7037*

1926
Fascinating Rhythm
avec Adele Astaire
The Half of it, Dearie, Blues
George Gershwin, piano
E.Col. 3969/*WRC 124 ; M—E 7036*
Hang On To Me
I'D Rather Charleston
Avec Adele Astaire
George Gershwin, piano
E. Col 3970/*WRC 124 ; M—E 7036*
Swiss Miss
avec Adele Astaire
E.Col. 3979/*WRC 124 ; M—E 7036*

1928
High Hat
My One and Only
E.Col. 5173/*WRC 125 ; M—E 7037*
Funny Face
The Babbitt and The Bromide
avec Adele Astaire
E.Col. 5174/*WRC 125 ; M—E 7037*

1929
Not My Girl
Louisiana
Al Starita Orchestra
E.Col. 5355/*WRC 124 ; M—E 7036*

1930
Puttin' On The Ritz
Crazy Feet
E.Col. DB96/*WRC 124; M—E 7036*

1931
I Love Louisa
New Sun in The Sky
Leo Reisman Orchestra
Victor 22755/*Vik 1001*
White Heat
Hoops
avec Adele Astaire
Leo Reisman Orchestra
Victor 22836/*Vik 1001 ;*
RCA LPV 565
The Band Wagon
Leo Reisman Orchestra
Sweet Music
avec Adele Astaire
Hoops
avec Adele Astaire
I Love Louisa
White Heat
Arthur Schwartz, piano
Victor L 24003

1932
Night And Day
I've Got You On My Mind
Leo Reisman Orchestra
Victor 24193/*Vik 1001 ; Eng.*
RCA RD 7756 ; RCA Intl. 1037 ;
RCA LPV 565

1933
Maybe I Love You Too Much
Leo Reisman Orchestra
Victor 24262/*Vik 1001 ; Eng.*
RCA RD 7756 ; RCA Intl. 1037
Gold Digger's Song
My Temptation
Leo Reisman Orchestra
Victor 24312/*Vik 1001 ; Eng.*
RCA RD 7756 ; RCA Intl. 1037 ;
RCA LPV 565
Night and Day
After You
E.Col. DB1215/*WRC 124;*
M—E 7036
Flying Down to Rio
Music Makes Me
Col. 2912D. E.COL. DB 1329/
WRC 124 ; M—E 7036 ;
Epic L2N 6072
A Heart of Stone
Leo Reisman Orchestra
Victor 24358/*Vik 1001 ;*
Eng. RCA RD 7756 ;
RCA Intl. 1037

1935
Cheek to Cheek
No Strings
Leo Reisman Orchestra
Br. 7486/*Epic FLM 13103 ;*
Harmony 30549
Isn't This a Lovely Day ?
Top Hat, White Tie and Tails
Johnny Green Orchestra
BR. 7487
The Piccolino
Leo Reisman Orchestra
Br. 7488

1936
Let's Face The Music and Dance
Let Yourself Go
Johnny Green Orchestra
Br. 7608
I'm Putting All My Eggs in One Basket
We Saw The Sea
Johnny Green Orchestra
Br. 7609
I'd Rather Lead a Band
I'm Building Up to an Awful Let-Down
Johnny Green Orchestra
Br. 7610 ; Col. 3118D
A Fine Romance
Johnny Green Orchestra
Br. 7716/*Epic FLM 13103*
The Way You Look Tonight
Pick Yourself Up
Johnny Green Orchestra
Br. 7717
Never Gonna Dance
Bojangles of Harlem
Johnny Green Orchestra
Br. 7718/*Epic L2N 6064.*

1937
They Can't Take That Away From Me
(I've Got) Beginner's Luck
Johnny Green Orchestra
Br. 7855/*Epic FLM 13103*
They All Laughed
Slap That Bass
Johnny Green Orchestra
Br. 7856/*Epic FLM 13103 ;*
Epic FLM 15105

Let's Call The Whole Thing off
Shall We Dance?
Johnny Green Orchestra
Br. 7857/*Epic FLM 13103*

A Foggy Day
I Can't Be Bothered Now
Ray Noble Orchestra
Br. 7982/*Epic FLM 13103*

Things Are Looking Up
Nice Work If You Can Get It
Ray Noble Orchestra
Br. 7983/*Epic FLM 13103*

1938

Change Partners
I Used to be Color Blind
Ray Noble Orchestra
Br. 8189/*Epic FLM 13103*

The Yam
The Yam Step
Ray Noble Orchestra
Br. 8190

1940

Who Cares?
Just Like Taking Candy From a Baby
Benny Goodman Orchestra
Col. 355517/*Col. CSM 891*

Love of My Life
Me and the Ghost Upstairs
orchestre dirigé par Perry Botkin
Col. 35815

Poor Mister Chisholm
(I ain't Hep to That Step But I'll) Dig It
orchestre dirigé par Perry Botkin
Col. 35852/*Epic FLM 13103*

1941

So Near and Yet So Far
Since I Kissed My Baby Goodbye
avec les Delta Rhythm Boys
orchestre dirigé par Harry Sosnik
Decca 18187/*Voc. 3716*

Dream Dancing
The Wedding Cake-Walk
avec les Delta Rhythm Boys
orchestre dirigé par Harry Sosnik
Decca 18188/*Voc. 3716*

1942

I'll Capture Your Heart Singing
avec Bing Crosby, Margaret Lenhart
Bob Crosby Orchestra
Decca 18427/*Decca 4256*

You're Easy to Dance With
I Can't Tell a Lie
Decca 18428/*Decca 4256; Voc. 3716*

Let's Say it With Firecrackers
Bob Crosby Orchestra
Decca (inédit)

You Were Never Lovelier
On the Beam
orchestre dirigé par John Scott Trotter
Decca 18489/*Voc. 3716*

I'm Old Fashioned
Wedding In The Spring
orchestre dirigé par John Scott Trotter
Decca 18490/*Voc. 3716*

Dearly Beloved
The Shorty George
orchestre dirigé par John Scott Trotter
Decca 18491/*Voc. 3716*

1944

This Heart of Mine
If Swing Goes, I Go Too
orchestre dirigé par Albert Sack
Decca 23388/*Voc. 3716*

1945

One For My Baby
Oh, My Achin' Back
orchestre dirigé par Albert Sack
Decca (inédit)

1946

Puttin' On The Ritz
A Couple Of Song And Dance Men
avec Bing Crosby
orchestre dirigé par John Scott Trotter
Decca 23650/ *et Voc. 3716;*
Decca 4259

1948

Easter Parade
avec Judy Garland
MGM Orchestra dirigé par
Johnny Green
MGM 30185/*MGM E3227;*
Eng. MGM 2353 076

A Couple of Swells
I Love a Piano
Snooky Ookums
When The Midnight Choo-Choo Leaves for Alabam'
avec Judy Garland
MGM Orchestra dirigé par
Johnny Green
MGM 30186/*MGM E3227;*
Eng. MGM 2353 076

It Only Happens When I Dance With You
MGM Orchestra dirigé par
Johnny Green
MGM 30187/*MGM E3413*

Steppin' Out With My Baby
MGM Orchestra dirigé par
Johnny Green
MGM 30188/MGM E3227;
MGM E3413;
Eng. MGM 2353 076

1949

You'd Be Hard To Replace
My One And Only Highland Fling
avec Ginger Rogers
MGM Orchestra dirigé par
Lennie Hayton
MGM 50016/*MGM E3413*

They Can't Take That Away From Me
Shoes With Wings On
MGM Orchestra dirigé par
Lenny Hayton
MGM 50017/*MGM E3413*

1950

Where Did You Get That Girl?
avec Anita Ellis
MGM Orchestra dirigé par
André Previn
MGM 30239/*MGM 3768;*
Eng. MGM 2353 033

Nevertheless
avec Anita Ellis et Red Skelton
MGM Orchestra dirigé par
André Previn
MGM 30240/*MGM E3768;*
Eng. MGM 2353 033

My Sunny Tennessee
So Long, Oo-Long
Three Little Words
avec Red Skelton
MGM Orchestra dirigé par
André Previn
MGM 30241/*MGM E3768;*
Eng. MGM 2353 033

1951

How Could You Believe Me When I Said I Love You When You Know I've Been A Liar All My Life?
avec Jane Powell
MGM Orchestra dirigé par
Johnny Green
MGM 30316/*MGM E3235*

I Left My Hat In Haiti
You're All The World To Me
MGM Orchestra dirigé par
Johnny Green
MGM 30317/MGM E3235;
MGM E3413

Ev'ry Night At Seven
MGM Orchestra dirigé par
Johnny Green
MGM 30319/*MGM E3235 ; MGM E3413*

1952
Baby Doll
MGM Orchestra dirigé par
Adolph Deutsch
MGM 30517/*MGM E3413*
Oops !
Seeing's Believing
MGM Orchestra dirigé par
Adolph Deutsch
MGM 30518/*MGM E3413*
Bachelor Dinner Song
I Wanna Be a Dancin' Man
MGM Orchestra dirigé par
Adolph Deutsch
MGM 30520
The Astaire Story
produit par Norman Granz
Oscar Peterson Group
Isn't This a Lovely Day ? (*)
Puttin' On The Ritz
I Used To Be Color Blind (**)
The Continental
Let's Call The Whole Thing Off (*)
Change Partners (*)
'S Wonderful (*)
Lovely To Look At
They All Laughed
Cheek to Cheek
Steppin' Out With My Baby (*)
The Way You Look Tonight (**)
I've Got My Eyes On You
Dancing in The Dark
The Carioca
Nice Work if You Can Get It
New Sun in The Sky (**)
I Won't Dance (*)
Fast Dance (*)
Top Hat, White Tie And Tails (*)
No Strings
I Concentrate on You (**)
I'm Putting All My Eggs in One Basket
A Fine Romance (*)
Night and Day (*)
Fascinating Rhythm
I Love Louisa
Slow Dance (*)
Medium Dance (*)
They Can't Take That Away From Me (*)
You're Easy to Dance With (*)
A Needle in a Haystack
So Near and Yet So Far (**)
A Foggy Day (*)
Oh, Lady Be Good !
I'm Building Up to an Awful Let-Down (**)
Not My Girl
Clef MGC 101/2/3/4
(*) réunis dans *Verve MGV 2010* et (**) dans *Verve MGV 2114*

1953
A Shine on Your Shoes
I Love Louisa
MGM Orchestra dirigé par
Adolph Deutsch
MGM 30520
MGM E3413
By Myself
That's Entertainment
avec Nanette Fabray ; Jack Buchanan, Oscar Levant et India Adams
MGM Orchestra dirigé par
Adolph Deutsch
MGM 30793/*MGM E3051 ; MGM E3413*
Triplets
avec Nanette Fabray et
Jack Buchanan
MGM Orchestra dirigé par
Adolph Deutsch
MGM 30794/*MGM E3051*
I Guess I'll Have to Change My Plan
avec Jack Buchanan
MGM Orchestra dirigé par
Adolph Deutsch
MGM 30795/*MGM E3051*
The Band Wagon
(Bande originale)
MGM Orchestra dirigé par
Adolph Deutsch
The Girl Hunt Ballet
MGM E3051

1955
Something's Gotta Give
Sluefoot
orchestre dirigé par Russ Garcia
RCA Victor 20-6140/Side 1
ainsi que *Reader's Digest 49-5*

1956
Hello, Baby
There's No Time Like The Present
Buddy Bregman Orchestra
Verve 2009/*Verve MGV 2114*
Sweet Sorrow
Just Like Taking Candy From a Baby
Buddy Bregman Orchestra
Verve 2019/*Verve MGV 2114*
Clap Yo' Hands
avec Kay Thompson
orchestre dirigé par Adolph Deutsch
Verve 10041X45/*Verve MGV 15001*
He Loves and She Loves
Funny Face
orchestre dirigé par Adolph Deutsch
Verve 10042X45/*Verve MGV 15001*
Funny Face
(Bande originale)
orchestre dirigé par Adolph Deutsch
Funny Face
Bonjour, Paris !
avec Audrey Hepburn et
Kay Thompson
Clap Yo' Hands
avec Kay Thompson
He Loves and She Loves
Let's Kiss and Make Up
'S Wonderful
avec Audrey Hepburn
Verve MGV 15001

1957
That Face
Calypso Hooray
Buddy Bregman Orchestra
Verve 10051X45/*Verve MGV 2114*
Silk Stockings
(Bande originale)
MGM Orchestra dirigé par
André Previn
Too Bad
avec Peter Lorre, Joseph Buloff et
Jules Munshin
Paris Loves Lovers
avec Carol Richards
Stereophonic Sound
avec Janis Paige
All of You
Fated to Be Mated
The Ritz Roll and Rock
MGM E3542ST/Eng. MGM 2353 034

1959
I'll Walk Alone
The Afterbeat
orchestre dirigé par Pete King
Kapp 311X

Sur le plateau de "La Belle de New York" avec Vera-Ellen

That Face
Thank You so Much, Missus Lowsborough-Goodby
orchestre dirigé par David Rose
Chorco 100/*Chorco A-1*

Now
orchestre dirigé par Pete King

Change Partners
Isn't This a Lovely Day?
A Foggy Day
The Girl on The Magazine Cover
I Love to Quarrel With You
Along Came Ruth
The Afterbeat
They Can't Take That Away From Me
They All Laughed
I'll Walk Alone
One For My Baby
Oh, Lady Be Good!
Puttin' On The Ritz
Top Hat, White Tie and Tails
Lady of The Evening
Something's Gotta Give
Kapp KL 1165/KS 3049

1960
Three Evenings With Fred Astaire
(Bande originale)
orchestre dirigé par David Rose

Oh, Lady Be Good
Cheek to Cheek
A Fine Romance
They Can't Take That Away From Me
Nice Work If You Can Get It
A Foggy Day
I Won't Dance
Something's Gotta Give
Night and Day
Top Hat, White Tie and Tails
Fascinating Rhythm
Dancing in The Dark
The Way You Look Tonight
Dearly Beloved
Steppin' Out With My Baby
Let's Face The Music and Dance
The Carioca
The Continental
One For My Baby
By Myself
That Face
Miss Otis Regrets
Thank You so Much, Missus Lowsborough-Goodby
Funny Face
I Love Louisa
Flying Down to Rio
I'm Putting all My Eggs in One Basket
They All Laughed
Lovely To Look At
Let's Call The Whole Thing Off
Easter Parade
A Shine on Your Shoes
Choreo A-1

1962
The Notorious Landlady
The Martini
orchestre dirigé par Dick Hazard
Choreo 104

It Happens Every Spring
You Worry Me
orchestre dirigé par Dick Hazard
Ava 125

1968
Finian's Rainbow
(Bande originale)
orchestre dirigé par Ray Heindorf

Look to The Rainbow
avec Petula Clark

If This Isn't Love
avec Don Francks et Petula Clark

When The Idle Poor Become The Idle Rich
avec Petula Clark
Warner BS2550

1971
'S Wonderful, 'S Marvelous 'S Gershwin
(Bande originale)
orchestre dirigé par Elliot Lawrence

'S Wonderful
Oh, Lady Be Good!
They All Laughed
Fascinating Rhythm
A Foggy Day
Let's Call The Whole Thing Off
They Can't Take That Away From Me
Daybreak 2009

1974
Starring Fred Astaire
album reprenant les pressages Brunswick des années 1935-1938
Cheek to Cheek
No Strings
Isn't This a Lovely Day?
Top Hat, White Tie and Tails
The Piccolino
Let's Face The Music and Dance
Let Yourself Go
I'm Putting all My Eggs in One Basket
We Saw The Sea
I'd Rather Lead a Band
I'm Building Up To an Awul Let-Down
A Fine Romance
The Way You Look Tonight
Pick Yourself Up
Never Gonna Dance
Bojangles of Harlem
Waltz in Swing Time
They Can't Take That Away From Me
(I've Got) Beginner's Luck
They all Laughed
Slap That Bass
Let's Call the Whole Thing Off
Shall We Dance?
A Foggy Day
I Can't Be Bothered Now
Things Are Looking Up
Nice Work if You Can Get It
Change Partners
I Used to Be Color Blind
The Yam
The Yam Step
Columbia SG32472/CBS 88062

1978
The Belle of New York
(Bande originale)
MGM Orchestra dirigé par Adolph Deutsch

When I'm Out With the Belle of New York
Bachelor Dinner Song
Seeing's Believing
Oops!
I Wanna Be a Dancin' Man
Buddy Bregman Orchestra

There's No Time Like The Present
Just Like Taking Candy From a Baby
Hello Baby
Sweet Sorrow
Dick Hazard Orchestra

The Martini
It Happens Every Spring
You Worry Me
The Notorious Landlady
Stet DS 15004

The Astaire Story
réédition de l'album 1952.
DRG DARG-3-1102

Disques avec la participation de Fred Astaire

Sont répertoriés ci-dessous les disques où Fred Astaire apparaît sans en être la vedette. Il s'agira, selon les cas, d'émissions de radio ou de télévision, d'hommages à des musiciens, des chanteurs ou des acteurs, ou encore d'anthologies musicales ou cinématographiques. L'ensemble est classé par ordre alphabétique.

Benny Goodman' Collector's Gems, 1929-1945
2 disques.
Columbia Special Products
CSM 890/891.

The Bing Crosby Show
Facit 192.

Cole Porter, 1924-1944
2 disques.
Box Office Production JJA 19732.

Cole Porter in London
2 disques.
World Record Club SHB 26.

Cut ! Out Takes From Hollywood's Greatest Musicals
Out Take 1.

Encores From The Thirties (vol. 1)
2 disques.
Epic L2N-6072.

George Gershwin - A Memorial Record
Columbia AAL 39.

George Gershwin Anthology
3 disques.
Columbia Special Products
P3-12710.

Gershwin Plays Gershwin
Audio Archives 0073.

Ginger Rogers
Curtains Calls 100/21.

Golden Moments from The Silver Screen
Harmony H 30549.

Great Duets from MGM Musicals
MGM 2353-116.

Great Moments in Show Business
Epic LN 3234 ;
réédition : Epic FLM 13105/FLS 15 105.

Hear Them Again
10 disques.
Reader's Rigest RD 3-49.

The History of MGM Movie Music (vol 1)
2 disques.
MGM SES 15 ST.

Hollywood Is on the Air
2 disques.
Radiola 1718.

Hollywood's Singing Stars
5 disques.
MCA 9260-64.

Hooray for Hollywood
RCA LPV 579.

Jerome Kern, 1934-1938
2 disques.
Box Office Production JJA 19747.

Joan Crawford
Curtain Calls CC 100/23.

Leo Reisman (vol. 1)
RCA LPV 565.

The MGM Years
6 disques.
Columbia Special Products
P6S-5878.

Original Movie Sound Track Hits
Lion 70122.

Songs By Harry Warren
Four Jays 601.

The Stars of The Silver Screen
2 disques.
MCA 628344DT.

That's Entertainment
2 disques.
MCA 2-11002.

That's Entertainment, Part II
MGM MG-1-5301.

Theatreland Showstoppers, 1926-1939
2 disques.
EMI SXSP-655.

Those Wonderful Guys of Stage, Screen and Radio
2 disques.
Epic L2N-6064/B2N-164.

The Very Best of Irving Berlin
MG. E/SE-4240.

Disques édités en France

Sont édités et disponibles en France :

Fred Astaire chante ses plus grands succès,
EPIC LN 24202

Fred Astaire
Original Recordings 1935-1940
Coffret 3 disques
CBS 66.316.

Vidéocassettes

Au 1er octobre 1981, les films suivants, interprétés, chantés et dansés par Fred Astaire, sont disponibles en France chez R.C.A., en version originale sous-titrée :
Amanda,
La Carioca,
L'Entreprenant M. Petrov,
La Gaie Divorcée,
Swing Time,
et **Top Hat.**

Bibliographie Choisie

Curieux paradoxe, qui ne saurait tout à fait nous étonner en ce qui concerne une *star:* la bibliographie astairienne apparaît aujourd'hui, à l'heure du bilan, à la fois foisonnante et singulièrement réduite. Foisonnante, tant la personnalité de Fred Astaire a suscité de livres, d'articles et d'entretiens de toutes natures ; mais cependant réduite, car bon nombre d'entre eux (les articles et entretiens notamment) brillent surtout par leur médiocrité et un goût immodéré pour les *gossips.* Ceci explique le parti pris d'une bibliographie choisie privilégiant les textes les plus intéressants par leur valeur historique, critique et/ou documentaire.

Citons en tout premier lieu l'autobiographie de Fred Astaire, "Steps in Time", Harper and Row (New York, 1959), longtemps introuvable et qui vient d'être réédité par Da Capo Press (New York, 1980). C'est un livre de souvenirs, modeste dans tous les sens du terme, dont une large partie est consacrée à ses débuts. On y revit la grande époque du *vaudeville* américain, les premiers pas sur scène du jeune Fred et de sa sœur Adele, leur carrière théâtrale, le tout largement ponctué d'anecdotes savoureuses. Des extraits de "Steps in Time" ont été traduits par Jean-Pierre Coursodon dans la revue "Cinéma 61" (publication sur quatre livraisons, du nº 52 au nº 55).

Un nombre relativement important de livres en langue anglaise a été consacré à Fred Astaire. On pourra lire (classées chronologiquement) :

Alfons Hackl : *"Fred Astaire and his Work",* Filmkunst, Vienne, 1970. Catalogue, écrit en anglais par un critique autrichien, survolant la carrière de Fred Astaire ; ensemble succinct mais qui a le mérite d'être le premier travail *méthodique* consacré au danseur ;

Arlene Croce : *"The Fred Astaire et Ginger Rogers Book",* Outerbridge and Lazard Inc., New York, 1972. Livre très informé, très brillamment écrit, limité aux seuls films interprétés par Fred *et* Ginger ;

Stanley Green et Burt Goldblatt : *"Starring Fred Astaire",* Dodd, Mead and Co., New York, 1973. **LE** livre sur Fred Astaire dont la carrière est étudiée film par film ; le tout riche en renseignements de toutes sortes et abondamment illustré ;

Stephen Harvey : *"Fred Astaire",* Pyramid Publications, New York, 1975. Volume biographique de petit format, maniable mais hélas peu illustré ; une introduction convenable à la carrière du danseur ;

Michael Freedland : *"Fred Astaire",* W.H. Allen and Co., Ltd., Londres, 1976. Approche biographique bien documentée et convenablement illustrée ;

Benny Green : *"Fred Astaire"*, Hamlyn, Londres, 1979. La troisième biographie illustrée d'Astaire, la plus récente et la meilleure aussi ; bien mise en page avec une iconographie soignée.

Mentionnons aussi quelques articles et entretiens où l'approche de la galaxie astairienne nous paraît être la plus pertinente :

— le numéro spécial de "Cinéma 59" (nº 39) consacré à la comédie musicale avec notamment un texte de Robert Bénayoun à propos de Fred Astaire ;

Robert Benayoun : *Freddy, Old Boy,* "Positif", nº 115, avril 1970 ;

Carol Saltus : *The Modest Mr. Astaire talks with Carol Saltus,* "Inter/View", nº 33, juin 1973 ;

Ellen Spiegel : *Fred and Ginger Meet Van Nest Polglase,* "The Velvet Light Trap", nº 10, automne 1973 ;

Susan Lydon : *My Affaire with Fred Astaire,* "Rolling Stone", 6 décembre 1973 ;

Robin Wood : *Never, Never Change, Always Gonna Dance,* "Film Comment", Vol. 5, nº 5, septembre-octobre 1979.

On se reportera aussi utilement à l'intégralité des textes et entretiens cités en note dans le présent ouvrage et que nous n'avons pas rappelé ici.

Précisons encore les titres de quelques volumes généraux consacrés, en langue anglaise pour la plupart, à la comédie musicale et susceptibles d'intéresser l'amateur (il y est partout fait mention de Fred Astaire) :

John Springer : *"All Talking! All Singing! All Dancing!",* Citadel Press, New York, 1966 ; traduction française, sous le titre de "La Comédie Musicale", aux Editions Henri Veyrier, Paris, 1975 ;

Douglas McVay : *"The Musical Film",* New York, A.S. Barnes, 1967 ;

Tom Vallance : *"The American Musical",* Zwemmer-Barnes, Londres-New York, 1970 ;

Stanley Green : *"Ring Bells! Sing Songs!",* Arlington House, New Rochelle, 1971 ;

John Russell Taylor et Arthur Jackson : *The Hollywood Musical",* New York, McGraw-Hill, 1971 ;

John Kobal : *"Gotta Sing! Gotta Dance! A Pictural History of Film Musicals",* Hamlyn, Londres, 1971 ;

Alain Lacombe et Claude Rocle : *"De Broadway à Hollywood",* numéro hors-série de la revue "Cinéma 80", Paris, 1980 ;

Michael B. Druxman : *"The Musical. From Broadway to Hollywood",* A.S. Barnes, New York, 1980.

Terminons enfin avec quelques titres plus périphériques mais que l'on consultera avec intérêt :

"Memo from David O. Selznick", choisis et présentés par **Rudy Behlmer,** Viking Press, New York, 1972 ;

Lawrence B. Thomas : *"The MGM Years",* Arlington House, New Rochelle, 1972 ;

Homer Dickens : *"The Films of Ginger Rogers",* Citadel Press, New York, 1975 ;

et, à propos de Vincente Minnelli, les monographies écrites par **Catherine de la Roche** ("Premier Plan", nº 10, mars 1966), **François Truchaud** (Editions Universitaires, 1966), **Marion Vidal** (Coll. Cinéma d'Aujourd'hui", Seghers, 1973) et, en anglais, par **Joseph Andrew Casper,** *"Vincente Minnelli and the Film Musical",* The Tantivy Press, Londres, 1977.

Fred Astaire en 1948

Table des matières

LE CINÉMA

aux Éditions Henri Veyrier

Woody Allen
par Gilles Cèbe.

Humphrey Bogart
par Clifford McCarty.

Marlon Brando
par Tony Thomas.
Préface de Pauline Kaël.

Cyd Charisse
par Jean-Claude Missiaen.

Gary Cooper
par Homer Dickens.

Marlène Dietrich
par Homer Dickens.

Clark Gable
par Gabe Essoe.
Avant-propos de Charles Champlin.

Greta Garbo
par Mark Conway, Don McGregor et Michaël Ricci.
Introduction de Parker Tyler.
Préface de Guy Braucourt.

Judy Garland
par Joë Morella et Edward Z. Espstein.
Avant-propos de Françoise Ducout.

Boris Karloff
par Richard Bojarski et Kenneth Beals.
Préface de Gérard Lenne.

Gene Kelly
par Tony Thomas.
Préface de Fred Astaire.

Laurel et Hardy
par William-K. Everson.

Marilyn Monroe
par Mark Conway et Michaël Ricci.
Hommage de Lee Strasberg.
Introduction de Mark Harris.

Rudolph Valentino
par Alexander Walker.

John Wayne
par Allan Eyles.
Introduction de Louise Brooks.

Maë West
par Jon Tuska.
Introduction de Parker Tyler.
Préface de Jean-Louis Bory.

Arletty
par Philippe de Comes et Philippe Ariotti.
Préface de Jean-Claude Brialy.

Brigitte Bardot
par Tony Crawley.

Jean Gabin
par Jean-Claude Missiaen et Jacques Siclier.

Yves Montand
par Alain Rémond.

Musidora
par Patrick Cazals.

Philippe Noiret
par Dominique Maillet.

Le Cinéma policier français
par François Guérif.
Préface de Jean-Patrick Manchette.

La Comédie musicale
par John Springer.
Introduction de Gene Kelly.
Avant-propos de François Ducout.

Le Film noir américain
par François Guérif.
Préface d'Alain Corneau.

La France de Pétain et son cinéma
par Jacques Siclier.

Images du cinéma japonais
de Max Tessier.
Introduction de Nagisa Oshima.

Le Masochisme au cinéma
par Jean Streff.

Séductrices du cinéma français (1936-1956)
par Françoise Ducout.

Le Sexe à l'écran
par Gérard Lenne.

Alfred Hitchcock
par Richard A. Harris et Michaël Lasky.
Adaptation française de Marc Esposito
et Michel Massuyeau.
Préface de Guy Teisseire.

American gigolo
de Timothy Harris,
d'après le scénario de Paul Schrader.

La Femme libre
de Carol Dechellis Hill,
d'après le scénario de Paul Mazurski.

Julienne et son amour
de Jean Renoir.
Édition établie par Claude Gauteur.

Comment écrire et vendre son scénario
par Tudor Eliad.

Éditions Henri Veyrier, 12, rue de Nesle, 75006 Paris.

Imprimé en France par FIRMIN-DIDOT S.A.
Dépôt légal : 4e trimestre 1981
N° d'impression : 9078
ISBN 2-85199-143-4